第一书记与精准扶贫——
农村扶贫工作思索与创新

DIYI SHUJI YU JINGZHUN FUPIN
NONGCUN FUPIN GONGZUO SISUO YU CHUANGXIN

为　公　主编

首都经济贸易大学出版社
Capital University of Economics and Business Press
·北京·

图书在版编目（CIP）数据

第一书记与精准扶贫：农村扶贫工作思索与创新 / 为公主编. --北京：首都经济贸易大学出版社，2017.12

ISBN 978-7-5638-2682-7

Ⅰ.①第… Ⅱ.①为… Ⅲ.①农村—扶贫—研究—中国 Ⅳ.①F323.8

中国版本图书馆CIP数据核字（2017）第167651号

第一书记与精准扶贫——农村扶贫工作思索与创新
为　公　主编

责任编辑	赵　杰
封面设计	风得信·阿东 FondesyDesign
出版发行	首都经济贸易大学出版社
地　　址	北京市朝阳区红庙（邮编100026）
电　　话	（010）65976483　65065761　65071505（传真）
网　　址	http://www.sjmcb.com
E-mail	publish@cueb.edu.cn
经　　销	全国新华书店
照　　排	北京砚祥志远激光照排技术有限公司
印　　刷	北京玺诚印务有限公司
开　　本	710毫米×1000毫米　1/16
字　　数	300千字
印　　张	21
版　　次	2017年12月第1版　2019年11月第3次印刷
书　　号	ISBN 978-7-5638-2682-7 / F·1491
定　　价	75.00元

图书印装若有质量问题，本社负责调换
版权所有　侵权必究

现在，中国在扶贫攻坚工作中采取的重要举措，就是实施精准扶贫方略，找到"贫根"，对症下药，靶向治疗。我们注重抓六个精准，即扶持对象精准、项目安排精准、资金使用精准、措施到户精准、因村派人精准、脱贫成效精准，确保各项政策好处落到扶贫对象身上。

——摘自习近平同志在2015减贫与发展高层论坛的主旨演讲《携手消除贫困　促进共同发展》，2015年10月16日

扶贫开发贵在精准，重在精准，成败之举在于精准。各地都要在扶持对象精准、项目安排精准、资金使用精准、措施到户精准、因村派人（第一书记）精准、脱贫成效精准上想办法、出实招、见真效。要坚持因人因地施策，因贫困原因施策，因贫困类型施策，区别不同情况，做到对症下药、精准滴灌、靶向治疗，不搞大水漫灌、走马观花、大而化之。要因地制宜研究实施"四个一批"的扶贫攻坚行动计划，即通过扶持生产和就业发展一批，通过移民搬迁安置一批，通过低保政策兜底一批，通过医疗救助扶持一批，实现贫困人口精准脱贫。

——习近平《在贵州召开部分省区市党委主要负责同志座谈会上的讲话》，2015年6月18日，新华网

坚决打赢脱贫攻坚战。让贫困人口和贫困地区同全国一道进入全面小康社会是我们党的庄严承诺。要动员全党全国全社会力量,坚持精准扶贫、精准脱贫,坚持中央统筹省负总责市县抓落实的工作机制,强化党政一把手负总责的责任制,坚持大扶贫格局,注重扶贫同扶志、扶智相结合,深入实施东西部扶贫协作,重点攻克深度贫困地区脱贫任务,确保到二〇二〇年我国现行标准下农村贫困人口实现脱贫,贫困县全部摘帽,解决区域性整体贫困,做到脱真贫、真脱贫。

——习近平《在中国共产党第十九次全国代表大会上的报告》,2017年10月18日,新华网

2020年,我们将全面建成小康社会。全面建成小康社会,一个不能少;共同富裕路上,一个不能掉队。我们将举全党全国之力,坚决完成脱贫攻坚任务,确保兑现我们的承诺。

——习近平在十九届中共中央政治局常委同中外记者见面会上的讲话,2017年10月25日,新华网

《第一书记与精准扶贫——农村扶贫工作思索与创新》

编 写 组

主　编：李三鹏

编写成员（按姓氏拼音排序）：

白　浩	范蔚然	高　健	顾峰毓	郭世怀
皇甫亚宏	李　杰	李三鹏	李章伟	刘　为
刘　伟	马　辉	彭勇刚	申孟宜	沈东亮
孙兴文	王本东	王鸿蒙	王　晔	鄢　宏
姚晓亮	周沛橙	朱翀鹤		

自　序

郡县治，天下安。这是秦朝以来中国国家治理的金科玉律。如果说县是国家大厦之地基，那么村则是地基之砖石。砖石不稳，地基不牢。基础不牢，地动山摇。

民国学者陈德荣说："我们晓得，关于一个国家民族之治乱兴衰，其统筹全局之政策大计固然是根本，然而如果没有循良的地方官以奉行，那种政策大计终归会流于徒然而无效用。"[①]诚然，伟大的民族梦想、科学的国家政策，需要地方政府来落到实处。村一级作为农村基层治理的最小单元，直接决定着梦想能否生根，政策能否变现。

在2020年前使7 000多万贫困人口全部脱贫，则是实现中华民族伟大复兴中国梦的重要前提。"扶贫开发贵在精准，重在精准，成败之举在于精准。"[②]

早在1990年，习近平同志就曾说过："党对农村的坚强领导，是使贫困的乡村走向富裕道路的最重要的保证。建设好农村党支部，增强党组织的凝聚力，加强脱贫第一线的核心力量。"[③]2012年12月，他在河北省阜平县考察扶贫开发时指出："农村要发展，农民要致富，关键靠支部。"[④]2017年2月，他在中央政治局第39次集体学习会上指出："要充实一线扶贫工作队伍，发挥贫困村第一书记和驻村工作队作用，在实战中培养锻炼干部，打造一支

[①] 陈德荣，《甘棠集——历代循吏汇编》自序，1935年1月，上海印刷所。本书中以后简称《甘棠集》。

[②] 习近平，《在贵州召开部分省区市党委主要负责同志座谈会上的讲话》，2015年6月18日，新华网。

[③] 习近平，《摆脱贫困》，1992年7月，福建人民出版社。

[④] 习近平，《习近平谈治国理政》，2014年6月，外文出版社。

能征善战的干部队伍。"①选派"第一书记"下基层开展精准扶贫工作,正是对习近平精准扶贫思想的贯彻落实。

正如一些基层群众说,第一书记是"带着中央的指示来的",这"指示"包括四项主要任务。而推动精准扶贫、带领农民脱贫致富,则是其中最重要最艰巨的任务。

自2015年至今,中央和各省向各地派出了大批挂职第一书记。他们有的已经结束任期,有的刚刚奔赴农村,有的转为任职,有的高"挂"新职。不管处于哪种状态,他们在精准扶贫中的角色、经历和成绩都不应该被遗忘。因为,"农村干部在村里,工作很辛苦,对他们要加倍关心。"②

本书并非要写先进人物事迹报告,只是想通过这些第一书记的工作经历、扶贫经验、工作反思,以平视的角度,努力做到"三个响应"。一是响应中央精神,展示中央和习近平总书记关于第一书记和精准扶贫的精神、政策如何落地;二是响应社会关切,展示农村贫困现状和第一书记工作成效如何;三是响应后来人,使其他第一书记及农村基层工作者有所启迪、有所借鉴。

为了更好地发挥本书的参考作用,提升各领域各层次读者的阅读体验,笔者在第一书记的分享内容之外,还特别结合各位第一书记扶贫经历及特点,对应挑选了习近平总书记在不同时期的重要论述和《摆脱贫困》等4部著作中近30段与扶贫相关论述,从二十五史近300余名循吏良吏传记中选译了21位中国古代循吏的基层治理故事,并整理注释了一些与扶贫相关的参考资料。

由于约访范围有限,笔者能力不足,加之兼职写作,故难免出现错误和不足之处,还望读者和方家海涵。

李三鹏

---

① 习近平主持中共中央政治局第三十九次集体学习,2017年2月22日,新华社。
② 习近平,《习近平谈治国理政》,2014年6月,外文出版社。

目录

01 卖菜娃的乡村梦

　　鄢宏　四川省宣汉县峰城镇仁义村第一书记　/ 001

02 一袋没有送出去的核桃

　　刘伟　河北省阜平县黑崖沟村第一书记　/ 024

03 脚踏实地，推动小村换新颜

　　彭勇刚　内蒙古突泉县水泉镇合发村第一书记　/ 043

04 这片土地醒了！

　　顾峰毓　贵州省思南县凉水井镇茶山村第一书记　/ 055

05 64位村民代表的联名信

　　皇甫亚宏　贵州省贞丰县珉谷街道纳尧村第一书记　/ 069

06 第一书记的奋进歌

　　刘为　贵州雷山县郎德镇南猛村第一书记　/ 079

07 五味杂陈间，"煤炭村"变身"果园村"

　　李杰　云南省富源县大河镇白马村党总支第一书记　/ 094

08 精准扶贫，薪火相传，善建者行

　　范蔚然　陕西省安康市汉滨区县河镇财梁社区第一书记　/ 111

09 金融+电商，桃渠变桃源

　　马辉　陕西省淳化县方里镇桃渠村第一书记　/ 125

10 第一书记的查村大课堂

　　申孟宜　内蒙古锡林郭勒盟正镶白旗星耀镇查干宝恩本村第一书记　/ 139

11 用心用情带班子　齐心协力谋脱贫
　　王本东　贵州省施秉县高碑村党支部第一书记　/ 148

12 倾心倾力铺垭村　强力扶贫助攻坚
　　沈东亮　重庆市万州区大周镇铺垭村第一书记　/ 163

13 让穷山沟变成白富美
　　李章伟　贵州省水城县蟠龙镇院坝村第一书记　/ 183

14 一位85后第一书记的扶贫纪实
　　朱翀鹤　云南省武定县白路镇古黑村第一书记　/ 193

15 高原上的牵挂
　　白浩　青海省化隆回族自治县扎巴镇知海买村第一书记　/ 203

16 承诺是看得见的天，贫困是凿得开的山
　　高健　内蒙古通辽市甘旗卡镇新胜屯村第一书记　/ 219

17 不忘初心，砥砺前行
　　郭世怀　内蒙古兴安盟科右前旗科尔沁镇平安村第一书记　/ 230

18 这一年，我在兰考县张庄村扶贫
　　孙兴文　河南省兰考县东坝头乡张庄村第一书记　/ 243

19 不忘初心　为民造福，坚决打赢脱贫攻坚战
　　王鸿蒙　河北省平泉县平泉镇哈叭气村第一书记　/ 254

20 坚守中的美丽
　　周沛橙　贵州省德江县煎茶镇重华村第一书记　/ 264

21 浅谈精准扶贫中村域各群体积极性的调动
　　姚晓亮　山西省天镇县新平堡村第一书记　/ 278

附录　中国14个"连片特困地区"　/ 287

01 卖菜娃的乡村梦

鄢宏　四川省宣汉县峰城镇仁义村第一书记

【总书记说】

　　人民对美好生活的向往,就是我们的奋斗目标。人世间的一切幸福都要靠辛勤的劳动创造。我们的责任,就是要团结带领全党全国各族人民,继续解放思想,坚持改革开放,不断解放和发展社会生产力,努力解决群众的生活困难,坚定不移走共同富裕的道路。

　　——习近平《习近平谈治国理政》,2014年6月,外文出版社。篇名:人民对美好生活的向往,就是我们的奋斗目标。

　　当年苏区老区人民为了革命和新中国的成立不惜流血牺牲,今天这些地区有的还比较贫困,要通过领导联系、山海协作、对口帮扶,加快科学扶贫和精准扶贫,办好教育、就业、医疗、社会保障等民生实事,支持和帮助贫困地区和贫困群众尽快脱贫致富奔小康,决不能让一个苏区老区掉队。

　　——《习近平在福建调研》,2014年11月2日,新华网。

【循吏故事】

赵尚宽，北宋河南府（今河南省洛阳市）人。他任平阳（今浙江省平阳县）知县时，邻县有四十多名重案囚犯越狱，杀害百姓，很快将进入平阳县境。他催促县尉趁贼人懈怠不备之时迅速缉拿，以免流窜四方，终将逃犯一举拿下。

他任忠州（今重庆市忠县一带）知州时，当地民间有蓄养蛊虫杀人的恶俗。他就当街张贴蛊毒的解药方子，教人解毒。同时追查制蛊毒者，据实依法处置。当地蛊毒恶俗由此大变。

任唐州（在今河南省唐河县一带）知州时，因五代战乱，本来土地肥沃的唐州农田荒芜，士少人稀，所收赋税不够充抵徭役，有人建议废郡为县，赵尚宽反对。他组织修复汉代南阳太守召信臣建的水渠水库，灌溉良田万余顷；并鼓励百姓自修数十条支渠，增加灌溉面积，很快四方百姓云集。他又把荒地按人口分给百姓，并贷官银给百姓买牛。三年之后，唐州复成膏腴之地，户口增加万余。包拯上奏为其请功，王安石、苏轼分别作《新田》《新渠》诗称赞他。

——参考中华书局1977年版《宋史》，笔者翻译。

【个人简历】

鄢宏,男,1981年2月出生,四川简阳人,中共党员,经济法专业硕士、执业律师、中级经济师,中国华融资产管理股份有限公司办公室高级副经理。2015年8月,选派到四川省达州市宣汉县峰城镇仁义村任第一书记,先后被评为中国华融、中国银行业监督管理委员会"优秀共产党员",达州市、四川省"优秀第一书记"。2016年9月,被选为峰城镇人大代表。

鄢宏与仁义村五社群众召开共建新村聚居点院坝会

【村情一览】

四川省达州市宣汉县属于秦巴山区"连片特困地区"[①],地处秦巴山区深处。仁义村位于该县中部山区,距县城2小时车程,村域面积9.6平方公里。耕地以山间、林旁小地块为主,缺少自然河流灌溉,土地瘠薄,农业产出少。村辖7个社,有村民426户、1 846人,其中贫困户114户、418人。人均0.77亩耕地。村里以儿童、老人、妇女三类留守人员为主。贫困发生率23.62%,是全国平均水平的3.28倍(均以2014年为基准)。

仁义村地处革命老区,村最高点清平寨曾是川东红军主力红33军的重要根据地,曾发生过著名的"峰城战斗",牺牲包括1名师政委在内的革命同志600余人,毙伤敌军1 600余人。

山中乡村

---

① 基于我国的贫困分布带有明显的区域性特征,片区对于扶贫政策的综合性、差异化的需求更高,2011年11月29日中央扶贫工作会议发布《中国农村扶贫开发纲要(2011—2020年)》,明确扶贫新战略的重点是14个特殊片区,其中11个"连片特困地区"为首次提出。名单详见附录。

【扶贫经历】

初到峰城细看仁义

越野车在山中穿行，一路山川锦绣，一路满怀憧憬。简短的欢迎会后，镇党委书记、村支书带我到了村里。村里是另一番景象，高山、深涧、大片的松林，山间林地旁嵌着小块小块的土地，地里种着玉米和烟叶，土坯瓦房是多数，往来的老年人居多。低矮的村办公室刚刚修整过，村里的干部、同志们都是长辈的样子。第一次村社干部会议，村里的党员干部都来了，在交流中谈得最多的是这里又高、又远、有各种各样的困难，对北京来的帮扶干部充满了期待。

到更艰苦的地方学习

一连几天，村支书、村主任、村文书和我，冒着细雨走遍了每个院坝，有许多可爱的小孩、淳朴勤劳的妇女、和蔼的老人，也看到了更多的破旧房屋、遇到更多村民反映困难，但该如何发展，在书里找不到直接答案。我们得出去学，到村里第二周，村里找了两辆面包车，村社干部群众代表十几个人到县里自然条件最差、人均收入却最高的龙泉乡罗盘村去学习。在海拔2 300米的、几乎没有单块超过5亩的平整土地上，历时30余年，罗盘村的几代村民凭着毅力和汗水在坡度达到75度的坡地发展出3万余亩中药材，让一个种不出玉米的地方，成为户均收入达到10万元的富裕村。我们一个社干部说，这里条件比我们村苦多了，以前这里的姑娘都争着嫁下山吃大米，居然现在发展得这么好。客观条件和劳动成果的强烈对比，触动了我们村的干部群众，让他们在自卑中陷入了思考，开始认为我们村也是可能有发展有变化的。

到山外面去看看

对比条件、学习先进后，求发展的想法有了，但该如何发展还是没有谱。我带着村主要干部坐火车到了成都，向派出单位要了车，连着两天，我们跑了几个大型的水果、蔬菜、干杂、中药材市场。农产品批发市场各种蔬菜、水果、山货堆积如山，人、车熙来攘往。

在一个不起眼的青核桃摊位上，村支书凑上前去问，核桃怎么收，老板边做手里的活，边答道你们有多少，青皮带壳收1.8元/斤，我一年这里走几十车。我们在惊讶中，羞涩答道，我们是达州山里来的，先考察一下什么好卖，我们回去发展……多少地都有，将来我们合作怎么样。老板说，可以，起码一车装20吨，少了我们不来。中药材批发市场到处是各种中药材，很多药材我们山里也产。通过跑大型批发市场，我和村干部发现，市场真的很大，问题不在东西好不好卖，首先是有没有，只要有好的产品，多跑市场、多联系人，销售也不是大问题，一两个村的产量，随便一个批发市场的小摊位、小老板都能轻松消化掉。

跑批发市场之后，又针对性到了三个大企业，一个大型房地产公司、一个中药材上市公司、一个省级农业产业化龙头企业。房地产公司领导在交流中提出愿意买些农特产品作为礼物赠送业主作为对我们村的支持，在尴尬答复我们现在还没有成型的产品请等我们回去梳理一下，随即我们开始了寻找农特产品以及开发农特产品的产业扶贫之路。与中药材上市公司交流了建设中药材基地的计划，参观了农业示范园、聆听了企业负责人创业之路、农业产业化心得、农村合作社党建先进经验。

在跑市场、拜访企业之后，我们安排了轻松的行程，前往与我村地理条件相似的都江堰虹口山区乡村考察学习美丽乡村建设情况。都江堰虹口山区也是高山、森林、小地块，但现在利用良好的生态环境通过产业化发展猕猴桃、整体规划建设村庄、开发旅游，把昔日穷乡僻壤的青山绿水变成了金山银山、建成了村民的美丽家园。通过同类型地貌条件山区建设样板的考察学习，让村干部开了眼界、找到了梦想，明确了我们村发展的愿景目标。

我们的美丽乡村梦

经过认真细致的大量走访和院坝会议①完成了精准识别，通过一番考察学习我和村干部开阔了眼界、找到了门路，在此基础上我们的发展思路逐步清晰。

2015年10月，我代表村支部在村社党员干部会议上作了《关于宣汉县峰城镇仁义村基本情况及发展计划的报告》，对仁义村基本情况做了清晰的数据梳理，对贫困原因做了主客观、宏微观的深刻分析，提出了包括"立志产业脱贫，实现生产发展、生活宽裕；推动革故鼎新，实现乡风文明；实施新村美化，实现村容整洁；努力凝聚力量，实现村级管理民主"四个内涵的美丽乡村建设目标，"精准识别摸清家底、民生救济凝聚人心、科学规划描绘蓝图、立足优势发展产业、先易后难整体脱贫"的五步走发展规划，"稳健发展、商贸先行"两个产业发展原则，"维系烟叶等种养殖传统保证基本收入、挖掘宣汉桃花米等特产发展优势产业、适时启动中药材等高附加值产业"三个产业发展方向，"设立专业合作社推进产业脱贫"的工作举措。发展报告得到热烈的响应和一致赞同，由此，我们村支两委紧紧围绕这个报告的思路开始了美丽乡村的建设历程。

---

① 院坝，云贵川渝地区方言，指房屋前后的平地。由于村下属社组较多，或较为分散，集中召开全村干部群众大会困难，一些地区的村镇干部就分别在各社组的院坝召开会议，传达政策。效果比较好。遂推广成为云贵川渝等多地农村的一种工作方法。

搭平台抓特色促增收 生产发展生活富裕

在派出单位的资助和地方政府的支持下，我们以党员干部为骨干力量，根据党中央关于精准扶贫、打赢脱贫攻坚战的要求，按照县政府工作报告指出的产业发展方向，发动群众组建了三个专业合作社，着重发展"宣汉桃花米""蜀宣花牛"两个特色产业，积极推进"高山林下散养鸡"这个潜力产业。通过产业谋划发展，为群众寻找增收脱贫致富的道路，为党员干部群众搭建事业发展平台，为扶贫攻坚工作塑造有力抓手，同时激发村社干部群众参与脱贫攻坚的自觉性和主动性，改变脱贫致富等靠要的被动状态。

"宣汉桃花米"合作社。通过研讨，干部群众决定首先发展宣汉桃花米产业。仁义村是宣汉特产桃花米的核心产区，品质精良，色泽白中显青，吃起来滋润芳香，富有糯性，有"贡米"之称。由于仁义村地处偏僻，交通不便，桃花米销路并不畅，没能成为带动群众脱贫致富的支柱产业。对于我的想法，很多村民包括部分村干部都表示怀疑：人家搞了几十年，也没有做出名堂，你就能做好，是不是太不实在啊？路子对不对、会不会亏本、能不能做起来？这时候，我反复咂摸华融公司的一个理念，"大发展小困难，小发展大困难，不发展最困难"，再难，也得迈出步子求发展。

我是法律专业出身，在决定搞产业后，第一反应是得选个合适的组织形式。自2006年《农民专业合作社法》颁布之日，我就认真阅读，当时即认定这个组织形式将在中国农村担当大任、大放异彩。合作社是最佳的集体进行农业产业发展的组织形式，这个形式坚持农民的主体地位、农民参与门槛极低、有效限制了外来工商资本的控制权，以这个形式组织中国农村由分散的小农生产到集中集约现代化农业生产，最能保障农民的利益、最能确保过程中的稳定。

合作社主要目的是帮助老百姓，是集体事业，得由党员干部同志牵头做起来，我和村支书、村主任、村文书等人进行多次交流谈话，为他们分析了农业产业化的机遇和发展前景，还告诉他们，把扶贫产业做起来，既是我们作为村干部在脱贫攻坚中应该起到的作用，也可以是你们自己的事业，我任期届满带不走任何的东西，做起来的事业都是你们的；作为村干部你们的收入是有限的，但如果能够把产业做起来，你们投了钱该分红、干了事该拿工资，这个事业收入多少看你们本事、是大有前途的。同时，如果我们村不把握好精准扶贫的机会把农业产业化搞起来，一定会在农业发展的浪潮中被别人、被外来的工商资本抢占先机，丧失对土地资源的直接控制。

经过1个多月的酝酿，仍然有很多的疑虑，面对干部群众的担心，我们决定把工作分成两步走，先做通村支书等干部的工作，把合作社成立起来、经营起来，为此他告诉干部们现在是农业发展的大好机会，宣汉桃花米知名度高，有口感、有品质，只要找到销路，一定能够带动贫困群众脱贫致富，无论集体还是个人都应该抓住这个机会，做桃花米产业风险不大，但机会很大。

我一方面积极向县级有关部门咨询合作社办理流程，一方面说服村支部书记熊邦明带头并物色组建合作社的骨干成员。经过不懈努力，2015年11月26日由村支部书记熊邦明、村民王天忠、刘远生等5位同志合计出资8万元发起成立了宣汉县金丰城种养殖专业合作社。

合作社成立后，新的问题又接踵而至，部分贫困户不愿意加入合作社。经过走访调研，原来是贫困户担心合作社不能见效益，自己不能够获得收益。为此，我组织村社干部，多次召开院坝会，与党员干部群众谈发展，提出贫困户入股合作社没有资本金限制，100元就可以加入，实在没有钱的可以由村集体代出，将来用分红进行抵扣。但这些努力还是没有能够触动村民加入合作社。

为了形成良好的利益分配机制，我与合作社成员一起商议，制定了

5∶3∶2的复式利益分配模式（即在减少中间环节的条件下，先提高价格收购农民的稻谷，再将合作社利润的50%分配给卖农产品的农民、20%设定为集体经济收入、30%作为合作社成员的可分配利润）。在制定分配模式时，我告诉合作社成员，我们的合作社越是做公益越能得到群众支持、才最有生命力、才最能获得更多的扶贫资金支持，只要把蛋糕做大了，群众和合作社成员的利益都能得到保证。

合作社成立后，我亲自带领合作社成员开展材料采购、产品生产、产品销售、搬运送货等各项工作，合作社呈现出一派蒸蒸日上的繁荣景象。经过一段时间经营，在合作社真金白银提高价格收购稻谷、赚到钱给群众返利润时，群众说，"从来没有见过这样做生意的，不仅高价买、还要分利钱，真是太好了"，我们乐意加入这样的合作社。

为促进农产品向商品转化的效率和质量，加大加快实现农民增收脱贫，中国华融安排150万元捐赠资金并整合宣汉县扶贫和移民工作局帮扶19万元资金合计169万元，于2017年初建成了"宣汉桃花米"加工厂，形成稻谷加工产能1万吨/年，可加工约数千户村民的稻谷，帮助宣汉县中部山区3~5个乡镇稻谷的商品转化率和转化质量。2017年1月，大米加工厂取得了达州市食品药品监督管理局颁发的食品生产许可证。

短短一年多的时间，合作社从最初的5个成员发展到100多个成员，现在合作社不仅覆盖了本村全部从事农业生产的农户，还与宣汉中部山区5个乡镇17个村建立了宣汉桃花米产业发展合作联系机制，涉及约13 500亩稻田，1 000万斤的稻谷产量。

在中国华融各级领导、华融青联、华融各分子公司以及地方党委政府、社会各界的大力支持下，仅在2017年，公司捐建的大米加工厂就加工稻谷25万斤（收购均价约2元/斤、平均较市场价高0.4元/斤），销售桃花米12.7万斤（其中中国华融直接采购及推荐客户购买约9.8万斤），销售收入约96万元，解决250余户村民稻谷销售问题，帮助卖粮群众增收总计10万余元，户均增收

400元。合作社和大米加工厂增加长期就业3~5人，长期零散用工5~10人。

特别可喜的是宣汉桃花米产品的市场化渠道不断拓展、成长，在中国华融四川分公司党委直接帮助下，积极协调开拓成都红旗商场、达州世纪隆超市、工行四川省分行食堂小卖部等销售渠道，并在公司扶贫领导小组办公室、公司派宣汉县挂职干部的积极推动下，已经将相关大米产品销往宣汉教育系统。

"宣汉桃花米"进入商场销售

引技引资，因地制宜全面带动发展。仁义村人多地少、林地多耕地少，开发宣汉桃花米只能帮助增收不能实现脱贫，仁义村的长远发展、脱贫奔康还需立足资源禀赋扩展产业类型。在努力做大做强桃花米产业的同时，在中国华融扶贫办公室的直接指导下，我们又与村支两委的同志一起为仁义村发展寻找新的出路。

"蜀宣花牛"养殖项目从集体统管到承包经营。2016年6月，中国华融安排了50万元扶贫资金用于峰城镇仁义村蜀宣花牛养殖精准扶贫项目。项目资金到位后，资金有效用于购买蜀宣花牛以及养殖饲料等，形成了存栏43头、出栏19头的蜀宣花牛养殖规模，2017年1月向仁义村贫困户分配了第1期22 800元的养殖红利，得到贫困户的广泛称赞。但项目实施过程中发现，原项目方案对村干部参与项目相关工作协调、养牛场圈舍改造、饲料耗费、参与工作的贫困户工作效率等事项问题估计不足，导致项目继续按照原定集体经营模式推进出现显著困难。2017年下半年，根据干部群众意见和项目运行实际情况，在报请中国华融扶贫办公室同意情况下，将本项目由村集体统管调整为作价发包给个人经营的模式。目前已经按照程序完成了相关手续，牛的养殖状况得到了明显改善。

促成先进带动试种林下药材。针对仁义村林多地少的现实条件，争取到宣汉县中药材龙头企业宣汉百里峡中药材公司到村试种名贵中药材重楼。计划通过龙头企业在技术和市场方面的带动，逐步开展重楼、川党参、沙参等中药材种植，特别是林下中药材的种植。争取在环境友好前提下，有效利用本村6 800余亩森林资源，发挥良好的森林生态环境优势，产出高附加值的中药材产品，为仁义村脱贫致富、长远发展探寻有效道路。

中国华融将中国华融产业扶贫资金30万元借贷给龙头企业，对应要求固定以5%每年的标准对全村贫困户进行预分配，在产业周期结束时以总利润的30%再对全村贫困户进行结算分配（扣除已预分配部分），基于此，我村又形成一份可靠的集体经济收入来源，一定程度市场经济化的贫困户兜底保障措施。考虑到龙头企业本身实力（全县最大中药材企业、拥有中药材基地上万亩）以及法定代表人李永太的政治信用（四川省第十届党代表、第十二届、十三届人大代表，"全国民族团结进步模范个人"），作为带动企业到我村发展中药材产业，其经济风险基本可控。2017年4月，在仁义村五社松林下试种了约6亩重楼，2017年底，经李永太同志现场查看，认为仁义村林下重楼长势良好，确有较好的重楼种植条件。目前，正在积极探讨推进川党参的种植和销售。

引进大户共建车厘子产业园。为加大造血扶贫力度，在充分考虑仁义村海拔高、光照强、冬季休眠期足、坡地多等综合地理气候条件适合种植车厘子的基础上，在中国华融扶贫办公室和公司派宣汉县挂职干部亲自推动下，2017年11月，成功引进达州市最大车厘子发展商与中国华融共同出资约230万元成立了达州市第一家将村民委员会登记为合伙人的有限合伙企业——宣汉县华义农业产业园（有限合伙），以此为平台示范带动发展车厘子产业，目前完成了115亩的车厘子种苗栽植（其中苗圃约30余亩，有望于2018年下半年实现收益）。

据预测，平均1棵车厘子产30斤、每亩种50棵计算，每亩可产1 500斤，又以批发价10元/斤计算，每亩可收入15 000元，即使价格低到5元/斤，收入也可达7 500元/亩，远远高于坡地玉米每亩不足1 000元的收入水平。本项目在未来几年将为仁义村带来约60余万元务工收入来源，以每天计时工资80元计算，将直接形成每年2 500余个工作日、3年累计7 500多个的零散务工机会。如果车厘子种植示范园持续经营，将持续为仁义村提供50个以上的零散务工机会。

车厘子产业示范园区及车厘子种苗基地，不仅能有效促进仁义村的车厘子产业发展，还将有效促进峰城片区的车厘子产业发展，对于片区产业发展、产业扶贫十分有益。截止目前，已经向贫困村民支付劳务工资7万余元、土地流转费用3万余元。

以身作则革陋习　真情关怀改乡风

我们村所在的山里存在老百姓什么事情都喜欢大操大办的习惯，多年积弊，形成了你不办别人办、不去不行、不办就亏、不得不办的怪现象。老百姓本来就穷，一年赚不了多少钱，可一年随礼都得大几千、上万元，多的甚至几万元，这直接导致了多数家庭欠账较多、多年不能偿还。对此，我们多次召开院坝会议，告诉村民，如果这个毛病不改，没法脱贫，就算是每年发钱给所有人，也填不满大家这样大操大办的窟窿。群众也说，不想这样，想有人站出来制止，但不容易，已经形成风气，而且不是一两个村的问题。我说，我一个外来人，不怕得罪人，先从我们村里做起、先从我们自己身上做起。为此，我们发动干部群众签署"关于从我做起逐渐停止不合理宴请、送礼的声明书"，倡议"非子女婚姻、非60岁以上逢十整寿、非至亲过世"的"非三类事不办、不参加"的宴请规则，尝试打破滥办酒席恶性循环的怪圈，一定程度上减轻了村民负担。峰城镇今年开始在全镇推广我们的这一做法。

我们村党支部还坚持"三严三实"影响身边干部群众，通过关心老百姓得到的正能量反馈来激励党员干部。对于基层党员干部，不仅要通过学习正本清源、提高理论素养，还需要加强引导，既在正面以身作则牵引，又通过群众的激励推动。第一书记不抽烟、不喝酒、不打牌、不拉小圈子，多走院坝、多走访群众、多思考产业，大小事情商量着办、脏活累活一起干；走访困难群众，送一块肥皂、分着吃一包饼干、拉拉家常、实实在在帮助解决困难。老百姓都看在眼里、记在心里，有事情就会支持，对党员干部态度也会有变化，党员干部自身受到老百姓反馈的感激和善意所鼓舞、激励，逐渐就可以形成党员干部关心群众—群众感激—党员干部觉得被认可—更加认真工作的良性循环。现在仁义村村支两委干部作风明显得到改善，不打牌、不接受吃请、聚餐自己掏钱，有空就去走村串户，关心集体产业发展、关心公共事务，党组织的基础自然从内到外得到了巩固。

我带领村支两委的同志实地走访了解村民疾苦，积极传递本村存在的教育、养老、交通等民生困难，累计争取到社会捐款约6.8万元，帮助5个家庭10多名学生上学，慰问了180名（人次）年长老人、因病因灾困难群众、老党员，带头为村内重病贫困户捐款，为村小学争取捐赠物资、推进教育扶贫。我通过带领村社干部开院坝会拉家常、共谋发展，赠送小物等多种形式，表达党和政府对群众的关心、关爱，积极应对群众诉求，努力争取解决部分民生急困，赢得了村内群众的真心支持，有效改善了干群关系。

我们村里农产品品牌叫"山中耕读"，就是希望山里的村民们在这金色的丰收之城，在山林云逸的环境中耕读传家。

爱护绿水青山　建设美丽乡村

爱护青山绿水。我们严禁在村内随意砍树伐木，我告诉村民，森林资源是我们的宝贵财富，千万不能因为一点利益将我们的青山绿水给毁了，如果我们在林下进行综合生态开发，将形成取之不尽的财富。

规划村庄蓝图。村庄规划建设不仅需要情怀，还需要专业知识，为了让我们的美丽乡村建设有更为科学的目标，我们申请专门资金选聘了专业机构对我们村进行总体规划设计。为取得规划设计的基础图纸、材料，我先后去镇政府办公室、建设局、国土局、农委办、林业局等多家单位，多方协调。

改善交通条件。偏远的地理位置、坑洼泥泞的道路是制约山村发展的重大障碍，改善交通条件是干部群众最深切的愿望。近两年多来，我们整合使用中国华融和地方政府脱贫资金，新建和硬化道路16.8公里，新建饮水工程6处，修复病险道路6处，极大改善了仁义村的交通条件。

美丽乡村小聚居点。美丽乡村是中国梦的农村部分，群众热切期盼改善居住环境，为此，我们村按照方便生产、融入自然原则，计划以5户左右的小聚居点形式推进美丽乡村中的住房建设。为了落实聚居点建设，村社干部多次开会征求意见、意愿，根据群众意愿我们选定了四社、五社作为试点社，我们规定聚居点建设以村民自筹为主（含利用政府补助政策）扶贫单位帮扶为辅，其中帮扶单位出资不超总投资的30%，帮扶资金以外的部分，无论是否超额支出全部由村民自行负责解决。

中国华融扶贫项目：
建设中的仁义村三社至村委会的道路

为避免造成贫困户与非贫困户隔离的态势,我们同意在周边贫困户全部已经纳入的情况下,非贫困户按照政府政策有随迁、享受帮扶单位出资建设的公共设施。为了确保聚居点建设顺利进行,我们还规定除经村党支部认定的特殊情况外,村民必须在开工前交足不低于土建成本50%以上费用,否则取消该户合建聚居点资格。在中国华融捐赠基础设施建设资金100万元的支持下,目前仁义村已经建成5处新村聚居点,解决了仁义村住房困难群众22户、77人的安全住房问题。

家庭梦想触手可及。对暂不能整体改善居住条件的贫困家庭,我们启动了贫困户家庭条件改善项目(或称中国华融·贫困家庭梦想基金项目),即先根据他们的家庭愿望,支持他们对健康卫生影响较大的水、厨、厕、院坝进行改造,有效提升贫困家庭的生产生活环境,直接增强贫困家庭的幸福感,使整村向美丽乡村中的村容整洁的目标迈进。

为了确保帮扶对象的准确性、有效性,家庭梦想基金项目仅针对特别贫困、确需改善的贫困户。排除已在村外购建房屋,且不在村内长期居住的贫困户,排除已享受异地搬迁政策的贫困户,排除已经或有意今、明两年报名参加聚居点合建项目的贫困户,排除2016年以前水、厨、厕、院坝已经改造的贫困户。为了便于群众实现共同愿望,我们还允许多户集中申报用水、院坝改造项目。

为了让项目落到实处,我们还提出两个实施原则,其一,每个项目必须根据每户情况,具体研究;其二,先由群众出资实施后发放补贴,补贴金额不高于改造实际支出金额。

实现群众梦想 亮明白账 促管理民主

实现群众的梦想。为了安排好村里的基础建设专项扶贫资金,我们长时间做会前走访、了解、沟通,先通过村社干部会议,将我们的总资金预算以及资金使用方向、原则告知各社干部,要求各社根据实际情况和群众意愿上报项目思路、计划，再召开村主要干部会议综合研究讨论各社的项目，进而再召开村社干部及党员群众代表会议，对拟定项目计划进行讨论、决策。由各社征求群众意见自行提出项目计划，再综合、集体讨论决策，就是希望我们的扶贫项目不是强加给群众，而是尽量在有限的条件下实现群众的梦想。

让群众有本明白账。我们的工作不仅要以群众受益为目标，还要把为群众办事的过程呈现出来，增强群众对干部的信任、加深群众对组织的向心力。无论是我们的扶贫建设项目资金还是我们组建的合作社经营组织，都定期公开收支账目，接受群众监督。这样的形式，既能使群众充分了解我们的工作，也督促我们村社干部克勤克俭努力工作。

2002年，国务院扶贫办确定四川省达州市宣汉县作为中国华融资产管理股份有限公司定点扶贫县，16年来中国华融先后派遣干部9名、累计投入扶贫资金5 931.63万元、捐赠价值1 100多万元物资，全力协助推进宣汉脱贫攻坚事业，并取得了巨大的扶贫成效。

2015年，中国华融按照中央文件要求启动了对仁义村的精准扶贫工作，同时选派了鄢宏任仁义村党支部第一书记。中国华融党委为践行"精准扶贫、精准脱贫"为基本方略，提出将仁义村建设成为"中国华融精准扶贫示范村"的目标，自2015年8月至2017年12月，中国华融向峰城镇仁义村累计投入资金588万元（不含2018年计划投入的608万元），累计实施了新建组织阵地、树立峰城战斗纪念碑、新建大米加工厂、硬化道路、建设新村聚焦点、设立中国华融济困助学基金等20多个精准扶贫项目，从产业发展、基础实施建设、民生救助等方面予以全面资助和扶持。

两年多来，在中国华融和地方党委的大力帮扶下，仁义村组织阵地焕然一新、集体经济从无到有、农业产业由弱变强、村社道路泥泞变坦途、村民房屋脏乱破旧变整洁安全，建档立卡贫困户从117户、436人减少到9户、20人，贫困发生率从23.62%降低至1.08%，一个干部群众精神振奋、方向明确、主动作为、敢于发展的朝气蓬勃的中国华融精准扶贫示范村已然成型。

【心得分享】

多种因素造成了乡村的贫困，且以客观原因为主

农产品与工商产品服务价格的剪刀差导致农业人口的流失以及农村、农民收支的逆差；农村分散居住、国家投入不足导致的基础设施落后；小农经济在市场经济中的弱势地位；土地瘠薄、水源匮乏；人均可耕作土地少（人均资源占有量少、价值小是贫困的最重要原因之一）。以我所在村为例，全村1 846人计，含水田、旱地，人均可耕作土地0.77亩。

基层干部的工作确保了城市的繁荣稳定

明显的城乡差距，让许多城里人看不起农村，让部分城里的干部轻视基层干部、乡村干部。其实，如果没有广大的基层干部、乡村干部去面对、解决农村各种各样的问题，去维护、管理庞大的乡村人口，中国的城市不可能如此繁荣稳定。

繁杂的指令型事务工作制约了乡村干部聪明才干的发挥

乡村干部聪明耐劳，但繁重的指令型的事务工作影响了聪明才智的发挥，主动性积极性受到约束。各种数据统计、表册填写等指令型、事务类的工作几乎把乡村干部的时间全部占满，这类工作不仅耗损了乡村干部最多的工作能量，还严重影响了乡村干部工作的主观能动性。外来的我们不是比他们更聪明，而是我们有不那么受束缚的思考和工作空间。如果能下力气通过多形式的考核方式解开这样的束缚，那么乡村的工作可能呈现另外一种态势。

党是我们美好生活的依靠

中国共产党具有不可比拟的优势和伟大成就，我们应当高度自信并应该努力工作充分发挥这些优势。我们党经过千锤百炼，具有不可比拟的理论优势、政治优势、组织优势、制度优势和密切联系群众优势，对于我们的国家而言须臾不可或缺。我们党的这些优势是我们各项事业顺利推进的重要保证。作为一名党员，走到山里，走到村里，看到在绝壁悬崖之上、崇山峻岭之间建设的一条条宽阔、平整的道路，一个个闪亮的农田水利设施，不由得感叹，没有我们党的组织能力，没有我们的制度优势，这些基础设施靠农民自己，一百年也建不起来。所以从中国实际来看，没有共产党就做不到精准脱贫，就不可能有中国的全面小康。

精准扶贫是伟大举措

中央提出的精准扶贫是正确、伟大的决定。精准扶贫、全面建成小康社会，是我们党做出的庄严承诺，是我们党为全国人民描绘的宏伟蓝图，也是当前国家政治、社会、经济协调发展的必然需求。精准扶贫方略是治国理政的新实践，是完善国家治理体系的重要载体。

党建扶贫天然一对

精准扶贫必须加强基层党组织的建设。部分基层组织软弱涣散以及扶贫攻坚任务艰巨，要求我们必须加强党建，也只有加强党建稳固党的执政基础，才能有效发挥基层组织的战斗堡垒作用，最终以党强大的组织能力保障精准脱贫和建成全面小康社会的伟大目标顺利实现。

产业扶贫是根本，但干好很难，最难在于整合干群心力

产业发展是精准扶贫措施的第一项措施、是美丽乡村建设的第一项目标、是国务院十三五脱贫攻坚规划的第一项工作要求，其重要性不言而喻。国务院十三五脱贫攻坚规划中提出"立足贫困地区资源禀赋，以市场为导向，充分发挥农民合作组织、龙头企业等市场主体作用，建立健全产业到户到人的精准扶持机制，每个贫困县建成一批脱贫带动能力强的特色产业，每个贫困乡、村形成特色拳头产品，贫困人口劳动技能得到提升，贫困户经营性、财产性收入稳定增加"。从这段描述中，从产业扶贫实践经历来看，通过产业发展扶贫的实质是创业的过程，存在创业难、整合干群心力难、相关单位协同难等种种挑战。其中关键是人，关键是贫困农村的致富带头人。发现致富带头人是个过程，而且得在创业中发现，要判断这个人是不是听党的话、是不是有能力、是不是坚持惠及群众。紧跟大众创业的时代潮流，合作社可以四处开花，再经过一段时间的发展，自然淘汰和整合，最终形成区域性有影响力的农民合作经济组织，届时，市场化、符合社会主义价值观的农民企业家和农业产业可能会呈现出来。

这样以农民为主体的创业和产业发展，相对引进外来工商资本强力推进，一般来说更为缓慢，但更加稳定，对我们党执政基础的稳固更为有利。

产业扶贫、集体经济、精准扶贫有机整合

实施产业扶贫项目，并以适当方式和比例形成一定集体经济收入，既可以有效落实"发展产业扶持一批"的扶贫举措，还可以以集体经济收入作为实施其他四个一批奠定一定的经济基础，尤其是可以用集体经济收入在村内实施"社会保障兜底一批"。

党建与产业扶贫有机联系、相互促进

部分基层组织软弱涣散以及扶贫攻坚任务艰巨，要求我们必须加强党建，以党强大的组织能力保障精准脱贫和建成全面小康社会的伟大目标顺利实现。

以产业扶贫为目标，发动党员干部组建合作社等产业发展平台，鼓励党员干部积极投资分红、按劳取酬，将党员个人事业与集体事业、扶贫攻坚事业三者结合起来，促进党员干部参与脱贫攻坚工作的主动性、积极性，增强党组织的向心力。所以，党建与产业扶贫是有机联系、相互促进的关系。

核心企业 + 合作社是有效组织形式

合作社的组织形式可最大限度保障农民利益。农民专业合作社制度设计限制了外来资本的参与程度，极大降低了农民参与的门槛，保障了农民参与农业产业化发展的主体地位。但没有掌握专业技术、市场渠道、管理能力的核心企业带动，合作社很难通过自我学习快速达到完全适应市场的要求。如有核心企业示范带动再与"党建+"的合作社有效结合，将能更加稳健有效地推进产业发展。

产业扶贫与扶志的关系

扶贫先扶志，扶贫需立志，立志需要让被扶对象产生希望、感觉有奔头、看到前景，产业扶贫可以带给干部群众多赚钱、多增收、变富裕的希望、奔头和前景，这对于干部群众有较大吸引力，产业成功后也可大幅度提高干部群众自信心，所以产业扶贫对扶志有较大作用。

产业扶贫是大众创新万众创业在农村的实践

产业扶贫无异于带领村社干部群众创业,广泛推进产业扶贫工作,虽然可能出现这样或者那样的问题甚至失败的情形,但产业扶贫是契合中央关于鼓励创业、鼓励创新的精神的,实际是在农村实践大众创新万众创业,在总体上一定是有益于精准扶贫和三农问题解决的。

【工作建议】

精准扶贫所有工作应围绕巩固党的执政基础这个中心,杜绝各类形式主义为害群众

在应接不暇中完成指令型工作,形式主义的问题难以避免。对此,可注意将工作的中心明确为"巩固党的执政基础",在这个基础上保证工作的灵活性,创新完善工作的方式方法。党是我们各项事业的核心,党的领导是我们建设取得成功的保证,巩固党的执政基础是我们精准扶贫的前置目标。在选择产业以及发展产业的方式方法上,应当注意是否有利于巩固我们党的执政基础,而不是伤害这个基础。比如不能盲目发展产业让群众蒙受损失,应多选择合作社等更有益于、有利于普通群众的方式组织实施产业扶贫,而不是盲目引进工商资本圈占村民土地等资源,侵害群众利益。

在精准扶贫的基础上以美丽乡村建设为目标推进整村发展

精准扶贫主要针对建档立卡贫困户,但我党服务的对象是村里所有村民,为了让村民更加团结,更加围绕在我们村基层组织周围,我们在精准扶

贫的基础上，应考虑以全体村民的乡村梦——美丽乡村作为整体目标，谋求村庄的整体发展。

产业扶贫要坚决抓大敢闯，也要认清困难，获得群众支持

产业扶贫存在创业难、人力资源组织难、地方有关单位协同难的三难，但"大发展小困难、小发展大困难、不发展最困难"，再难也得推进，也得敢于尝试，只有闯才有出路，才能解决各种问题。同时，在推进产业扶贫中，要多虚心请教专业人士，充分估计可能存在的困难，并全程让群众多了解、多参与，遇到村民不理解时要多解释。

产业扶贫须"跟党走、按市场规律办事"

产业扶贫的产业选择应紧跟国家指出的发展方向，否则容易走弯路，在组织产业运营时应尊重市场规律，否则难以自我生存自我发展。简言之，产业选择应根据地方资源禀赋和产业发展指引，实施产业前应充分进行市场调研和市场渠道对接，组织生产时按照市场要求选择、要求工作人员，生产、销售产品依靠市场而非依赖获得公益性爱心支持。

对产业扶贫必须有充分的信心、耐心和包容心

成功的产业扶贫可以产生根本性效果，但产业扶贫到产业脱贫非一蹴而就，而且存在不成功的风险，所以各级领导和群众需要对产业发展扶贫的创业工作给予足够的信心、耐心和包容心。

02 一袋没有送出去的核桃

刘伟　河北省阜平县黑崖沟村第一书记

【总书记说】

　　一个偏僻的小村庄，因为他们的支部书记生病了，一天之内村民自发筹集了数万元手术费为他治病，村民们说"就是讨饭也要救他"。当地就有一些干部不由地发出了"假如我病倒了，会有多少村民来救我"这样的感慨！郑九万所做的一切都体现在了村民的回报上，是老百姓心中那杆秤称出了一名基层党员干部的分量。他以自己的实际行动，深刻揭示了"老百姓在干部心中的分量有多重、干部在老百姓心中的分量就有多重"的丰富内涵。这就是我们树立郑九万这个先进典型的意义所在。

　　古人说："一切为民者，则民向往之。"可以说，郑九万这种"精神"体现的就是党的为民宗旨，郑九万这个"典型"体现的就是共产党员的先进性，郑九万这个"现象"体现的就是人心向背的问题。

　　——习近平《之江新语》，2013年7月，浙江人民出版社。

【循吏故事】

刘宠，字祖荣，东汉东莱牟平（今山东省烟台市牟平区）人。他任济南郡东平陵县令时，施政仁慈惠爱，为本县官吏和百姓爱戴。他离任时，为他送行的百姓堵满道路，车马不能行进，他只好轻装简从，悄悄离开。

后来，他升任会稽太守。当地山民朴实敦厚，因苦于之前官吏烦扰，有人"白首不入市井"。刘宠到任后，"简除烦苛，禁察非法，郡中大化"。他将离郡回京就任"将作大匠"时，所辖的山阴县有五六个龙眉白发的老者，从若邪山谷中而来，每人抱着一百铜钱要送给刘宠。刘宠问其原因。老者答曰："我们都是生活在偏远山谷的人，从不认识郡守您。但其他人做太守时，官员经常搜刮百姓，夜里也不停歇，有时犬吠因此彻夜不止，百姓不得安宁。自从您到任以来，'狗不夜吠，民不见吏'，我们年老之时，有幸遇上了治世好官，而今听说您要离我们而去，特地相互搀扶着前来为您送行。"刘宠说："吾政何能及公言邪？辛苦老人家了！"只好从每位老者手中选了一枚大钱带走。"刘宠一钱"成为后世称誉廉吏的典故。

——参考中华书局1965年版《后汉书》，笔者翻译。

【个人简历】

刘伟,男,汉族,1985年5月生,湖南新化人,2003年6月加入中国共产党,2010年7月参加工作,清华大学法学院法学学士,清华大学五道口金融学院金融学硕士,国家机关事务管理局人事司主任科员,曾先后5次被评为优秀公务员,荣立个人三等功1次。2015年7月任河北省阜平县黑崖沟村第一书记。

刘伟与黑崖沟贫困户交流

02　一袋没有送出去的核桃

【村情一览】

河北省阜平县属于燕山—太行山区"连片特困地区",黑崖沟村位于该县龙泉关镇,村域总面积约22平方公里,共有村民372户、1 052人。村内种植玉米、土豆、核桃、苹果、樱桃、中药材等,养殖牛、羊、猪等。

村平均海拔950米到1 250米,平均温度比平原地区低8度左右,空气负氧离子含量比城区高20倍以上,是有名的天然氧吧,被评为阜平县最美乡村。华北第一桥黑崖沟大桥跨村而过。村北部有保定市最高峰歪头山,《徐霞客游记》中对黑崖沟村山水曾有记载。村内现存千年古寺白衣寺,聂荣臻元帅曾在此指挥八路军抗日,白求恩曾居住于此。

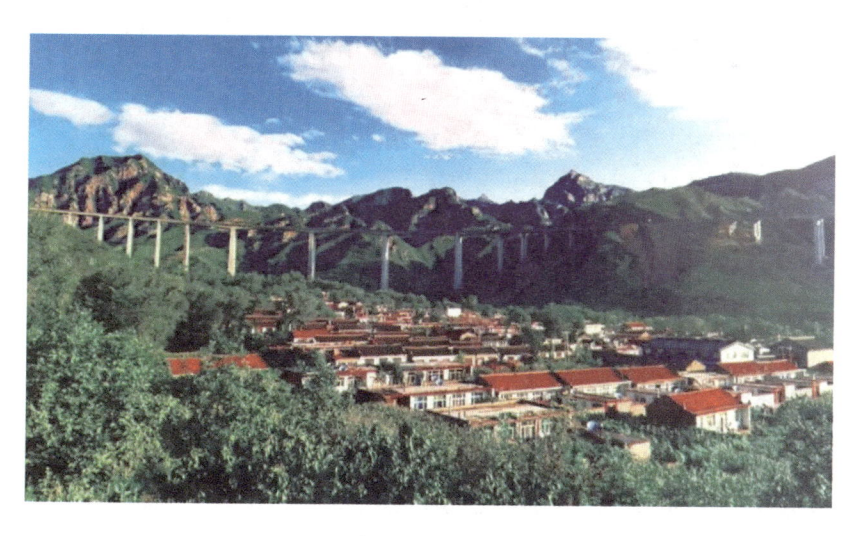

美丽乡村黑崖沟

【扶贫经历】

按照"让老年人有保障,让年轻人有收入,让孩子们有未来"的帮扶目标,实施"党建+养老+产业+教育"的"1+3"帮扶思路,实现黑崖沟村贫困人口从766人减少到145人,贫困发生率从80%降低到15%。

加强党建民生

深入推进"两学一做"学习教育,开展集中学习7次。设立陈万昌纪念室,树立陈万昌雕像。制发扶贫挂历和第一书记连心卡。组织党员干部外出学习考察10次。利用微信短信平台加强政策宣传。推动成立14名在校大学生组成的黑崖沟大学生志愿服务队,开展电商培训和农业技术志愿服务。协调资金及物资40多万元,慰问困难群众2 100人次。接待村民来访来电600多人次。解决遗留问题6项。组织做好建档立卡和贫困户信息动态调整工作,收录整理信息40余万条。建成覆盖全村主要区域的平安乡村监控系统。筹资专项资金10万元,开展环境卫生综合整治,集中清理全村垃圾,实现每日垃圾清运。

开展光伏养老

设立黑崖沟祥和基金,通过"互联网+"平台面向1 000万粉丝开展公益众筹,汇聚社会资金及物资230万元;整合各方帮扶力量,成立项目建设组,实现175kW光伏养老爱心电站顺利竣工,可为全村240位老人每人每年增加1 000元收入,持续25年,累计可实现收益625万元。20多家新闻媒体和60多家自媒体予以报道关注。协调发展改革和国土资源部门完成300kW村级光伏电站申报立项工作,预计可实现每年收益40多万元。联系爱心医院和中国人口福利基金会来村开展义诊2次，赠送药品价值18.5万元，义诊400多人次。

推动产业发展

落实扶贫贷款150万元和帮扶资金45万元，协调开展农业产品指标检测和水质检测，联系专家学者开展技术指导20多人次，协调北京电商企业签订销售协议，建成50亩蔬菜瓜果大棚种植基地，新增季节性用工20余人，带动43户贫困户年人均增收500~1 000元。协调推进黑崖沟家庭手工业创业园建设并实现主体竣工，落实扶贫贷款30万元，建立补贴基金，不定期开展从业者慰问活动，大力推动手串制造、毛绒玩具、礼品制作等家庭手工业发展，新增就业60多人，年人均增收25 000元。联系北京海纳川汽车部件有限公司来村开展定向扶贫招聘，实现新增就业15人，年人均收入50 000元，实现"就业一人，脱贫一家"。申报全国乡村旅游扶贫重点村，举办"樱为有你"樱桃节，推动樱桃采摘园建设，帮扶开办2户农家乐；协调推进美丽乡村建设，实施公建项目7个，民居改造43户；编发《美丽乡村黑崖沟》微刊200多期，其中，原创撰文180多篇，累计阅读50余万人次。成立黑崖沟电商合作社，建立奖励基金，发展微店网店7家。

黑崖沟蔬菜大棚

帮扶基础教育

积极协调，多方沟通，实现黑崖沟小学暨乡村夏令营中心建设立项，规划建筑面积5 000平方米，总投资500万元。联系北京大学光华管理学院、清华大学老校友助学网、中国人民大学农业发展学院、中航信托、民生银行、北汽集团、宝马汽车俱乐部等21家爱心机构开展公益助学活动29次，自筹资金和物资80多万元，修缮教学楼800平方米；捐赠图书15 000册，平板电视120台，电脑45台，取暖设施100台，教学桌椅250套，文化体育设施200多套，羽绒服200件，学习生活用品3 000多件；设立奖学金2个，每年奖励优秀学生60余人；结对长期帮扶困难学生10人；联系中国人民大学、华北电力大学（北京）、华北电力大学（保定）、华中师范大学、北京化工大学等5所高校志愿者开展支教帮扶8次共计40多天；组织师生到北京参观学习、观看青少年春晚、参加爱心企业年会等共计3次累计15天。

黑崖沟驻村帮扶工作得到了各级领导的关注和支持。经河北省委组织部积极推荐，成为入选中央组织部《全国党建促脱贫攻坚案例选·第一书记》的全国35名第一书记之一，并先后在中央国家机关定点扶贫工作座谈会、2016中国扶贫日——乡村发展与脱贫攻坚论坛、河北省党建促脱贫攻坚暨驻村帮扶大会上作典型发言。2016年10月，按照中央宣传部的要求和河北省委宣传部的安排，中央、省、市、县四级媒体对黑崖沟驻村帮扶工作进行集中报道，成为中央宣传部明确要求进行典型宣传的河北省3名第一书记之一，新华社《动态清样》、人民网、半月谈网、光明网、农民日报、中国青年报、中国社区报、河北新闻联播、河北日报、河北广播电台、保定日报、保定晚报、保定广播电台等20多家媒体先后予以报道。

【调研报告】

编者按：根据中央国家机关工委要求，2016年4月18日—20日，国管局调研组一行3人赴黑崖沟村对驻村第一书记刘伟进行了实地跟访，形成了一份调研报告。这是展现刘伟同志扶贫经历的外部材料。其扶贫工作另有总结。以下内容来自调研报告。

"刘书记好！""刘书记早！""刘书记吃了吗？""刘书记又去看望谁啊？"在黑崖沟村的村头巷尾，村民们热情的问候声源源不断。入户走访、询问近况、为民办事，这是挂职黑崖沟村第一书记以来，刘伟几乎每天必做的功课。"有事找刘书记"，已经成为黑崖沟村民的第一选择。

自2015年7月31日以来，刘伟在这个地处太行深山的小山村里勤勤恳恳、默默付出，在国管局扶贫办和扶贫工作组的直接帮助下，从加强基层党组织建设到开展落实扶贫项目，从解决生产生活实际困难到促进农村和谐稳定，他始终坚持在一线。这个踏实睿智的湖南小伙子，用自己辩证的扶贫新思维，正在为这个冀西的小山村带来点点滴滴可喜的变化。

大势与小情

"在村里工作，天气和地气都得接，不接天气，你的工作就可能偏离方向，不接地气，你的工作就无法生根发芽。"

同大多数第一书记一样，刚到村里，刘伟对怎么打开工作局面丝毫没有方向，也摸不着头脑。他苦恼过，也沮丧过，好在出生在农村的他对农民天然有着

刘伟在了解黑崖沟产业状况

深厚的感情。经过一段时间的摸索，以及同国管局扶贫工作组人员的交流，刘伟决定从"接天气"和"接地气"两方面着手：一方面，系统学习中央精神和地方扶贫政策；另一方面，深入走访调研黑崖沟村、对贫困人口进行精准分析。

到任短短几个月，刘伟和村两委班子一起对全村人口进行重新识别，确定全村贫困人口155户344人，平均年龄47岁，其中，60岁以上老人或丧失劳动能力的残疾人196人，有劳动能力的贫困人口103人（在外务工65人，留守在家38人），在读学生45人，并完成了建档立卡工作。在对数据进行认真分析的基础上，刘伟因地制宜，确定了针对"老中青"三个年龄段的扶贫思路：老有所养、壮有所用、幼有所教，即让老人们有保障（养老）、让年轻人有收入（产业）、让孩子们有未来（教育）。例如，针对村里留守妇女多的实际情况，大力发展家庭手工业，协调解决场地和资金问题。在离土不离乡的情况下，推动佛珠制造、毛绒玩具加工、景泰蓝加工等3个手工业厂发展，增加妇女就业50多人，年人均收入2万元。村支书冯合金介绍道，"以前村里主街道经常有坐着闲聊打麻将的年轻妇女，现在基本上找不到了。"

物质与精神

习近平总书记多次强调："扶贫必扶智。让贫困地区的孩子们接受良好教育，是扶贫开发的重要任务，也是阻断贫困代际传递的重要途径。"

刘伟认为，物质上的帮扶可以帮扶一时，精神上的帮扶才能帮扶永久，无论是扶智还是扶志，教育帮扶都是重中之重，这才是可持续的造血。刘伟喜欢孩子、关心孩子在村子里都是出了名的。每次从北京回来，他都会给村里的小孩带一些小吃，一到晚上，孩子们也总喜欢跑到刘伟办公室去找他。

在学校建设上，刘伟定位于打造阜平县高水平的现代化小学，联系北汽集团长期定点帮扶黑崖沟小学，更换了全部课桌椅和办公桌椅；联系北京大学光华管理学院捐赠博雅图书室；联系快乐操场公益行、组织营养学讲座，完善体育设施，增强孩子们的身体素质。在学生帮扶上，刘伟在小年夜组织村里孩子去北京看中国青少年网络春晚；联系中国人民大学开展圆梦行动；联系社会爱心人士和基金会结对长期帮扶困难学生10余人；同局扶贫办一道组织局内募捐，为黑崖沟村51位学生每人捐赠了1件羽绒服。

初步统计，在不到一年的时间里，清华、北大、人大、华电、北汽海纳川、民生资管、中交集团、中国娃公益俱乐部、清华老校友助学网、拾稻计划等著名高校和机构都关注和帮扶过这所普通的山村小学，累计投入近30万元，这一切都离不开刘伟的东奔西跑。村民们都开玩笑说，"为了建好这所学校，刘书记几乎把自己以前不轻易用的人脉都用光了。"

独立与依靠

刘伟说，刚到村里工作时，看到乡亲们充满期待的眼神，看到贫苦村民的艰辛生活，看到这样一片曾经家家有烈士、户户是军属的热土依然如此贫困，自己就特别想为他们做一点事情，可是怎么去开展工作？刚来时，说话都听不大懂，对村里人情世故也缺乏了解，想发展产业，对农业又缺乏经验。正当感到手足无措时，有两个人给他留下了深刻的印象。

在走访慰问村里98岁的顾兰庆时，刘伟了解到，作为一名有着76年党龄的老党员，虽然身体不方便，每次党员大会，顾兰庆都会强烈要求子女送她去参加。

2015年8月，刘伟从镇上回村，在邻村一处茅草屋躲雨时遇到返乡创业的年轻人张红亮，趁着下雨和他聊了一下午，雨停后又坐他的小三轮回村里。正是在这个下午，刘伟有了一个黑崖沟绿色蔬菜产业发展的基本思路。此后，他和张红亮联系沟通了不下几十次，并搭线北京适福农业科技开发有限公司开展订单式农业生产，争取银行贷款150万元，从而推动发展绿色蔬菜大棚50多亩。

刘伟说，看一个村有没有希望，一是看村里党员干部怎么样，二是看村里的年轻人怎么样。从这两点来说，黑崖沟村的未来充满希望，这也是刘伟打开工作局面的两个重要抓手。

要团结依靠村里的党员干部。黑崖沟村曾因为换届选举有一些分歧和矛盾，刘伟通过走访村里老书记、老干部，举办新老干部团圆餐会等多项活动来缓和调解。在这个过程中，刘伟发现，村里对20世纪80年代的模范书记陈万昌非常认可。于是，他第一时间搜集整理陈书记资料，推动建立陈万昌纪念室和村干部任职宣誓制度，通过宣传陈万昌精神来宣传黑崖沟的光辉历史，来团结凝聚村里的党员干部。刘伟说，团结凝聚的工作，并非一朝一夕，也并不是三言两语，但总要有人去做。

要团结依靠年轻人。考虑到在外务工的年轻人对村里的情况不了解，刘伟建立了微信群、微信公众号以及短信群发平台来增强与他们的联系互动。年轻人看到村子的变化，看到发展的希望后倍受鼓舞，纷纷建言献策、回乡创业：刘海梅看到村里正在发展乡村旅游，主动联系回乡发展农家乐，建设矿泉水厂；在中国中小企业协会工作的于洋被刘伟的勤勉感动，主动联系提供帮助；在中国食品报工作的黑崖沟女婿耿科研说，刘伟书记让他们看到了黑崖沟的新希望，他第一时间联系报社报道宣传黑崖沟的农业发展情况。

正是依靠年轻人，鼓励帮助年轻人创业，不到一年的时间，黑崖沟村的蔬菜大棚从原有的几个小简易棚发展到50多亩的钢架大棚。村里的家庭手工业就业规模从原有的十几个人发展到五十多人，而这些带头人都是返乡创业的年轻人。

刘伟说："到村里工作，一方面，要保持独立思考能力，明白自己的使命和责任，不忘初心；另一方面，也要了解自己的长处和短处，想清楚'为了谁？依靠谁？'这个问题，这一段时间以来的扶贫经历让我对党的群众路线有了更加切身的体会。"

政府与社会

与很多第一书记一样,刘伟刚到村里,想到的第一件事就是跑资金、拉项目,为村里争取尽可能多的财政资金帮扶。于是,跑部门、陪考察、写报告、找熟人成了刘伟扶贫工作的重要内容。

村里的以工代赈工程一直批不下来,刘伟从贵州考察回来后,顾不上安顿休息,就跑到省发改委进行沟通,途中因为长时间坐车呕吐不止;村里的小学校舍漏雨,刘伟就和校长一起去县教育局汇报争取修补资金;为了落实中央彩票公益金项目,刘伟陪着扶贫、财政、交通、审计等多部门领导深入黑崖沟的大山里实地考察;保定市里有旅游扶贫资金项目,村里怕摆不平不想要,刘伟又积极做思想工作,与村两委班子共同商量对策……在刘伟和村两委班子的努力下,一笔笔财政资金落地黑崖沟村,累计达240万元,这对一个贫困山村来说,不是一个小数目。可是,相对于千差万别的扶贫资金需求来说,总有财政资金照顾不到的地方。于是,刘伟想到了发动社会合力,让更多的人参与黑崖沟村的发展建设。从别人的口袋里掏钱自然不是一件容易的事,但是农村出生的刘伟天生有一股不服输的劲头,在他的努力沟通下,社会合力从四面八方涌来,共同托起黑崖沟村美好的明天。

刘黎明,一位88岁退休老人,看到黑崖沟的光伏养老项目后,由于不会用微信,亲自跑到邮局汇来1 000元。

泰联新能源,一家上海企业,免费为村里提供光伏发电安装指导服务,公司总经理4次来到黑崖沟实地考察,并委派2名专业技术人员从正月十五开始长驻村里,全程负责光伏发电系统的安装调试。

唐模电器,一家南京企业,公司总经理亲自驾车往返2 000公里来到黑崖沟,只为亲自指导光伏接地系统的安装。

中航信托,一家南昌的企业,为华北的这个小山村在全公司发动募捐,半个月的时间募捐32万元。

这样的事例还有不少，据不完全统计，在刘伟驻村的这段时间里，共协调落实社会爱心帮扶资金199.7万元，其中绝大部分帮扶资金来自素不相识的陌生人或陌生企业。

村民们说："刘书记能量真大，网上发发文章，不到一个月的时间，上百万资金就到黑崖沟来了。"刘伟却说："社会合力，核心不在发起人的人脉和能量，而在公信力和透明度，在于如何建立一个社会各界共同推进扶贫事业的平台和舞台。"同时，刘伟始终紧密依托国管局在阜平定点扶贫20多年打下的坚实基础，将个人的才干与组织的力量结合起来，形成强大的工作合力。

短期与长期

刘伟到村里后，看到许多老人做饭不方便，经常处于蒸几个馒头过一天的状态，便筹划着建一座夕阳乐老年食堂，给村里老人做饭送饭。经过商议和调研，大家都很支持欢迎，唯独村书记当面提出了顾虑："刘书记您在

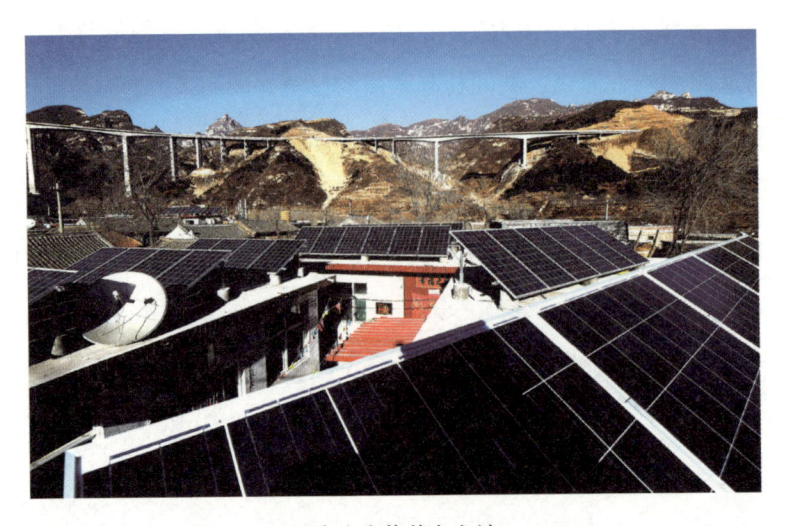

黑崖沟光伏养老电站

时，这个老年食堂可以运行起来，您走了以后怎么办？明年还有没有这个资金支持？"这个问题不禁让刘伟陷入了沉思，如果只把希望寄托在个人身上，运动式地"刮阵风"，没有制度支撑和保证，不仅于事无益，也伤害了群众的感情。慢慢地，他意识到，做任何事情都要问一问，第一书记走了以后怎么办？会不会"烂尾"？自己能不能做一件长期可持续的事？不求功及一时的轰轰烈烈，但求利及长远的点点滴滴。

在这个思路的指引下，刘伟不满足于简单地"输血"，而是力争"造血"。通过"互联网+"众筹资金，刘伟组建了黑崖沟祥和基金，启动了黑崖沟光伏养老爱心工程建设。工程竣工后，每年可实现稳定收入30余万元，可为黑崖沟村250位贫苦老人提供每人1 000元的光伏养老收入，持续25年。同时，刘伟打算以此为基础，建立光伏先锋基金（每年安排资金2万元用于党组织建设）、光伏奖学金（针对优秀学生的奖励）以及光伏关爱基金（针对残疾人的关怀），很多需要长期资金才能解决的问题迎刃而解了。村民们说："刘书记，你当了不到1年的第一书记，却给村里办了25年的好事。"

低调与高调

在采访过程中，我们发现，刘伟是一个极其低调的人，很多事情都是村干部和村民告知，他自己却缄口不言。在介绍黑崖沟村工作的文章里，几乎找不到第一书记的字眼，更找不到刘伟的名字，基本上都是以村两委作为工作的主体。刘伟经常说："通过一些工作树立村两委的威信，比让老百姓记住第一书记所做的事情更加重要，因为这是一个永远存续的班子。"很多事情，特别是能增加村民信任和好感的事情，刘伟都会让村两委班子冲在第一线。

但同时，刘伟又是一个极其高调的人，高调到他每天早上坚持6点起来，第一件事情就是向朋友圈和微信群的近万好友和群友传播黑崖沟的声音；高调到他曾经6次接受媒体的采访；高调到他敢以第一书记的名义面向上千万的自媒体粉丝发起募捐；高调到他已经成了扶贫领域和光伏行业小有名气的第一书记。很多人一见到刘伟，第一句话就是："哦，你就是刘伟，我在报纸上见过你的名字。"

在微信群中，刘伟总是时刻不忘展示自己的身份：黑崖沟村第一书记，他说："很多的项目和帮扶，就是社会爱心人士看到我这个标签后主动联系我的。"曾有人劝他"自古言多必失，你这样做容易让人抓住把柄。"刘伟却说："在互联网+的时代，第一书记需要积极主动地加强与传统媒体和自媒体的互动沟通，这当然会增加犯错的可能性，需要勇气，也需要智慧，我的梦想，就是让黑崖沟的呼唤不再养在深闺人未识，而是飞入寻常百姓家，只有这样，才能汇聚更多的力量，推进脱贫攻坚的事业。"

传统与现代

到村工作之前，司领导找刘伟谈话，勉励他以沈浩同志为榜样，好好工作。2015年12月31日，河北省委书记赵克志到黑崖沟村调研扶贫工作，详细询问了解刘伟的工作与生活情况，并勉励他在基层建功立业，实现人生价值。在阜平县扶贫座谈会上，赵克志书记还专门提到刘伟，说这么冷的天气，这么年轻的干部还坚守在第一书记的岗位上，非常不容易。这些嘱托和激励深深鼓舞了刘伟。

黑崖沟地处太行山深山区，平均海拔1 000多米，温度比平原地区低8度左右，村里没有暖气。2015年冬天特别寒冷，村干部都心疼刘伟，劝刘伟回北京，说等天气好点的时候再过来。村支部委员冯文斌说："这样的天气，即使是自己的子女，我们也不会让他们在村里工作。"但刘伟却说："村里老人有暖气吗？村里小学有暖气吗？他们能坚持，我没有理由不能坚持。"

为了做好村里的工作，他把自己远在湖南，有三十年乡镇工作经历的父亲和舅舅请到村里，帮忙把脉如何发展，但是没有让村里请吃一顿饭。从刘伟身上，我们看到了他情系农村、融入乡土的传统情怀。

与此同时，刘伟还是一个极其现代的人，身上有着浓厚的80后干部风格，他手把手地教村干部用智能手机和微信，现在村干部都用上了微信，经常和刘伟说"刘书记，你昨天发的文章我看了，很受启发"；阜平县委书记郝国赤说："刘伟发的文章，我每篇都看。"美丽乡村黑崖沟的微信平台自2015年9月18日注册以来，已经编辑分享了150期，累计阅读20多万人次。

为了黑崖沟光伏养老项目的透明化，刘伟联系爱心企业开发手机APP、网站、微信服务号，实现发电收益情况本地和远程的同时监控。刘伟说，黑崖沟光伏养老爱心电站运行后，通过手机就可以实时监控56组光伏设备每天的发电收益情况，在村委会的监控显示屏上，也可以实时查看。

我们在采访刘伟时，他也会时不时地翻阅手机，他说，我的很多工作都是在手机上处理的。采访的那几天，他正在通过微信联系筹备着几件事情：中关村企业家俱乐部准备在村里众筹建立一个扶贫客栈；保定新华小记者准备在保定市10所小学发起为黑崖沟小学募捐书籍文体用品的活动；清华大学校友会准备来黑崖沟小学开展教育帮扶；中交集团准备近期来村开展走访慰问党员活动；中国娃公益俱乐部准备组织一次旅游公益活动等。刘伟介绍道，目前已经联系北京蚁视科技有限公司捐赠100套VR设备，未来还将协调推进黑崖沟小学VR教室，VR教研室，VR旅游中心，VR旅游片。刘伟说："让全球最先进的技术造福贫困山村是我的梦想。"

在黑崖沟小学调研快结束时，学校的老师以为我们是来考核第一书记工作的，偷偷拉着我们说："你们别让刘书记走了，让他多留两年。"村里的干部告诉我们："我们很想留刘书记多待一年，碰到这样的第一书记不容易，但是，我们又不忍心，担心这样会影响他的个人发展。"朴实的话语中，是认可，是不舍，是真情付出后的情感回报。在刘伟看来，也许他所能做的非常有限,但他愿意尽其所能,为这座浴染了无数先烈热血的小山村带来一些切切实实的变化。我们相信,他的扶贫之路会越走越宽……

国管局调研组:褚庆捷、李军、关林
2016年5月9日

【心得分享】

用"心"凝聚人心

刚到村时,面对平均年龄如父辈一样的党员干部,面对乡亲们质疑的眼光,我深知,只有先做好自己,才能影响和带动他人。走访入户几天后,我给自己定了一个目标:给黑崖沟村当宣传员。于是,我注册了美丽乡村黑崖沟微信平台,坚持每天早晨6点前起床,7点前撰写编辑微信内容,8点前传播分享到朋友圈和各个微信群,一直到今天,每天起床的第一件事是黑崖沟,朋友圈里满满的也都是黑崖沟。就是这样一件简单的事情,让党员干部从心底里认同和接受了我。

村里的老人和小孩是我格外关注的群体。953人的小村庄,我们慰问了2 100人次,开展了多种形式的教育帮扶活动,落实慰问资金和物资,联系了爱心机构,协调教育帮扶资金。与群众之间从最初的语言不通,举目无亲,到今天,村里六七岁的小孩,也会羞涩的和我打声招呼。有一次,去一户村民家做思想工作,入户前,村书记给我打预防针,说这一户特别不好沟通;可是,入户后,异乎寻常的顺利,户主说,您对孩子特别好,我不能给您出难题。实实在在,付出真情,老百姓自会以他们最朴实无华的方式支持你。

2016年8月,我和村支部书记在走街串巷时被一位村里的老人拉住了,给我塞了一袋核桃并嘱咐我一定要收下,老人说,他和老伴一直想给驻村的我送点东西,可又担心别人说"驻村干部收老百姓的东西",对我影响不好,于是一直在纠结，前不久，老伴生病去世了，生前还一直惦念着这一袋没有送出去的核桃。说着说着老人掉眼泪了，而我早已感动得无法言语。

用"情"破解难题

在黑崖沟村贫困人口中，57%的是老人和残疾人，最贫穷最孤苦的也是他们。在国家社会保障的基础上，我能做些什么，去改善他们的生活？我想到了光伏养老，通过光伏发电收入，为村里250位老人提供每人每年1 000元的养老收入，持续25年，但是，最大的难题摆在面前，近200万的建设资金从哪里来？那一段时间，晚上总是失眠，不断的探寻、否定、完善。最后，我们选择了通过"互联网+"方式发起公益众筹。

2016年元旦，我们联合了几十家新媒体，面向1 000万粉丝发布公益众筹，我和自己的家人带头捐款1万元，期间，6次接受媒体采访，整合新媒体和传统媒体的力量。三周的时间，汇聚着800多位爱心人士和21家爱心企业的230万帮扶资金和物资落实到位，90%以上的捐赠人未曾相识，产生了很多感人的故事。破解难题的经历，是凤凰涅槃的过程，正是那些失眠和煎熬的夜晚，让自己深深融入了这个小山村。

用"智"引导乡亲

2016年年初，我们积极动员村里青年人和党员干部带头参加合作社，协调银行贷款150万元，流转土地50多亩，黑崖沟的蔬菜西瓜大棚迅速发展。为了培养致富带头人的市场思维，我和合作社的主要成员一起到北京的高档小区摆起菜摊子，到新发地市场调研了解各类品种和价格，和多家农业流通企业会谈协商，与电商企业签订合作协议，积极探索社区农业和订单农业。所有的市场开拓行为，我始终坚持一个原则，没有包办和代办，只有共同经历和一起成长。有所为，有所不为，为与不为，都要服从于增强自我发展的能力。

我们建立补贴基金，建设手工业创业园，不定期开展从业者慰问活动，大力支持家庭手工业发展，实现就业50多人，树立"脱贫靠双手，劳动最光荣"的帮扶导向。我们设立阳光奖学金和晨曦奖学金，对村里在读大学生和优秀中小学生进行表彰奖励，努力营造"重视读书，教育脱贫"的氛围。一举一动，一钱一物，都要体现导向性。帮扶资金，撬动的不能是消极等待的懒惰，而应是自力更生的勤劳。

派出单位大力支持

国管局23年来持续真情帮扶阜平县。一年来，局长李宝荣同志先后两次，局党组分管扶贫工作的领导先后三次深入黑崖沟村调研慰问，协调推进驻村扶贫工作；选派4名干部到阜平县挂职扶贫，成立局扶贫工作领导小组和办公室，统筹推进定点扶贫工作。正是"一人驻村，团队作战，党组重视，全局支持"，一件件实事才得以落实到位，在太行山区开花结果。

03 脚踏实地，推动小村换新颜

彭勇刚　内蒙古突泉县水泉镇合发村第一书记

【总书记说】

　　坚持以人为本、执政为民，最终要落实在一件一件的实事之中。这些实事，既体现于推动经济社会发展和惠及全社会的"大事"，也体现在与老百姓日常生活息息相关的家门口的"小事"。"群众利益无小事"。抓好为民谋利的"小事"，必须要像抓"大事"那样，把求真务实的精神贯彻到为民办实事的具体工作之中。做好为民办实事工作，关键在于用好的作风来办好事，用实在的项目来办实事。最实在的事就是要着力解决民生问题，特别是关心困难群体，多做、大做"雪中送炭"的事，多搞一些直接造福于民的"满意工程""民心工程"，切实把老百姓家门口的事情办好。实事必须实干，要改进工作方法，转变工作作风，脚踏实地、稳扎稳打、尽力而为、量力而行，决不喊空口号、搞花架子。实事还要见实效，最大的实效就是真正使广大群众得到实惠、感到幸福，产生良好的社会效益和人文效应。

　　——习近平《之江新语》，2013年7月，浙江人民出版社。

【循吏故事】

召信臣，字翁卿，西汉九江寿春（今安徽寿县）人。他任南阳太守期间，施政和之前在上蔡一样爱民如子。他为政勤勉，讲究方略，喜欢为百姓谋利，寻求富民之道。他出入田间地头，亲自耕地以倡导农业，住在郊野驿亭，少有安居家中之时。他巡视郡中水泉，开通沟渠，修建池塘水闸，提水灌溉，累计数十处，用以增加农田灌溉面积。可灌溉农田年年增加，多达三万多亩。百姓由此受益，粮食蓄积有余。

召信臣为百姓订立用水公约，刻于石上，立在田边，防止纠纷。他下令禁止婚丧嫁娶奢靡铺张，要求务求节俭。郡中府县有一些当差的官员子弟，游手好闲，不事农桑，召信臣予以罢免不用，对其过分者还追究其不法行为。于是，"其化大行"，南阳大治。郡中人无不勤于农耕；外郡百姓前来归附，户口倍增。盗贼和诉讼案件几乎绝迹。南阳百姓十分爱戴召信臣，称之为"召父"。东汉时南阳太守杜诗也是造福百姓的好官，被称为"杜母"。古代所称的"父母官"就由此而来。

——参考中华书局1962年版《汉书》，《甘棠集》，笔者翻译。

03　脚踏实地，推动小村换新颜

【个人简历】

彭勇刚，男，汉族，1979年12月生，河北邯郸人，2005年7月参加工作，2004年5月加入中国共产党，南京信息工程大学大气物理学与大气环境专业毕业，研究生学历，理学硕士学位。现任中国气象局计划财务司项目管理处副调研员。

彭勇刚了解危房改造进度和庭院经济

【村情一览】

突泉县属于大兴安岭南麓山区"连片特困地区"。合发村位于突泉县政府所在地东北13公里处，全村辖2个自然屯，曾是远近闻名的贫困村，村容村貌破败不堪。全村共426户、1 294人，其中少数民族157人；截至2014年有贫困户161户；区域面积41平方公里；耕地13 378亩，半数为丘陵坡地，夹杂砂石，土地贫瘠；林地12 979.7亩，经济林100亩，草牧场3 468亩；主导产业为种植业，一年只能种植一季，以玉米为主，有少量绿豆；人均收入4 240元。

如今的美丽乡村合发村

03　脚踏实地，推动小村换新颜

【扶贫经历】

按照中组部等三部委要求，2015年8月3日至2016年8月底，我从中国气象局派驻合发村担任第一书记。

一年来，我紧紧围绕主要职责任务，牢守工作纪律，对村级各项工作发挥指导、把关、协调作用，发动两委班子依法尽责开展工作，贯彻落实县委县政府的决策部署。

加强基层组织，抓党建促脱贫攻坚

合发村支委会、村委会班子分别于2015年4月和7月换届，除了一位干部是上届留任外，包括党支部书记、村委会主任在内的其他三位干部均是新当选上任。新班子年富力强，有想法，有能力，干劲足，但同时也对相关政策制度和工作程序有一个熟悉和加强的过程。我从加强两委班子自身建设入手，组织两委干部系统学习工作职责、工作制度和工作程序。我在村民代表、全体党员大会上对大家讲，墙上的制度不能是个摆设，以后所有的事情，要按照这些制度来办，环节一个一个的走，该公开的公开，该征求意见的就征求意见，不搞闭门决策。当时第一次开会的时候，我发现村里的会议室和党政机关正式会议一样，还专门设了主席台，当场决定撤掉主席台，宣布村里开会，村干部不要坐主席台，要和乡亲们围坐一起。后来在旧村部资产处置、产业发展等重大事项，都按照"四议两公开"程序进行决策，较好地执行了民主程序。

大力发展庭院经济，探索发展特色品牌

合发村以种植玉米为主，缺少其他经济作物，土质也不好，基本是靠

天吃饭，乡亲们收入受限。别的地方是发愁特色农产品卖不出去，而我们村愁的是没东西可卖。合发村庭院普遍较大，一般都有2亩左右，之前大多种些玉米、自家吃的蔬菜之类的，乡亲们也想种些经济作物增收，但苦于没有思路和技术。2016年，县委县政府将发展全县农村庭院经济作为重点工作来抓，充分开发房前屋后土地增收潜力。我们村干部和镇干部分头到各家各户走访宣传政策，并组织召开村民代表、党员代表座谈会征求意见，合发村确定了发展庭院温室大棚的建设思路。在进入大棚实施阶段时，乡亲们反倒犹豫了，积极性并没那么高。大家主要担心，一是以前没种过大棚，没有技术，不会种，也不知道卖给谁，担心赚不到钱；二是建不起，自筹部分的资金拿不出来；三是种大棚劳动量大，怕劳动力不够。我们把这个困难反映上去争取支持，县委县政府决定，由农业局提供技术，免费培训，全程指导；建设资金由政府全额垫付，产品打开销路后再收取自担部分。经过我们宣传动员后，对贫困户尽可能的能建全建，非贫困户有意愿的也全力支持。又考虑到部分庭院南北狭长、东西较窄，如果都建独栋大棚，则规模太小，冬季保温效果不好，也不经济。我们反复到各家院子里察看地形，推敲建设方案。经征求乡亲们意见后，最终确定打通围墙，建设联栋大棚，中间不砌实体隔断墙，一举解决了部分独门独户规模较小的难题。项目自2月开工，4月完工，在庭院建成36栋温室大棚13 300多平方米，涉及群众68户。

由于村里很少有人种过温室大棚，大部分人不知道怎么种、种什么。除了一部分人有闯劲，有想法，确立了搞新奇特农产品种植试点，我们予以了重点关注和扶持。同时对于没想法的大部分人，在农业局支持下，我们决定统一供苗，第一茬先种容易成活的西红柿。我们聘请技术员到大棚里，现场教乡亲们打垄、铺设滴灌水管、覆膜、栽苗。在栽苗定植、打杈管理、病灾防治、挂果管理等过程中，聘请技术员五六次到现场培训指导，手把手教授技术。

转眼到了收获季节，却出现了在新闻中时常出现的销售难题。现在终于有东西可卖了，却卖不上价钱，卖不出去。由于村里大棚当年建设，当年种植，第一茬大棚西红柿成熟时恰恰赶上夏季裸地西红柿也开始上市，没有发挥出大棚蔬菜提前上市的优势。据媒体报道，由于大量种植，河北、山西、内蒙古等地西红柿大量滞销，2毛钱一斤都卖不出去。看着西红柿一天天红起来，一批一批的熟透，乡亲们心里很急，我也很急，县、镇领导了解情况后也很急。如果这茬西红柿卖不出去，将极大打击大家的积极性，很有可能会有部分群众放弃大棚，造成投资浪费，更关键的是将会挫伤乡亲们探索增收致富的信心。我在走访中了解到有个年轻人侯红章以前种过大棚，他家种植的香瓜销售很不错，就和镇党委书记动员他收购乡亲们的西红柿帮助销售。一开始侯红章担心有风险会赔钱，也怕影响自家大棚的管理，比较犹豫。后来我和镇党委书记多次到他家动员，并帮助他出谋划策解决他家因大风刮倒的一个大棚所面临的损失，最终侯红章答应代理收购销售，运到县城菜市场批发推销，解决了大批量销售的难题。另外我们还找到县城连锁超市收购一部分。这两个途径，按4毛钱一斤，不低于市场价解决了大部分销路。此外，镇政府干部伸出援手，许多人多次购买爱心西红柿，也解决了一部分销路问

组织村民温室大棚种植技术现场培训

题。避免了乡亲们西红柿烂在棚里的风险。

与西红柿销售难相对照的是，搞新奇特瓜果试点的特色种植有了可喜的效果。我自费驾驶自己的私家车，和驻村工作队员、村干部一起到外地引进的火龙果试种成功，两个大棚的红心火龙果长势喜人，看着大大的花一朵朵的绽放，果实一天天的膨大，种植户喜在心里，乐在脸上。因为是兴安盟第一家引进种植火龙果，从移植以来，不断有人前来参观考察，有来看稀罕的，也有来洽谈合作的，还有的迫不及待询问什么时候可以采摘。种植能手侯红章五个大棚的新品种香瓜一上市就很抢手，一茬香瓜销售完，五个大棚的建设成本收回了一半，第二茬基本上就可以收回全部投入。侯红章的金针菇试种也获得成功，几个大客户提出有多少收多少，销售不成问题。

经过总结对比，我们确定了走发展特色种植的思路，在组建合作社抱团发展的同时，一户一品，突出特色。首先是动员侯红章牵头组建种植合作社，利用他的经验和销售渠道，一部分大棚种植反季节瓜果蔬菜，一部分大棚养殖金针菇等菌类，吸纳了一半种植户；第二个是扩大特色种植，增加引进大棚桑葚、无土栽培草莓、扩大火龙果种植等，搞特色观光采摘产业；第三个是动员种植大户，和村集体一起种植了200亩裸地酿酒葡萄，和本地酿酒企业签订合同，搞订单种植。现在，合发村已在当地小有名气，参观游览村容村貌和温室大棚特色瓜果的人络绎不绝，仅仅一个火龙果大棚半年内就接待了数百人，还未上市，广告效应就已显现。

发展集体经济，增强村集体自我保障能力，发挥气象服务保障作用

合发村集体经济基础薄弱，缺乏收入渠道，自我保障能力弱，维持、发展村级公共事务的经济实力不足。我多次邀请气象部门领导来村调研，中国气象局局长、副局长、多位司局级领导多次到村调研指导工作。气象部门提

和村党支部书记、监委会主任到通辽调研温室大棚建材

供帮扶资金15万元，村里自筹一部分资金，建设了2000平方米温室大棚，用于发展集体经济。在此基础上，我和村党支部书记一起向县里争取到40亩耕地，用于发展集体经济。目前，村集体40亩果蔬园已初成规模，30亩果树长势良好，2 000平方米温室大棚已建成投入使用。为使有限资金办更多的事，我自费驾车和村党支部书记、监委会主任一起到通辽市考察比选大棚建材，确保既要办好事，又要守规矩，保证花钱不违规。

推动精神文明建设，促进和谐稳定

我提议组织举行了合发村首届重阳节敬老座谈会，组织免费体检，让老人感受到集体的温暖和关怀。推动丰富群众文化生活，夏季晚上在文化活动广场组织广场舞活动，每天有近百名乡亲们在广场活动。春节期间组织群众扭秧歌文艺活动，丰富群众精神文化生活，吸引到内蒙古卫视走基层节目到村拍摄取材。2016年七一期间，组织乡亲们自编自演13个节目，颂党恩跟党走，歌颂美好生活。

发挥气象保障农业生产生活作用，助力脱贫攻坚

在开展工作中，我也注重发挥派出单位气象部门的专长和优势，发挥气象服务保障作用。积极向单位争取各种资源，在村里建成六要素自动气象站一套、气象信息服务多媒体触摸屏一台、温室小气候仪一套，购置拖拉机扫道机一套，设备投入累计15万元左右。培养气象信息员一名，提高气象服务保障和灾害预警传播能力，发挥气象服务为农业生产生活、庭院经济发展保驾护航的作用。在2016年6月22日，当地暴雨引发山洪灾害，合发村临路边的区域被水淹没。根据气象预警信息和雨情，我紧急组织两委干部察看地势低洼地段水情，转移危险地段的乡亲们，没有造成人员伤亡。

合发村经过"十个全覆盖"工程建设、大力发展庭院经济和集体经济，200户危土房翻建为新瓦房，100余户旧房进行了维修，水电路都进行了改造，村民活动服务中心、超市、幼儿园、卫生室都有了新场所，村民文化活动日益丰富，经济增收有了新产业，贫困户仅剩7户15人，经过进一步努力，全力啃掉这最后一块硬骨头，将确保按时完成全面脱贫任务。

改造前，全村有200座危土房

2015年9月14日，内蒙古自治区党委书记王君、政府主席巴特尔率巡回观摩检查组到合发村检查工作，我有幸当面向王君书记直接汇报合发村发展变化情况，合发村各项工作获得肯定和鼓励。

在上级的支持下，经过全村党员、干部、群众的共同努力，合发村党支部从三颗星的三类党支部晋级为八颗星的二类党支部，于2015年12月获得"全盟文明村镇"称号，村两委班子集体于2016年2月荣获"兴安盟'十个全覆盖'工作先进集体"、2016年5月荣获"兴安盟青年创新创业创优标兵"，党支部于2016年七一获得兴安盟"先进基层党组织"称号。

【心得分享】

总结一年来的工作，我认为第一书记要做成一点事情，要做到以下几点。

融入地方规划，不自行其是

第一书记首先要贯彻执行地方党委、政府的决策部署，抓好政策落地，确保政策在基层不走偏。在尊重当地大局的前提下，可以灵活机动，发展创新。

走群众路线，融入其中

能不能获得乡亲们的认可和信任，就看自己能不能坐得住土炕头，能不能喝得下去大娘用饭菜碗端的水；就看自己是整天坐在村委会办公室，还是东家走西家串；就要看是前呼后拥走形式，还是一个人真心实意来谈心。一年来，我拿着自制的全村分布图，自己一个人挨家挨户串门走访，乡亲们才逐渐地从观望转为客气，从客气转为热情，从说风凉话转为说心里话，逐渐地开始谈困难说问题。

实事求是，不搞形式主义

扶贫是民心工程，良心工程，不是面子工程，要真正地把群众发动起来，而不是硬推给群众，为完成任务而干事，不然就会出现干部干、群众看的局面。我们村在发展产业时，一开始大家都没经验，一定程度上也存在干部热情高、群众比较茫然的局面，后来及时调整思路，发展特色产业的时候，因为看到了希望，乡亲们热情高涨，争着抢着报名定新苗，生怕落下自家。

坚持原则，不随意妥协

农村工作千头万绪，各种利益诉求也是多种多样，固有思维惯性也很强大，有时矛盾还很尖锐。有时可以灵活处理，但不可随意妥协，不然派驻第一书记的意义将大打折扣。

多方争取资源，不单打独斗

一个人的能力很有限，第一书记背靠派出单位，不是一个人在战斗，派出单位是后援团、智囊团，多向单位汇报、求助，发挥整体优势。

04 这片土地醒了！

顾峰毓　贵州省思南县凉水井镇茶山村第一书记

【总书记说】

村级党组织是党在农村全部工作的基础。在推进社会主义新农村建设的过程中，要选准配强村级党支部班子，切实把那些政治素质好、品德作风正派、处事公正公平、勇于创新、能带领农民群众增收致富的能人选进班子，培养一大批优秀的农村基层干部。这既是增强农村基层组织、发挥战斗堡垒作用的基础，也是推进社会主义新农村建设的关键。强班子必须贯彻到认识上，抓好正在开展的农村保持共产党员先进性教育活动，努力提高农村基层干部对上对下高度负责的精神和强烈的责任。

——习近平《之江新语》，2013年7月，浙江人民出版社。

【循吏故事】

韦仁寿,雍州万年(今陕西西安)人,隋大业末年任蜀郡司法书佐,判决官司公平仁恕,被其判有罪的人说:"韦君所断,死而无恨"。唐初,南宁州(今云南曲靖一带)经历隋末变乱,刚归附大唐,尚属边境,朝廷对其采取羁縻政策。屡次派使者安抚,常有使者受贿,祸害边民,有时还激发部落反叛。唐高祖李渊因为韦仁寿素有能干之名,就派他补缺代理(检校)南宁州都督,(和以前一样)衙门设在四川西昌,每年到辖区巡视抚慰一番即可。

韦仁寿未因循旧制。他带五百士兵直抵西洱河(今云南大理),"承制"(秉承皇帝旨意而便宜行事)将南宁州划定设置八州十七县,任命当地部落酋长或武装力量首领为州县长官,将中央政府管理松散的边境民族地区纳入了规范的行政管辖。

他在当地推行法令清平严肃,人心信服,百姓欢跃。他巡抚期满要离开时,当地酋长哭号挽留,他以"城池未立"为由告辞,酋长们立即合力筑城池、建官衙,一二十天便起了一座石城。韦仁寿又以自己只是奉诏巡抚、不能擅自久住为由告辞。临别之时,蛮夷父老,挥泪相送,并派子弟随从,入朝进贡地方物产。高祖大悦。

——参考中华书局1975年版《旧唐书》,云南大学出版社1992年版《滇云历年传》,影印古籍《蛮书》,笔者翻译。

【个人简历】

顾峰毓，吉林省吉林市人，北京有色金属研究总院宣传处处长。2015年8月由中直机关选派至贵州省思南县凉水井镇茶山村任第一书记。

顾峰毓与上级领导一起慰问贫困村民

【村情一览】

铜仁市思南县属于武陵山区"连片特困地区"。凉水井镇茶山村背靠大山,前有深川,9个村民小组226户866人零散地分布在半山之中。山高路陡,"雨时走泥丸,雨后硬团团"就是茶山的真实写照。全村耕地面积369亩,但面积在一亩以上的整块耕地不到20块,土地贫瘠,资源匮乏,恶劣的自然条件,让勤劳的茶山人至今都没有摆脱贫穷,现在仍有精准贫困农户41户130人。

远眺茶山村

【扶贫经历】

打铁还需自身硬,加强村党组织建设

党组织的建设是推动扶贫攻坚的根本保证,党的领导在扶贫工作中是一定要坚持的,只能加强,不能弱化。村党支部要发挥作用,首先就是要开导——让贫困群众转变观念,让他们自己有脱贫致富的意愿,不能坐在那儿等着别人帮。茶山村两委喊出了"贫穷不是我们永远的标签"的口号,就是激发群众,要想摘掉穷帽子必须从自我做起。

坚持用科学理论武装党员干部,切实加强党的思想政治建设。改进党支部学习制度,按照"贵在自觉、贵在坚持、贵在应用"的要求,进一步完善《茶山村党支部"三会一课"制度》,重视和加强村干部个人自学,每个干部都要制订个人学习计划,确定学习内容,记好学习笔记。同时,每月组织带领村支两委委员和9位村民小组组长集中学习两次,每次时间不少于3小时。先后学习了"习近平总书记2015年6月亲临贵州视察指导做出的重要指示""10月16日总书记关于扶贫开发重要讲话""10月18日陈敏尔书记在贵州省扶贫开发大会上的讲话"等内容,特别是在"两学一做"学习教育中,认真学习了《习近平谈治国理政》,做到学有所获,学有所得,逐步提高村支两委的理论成熟度。

坚持贯彻民主集中制,把推行"四议两公开"工作法作为增强村"两委会"班子合力的重要途径,作为提高村党员干部素质的重要载体,作为调动村民参与新农村建设积极性的重要方法。健全并完善《茶山村两委议事制度》,围绕危房改造、项目建设、土地征用、贫困补助、低保户确定等大事难事和关乎群众切身利益的事,实行:村党支部提议—村"两委"会商议—村党员大会审议—提交村民代表会议决议—对决议内容公开—实施结果公

开。转变村干部的思维方式和工作方法，提高开展"四议两公开"工作法的工作能力，提高村民的参与率，增强工作透明度，有效解决了村民参政、议政意识增强所带来的管理上的诸多难题。

以加强基层党支部活动阵地建设为突破口，按照庄重、整齐、美观、实用、勤俭的原则，扎实推进党组织活动场所建设，夯实创建基层服务型党组织的阵地保障。村两委主动争取省驻村帮扶工作队的支持，投入资金3.5万元，购置了5套办公桌椅、40套会议桌椅、电风扇、饮水机、电脑等办公设备。因地制宜，统筹安排，将党员活动室与村民之家联建，做到"一室多用"，既能认真开展"三会一课"等党建活动，实施好民主议事制度、政务公开制度，还能组织群众收看电教片、阅读学习资料，真正实现阵地共建、资源共享、活动共办，提高党员活动阵地的综合利用率。利用现有资源，将村委会周围的场地，进行了初步平整。为争取进一步将场地硬化，填报完成《茶山村村委会场所硬化项目申报书》，向上级和派出单位申请帮扶资金。

变"普通话"为"地方话"，抓好村级两委换届

茶山村党支部以"重创新、全覆盖、常态化、有实效"的思路选准载

体——把"两学一做"学习教育贯穿换届工作始终,不因身处最基层而降低标准,做到周有安排、月有计划、季有讲评、年有总结,始终尽好责、抓到位,使学习成效叠加。

"两学"用好"三堂":村里学堂集中学,强示范;宗族祠堂互助学,接地气;家庭中堂自发学,零距离。区分层次和对象,逐级负责、分层培训:集中学主要是依托"三会一课",发挥村干部政治意识高、学习能力强的优势,由支部书记领学,安排7次集中专题学习研讨,重点学习了《中国共产党章程》《中国共产党廉洁自律准则》《中国共产党纪律处分条例》《习近平关于严明党的纪律和规矩论述摘编》,带动村干部善学深学,营造热衷学习、比学赶超的良好氛围。起初只在党员内部开展的"六十分钟党课",后来发展为党员带头、群众积极参与的公开党课。互助学主要是由党小组组长讲学、释学,达到党员和群众共学、共悟、共进的目的,增强对学习教育精神的领悟能力,确保学深、学透、学出成效。重点学习了当代"女愚公"邓迎香、扎根海嘎村6年的驻村干部杨波、核桃种植专家潘学军、舍身救人的英雄书记刘善平、"三变"带头人陶正学、当代县委书记的榜样姜仕坤等同志的先进事迹。引导党员立足实际创先争优,按本色做人、按角色办事,为守底线、走新路、奔小康提供榜样力量和精神支撑。自发学主要是开展"一联系、一帮扶"(每位党员联系一名入党积极分子、帮扶一户贫困家庭)入户送学活动,将村支部编写的"两学一做"小常识宣传册、学习教育活页和印有"九严禁""九个必须"换届纪律宣传手册发放到每家每户手中,由党员将理论和实践经验相结合,以二次宣讲的方式传给群众,引导群众积极参与村民委员会的换届选举。村委会的大喇叭天天响起来:将习近平总书记讲话原音录制成音频,每天3个时段——早上6点至8点、中午12点至下午2点、晚上6点至8点固定播放,让村里群众觉得"总书记始终就在我们身边"。村里老干部们利用空闲时段开展唱山歌活动:结合"两学一做"主题,老干部们编山歌、学山歌、唱山歌,进一步增强"离休不离党、退休不褪色"的党性意识。

以村支两委换届来检验"做"的成效。村党支部坚持"两推一选"和村民直接选举制度，重点从应对经济下行有对策、实施扶贫攻坚有成效、推动难点工作有担当等方面推荐选拔能干事、善管理、创一流的干部。紧盯换届工作中选举委员会的设立、代表名额分配、代表结构比例确定、选民投票等关键环节，签订537份《严格遵守代表推选和换届纪律承诺书》，做到法定的程序不变通、规定的步骤不减少、指定的动作不走样。同时，做好台账资料的整理归档工作，确保每个环节、各项工作都合理规范、有据可查。将老支书转变成"第一顾问"，继续当好上级领导的"助手"、村支两委的"参谋"、驻村干部的"战友"、接班干部的"老师"，强化监督检查，保证了换届选举按程序、按时限、按要求完成。

用"互联网+"升级循环产业，推动产业扶贫

"天无三日晴，地无三尺平"的客观自然环境，决定了茶山村必须依靠适度规模经营来摆脱"人无三分银"的窘境。村支两委将思维转向互联网，借助贵州大数据和云平台，对村里种养殖的循环经济模式进行创新性改造，走出一

条个性化订制，柔性化生产，高品质回报的道路，实现循环经济的转型升级。

对村集体的生猪养殖产业尝试开启"私人订制"模式：养殖企业让客户自行选定仔猪，按每头500元的价格收取订金，再给客户一个二维码，同时将这个二维码信息植入猪耳，并在专属仔猪身上做好标记，方便客户辨识。每个圈舍都配有四个摄像头，接入互联网，客户可以直接在手机上调整角度，全方位监控生猪喂养、生长、防疫等情况。企业全程采用原生态养殖法：保证每头订制猪的喂养周期在10个月，只提供无添加剂和药物残留的玉米、豆粕、米糠、嫩草等传统饲料。每天按时让生猪在野外活动，使其在屠宰时的体重保持在100公斤左右，保证肉质肥瘦相宜纯天然营养无污染。一头订制猪的价格为3 500元，比普通猪要高出1 500元。起初的客户只是企业股东的亲戚好友，他们尝试性的共同出资认领一头猪。后来通过微信朋友圈的推广，"私人订制茶山猪"的数量大幅增加，来自重庆、四川的350位客户订制了470头生猪。其中一位从重庆来养殖场实地考察的客户说："过去我们总认为，吃鸡蛋不需要认识下蛋的母鸡，可现在，我们吃肉买菜却一定要认识养猪和种菜的人！你们茶山村的私人订制模式很有魅力——有趣！安全！又放心！"

村支两委将"订制"模式融入精准扶贫：把养殖逐步分配到周边贫困群众家中让其代养，聘请贵州省农科院的专家从饲料配方、科学投喂、疾病预防与诊治等方面提供长期的技术支持。企业以市场保护价对成品猪进行回收，打消代养户的后顾之忧。同时，村支两委将进一步探索：将村集体所有的527亩土地作为可订制的"私人农场"，面向社会招聘"农场主"，村级合作社组织农户成为"新型职业农民"为"农场主"提供基础、半托管、托管等三项服务，"农场主"只需提出个性化需求并支付相应费用，不用为种植发愁。

坚持问题导向，优先解决老百姓集中反映的问题

我走遍了全村226户人家，与常住村民一一谈心。在走访中，我发现问题主要集中在基础设施建设和产业发展两个方面，于是针对这些问题，我们召开村支两委会，研究阶段性解决方案。在研究方案的过程中，我真正意识到：农村的事情不能太复杂，太复杂很难操作到位。

描绘蓝图让群众看得到希望，变问题为项目，让群众找得到方向。制定《思南县凉水井镇茶山村"四在农家·美丽乡村"发展规划（2015—2017年）》，为茶山村一年打基础，两年拔穷根，三年摘帽子，勾勒了全新的发展蓝图。在规划制定的过程中充分发扬民主，组织召开两次村"两委"会议和三次村民代表大会，讨论、起草、修改、再讨论、再修改、再完善，凝聚了全体村民的智慧，让重点更加突出，脉络更加清晰，逻辑更加严密，措施更加切实，真正体现出前瞻性、导向性、针对性。

基础设施建设滞后仍然是制约茶山村脱贫致富奔小康的瓶颈。将群众急需解决的基础设施问题，整理成《茶山村通组公路硬化项目申报书》《村级活动场所硬化项目申报书》《村卫生室项目申报书》《茶山村串户路硬化项目申报书》等4个项目，实行台账管理。与驻村干部一起协商，分头组织项目申报。及时向群众通报项目进展，让他们看到：老百姓的呼声有村干部的行动在回应。

将产业发展与精准扶贫相结合，走一条"资金跟着穷人走，穷人跟着能人走，能人穷人跟着产业项目走，产业项目跟着市场走"的精准产业扶贫新路子。积极推进茶山村循环农业园区建设。立足三农阵地，按照现代生态农牧产业园区的发展理念，建立"种植业—养猪业—沼气发酵及有机肥生产—种植业"的生态农牧循环产业。以标准化生猪养殖生产为主导产业形成一级循环体，以沼气生产和有机肥生产为二级循环体，以种植果蔬及牧草、茶药为三级循环体，实现示范区农牧产业化高效循环发展目标。

目前，投入资金600万元，平整场地10 000平方米，已建成标准化猪舍12栋共6 000平方米，生产办公用房1 000平方米，2口水池600立方米，排污沟渠2 000米，购置种猪产床150套，引进二元种猪220头。与此同时，500亩精品水果的土地流转工作已经完成,种植红心蜜柚苗10 000株。3个村民小组中有51户300多人从土地流转、园区务工等方式中受益。项目完全投产后,将提供150多个就业岗位,村民能够到基地务工收取酬金、入股公司收取股金、流转土地收取租金,基本实现全村群众脱贫致富。(村里尚有5%的不具备劳动能力的贫困户,我们将进一步细化"兜底"措施,探索增加其资产性收益,让他们也能够稳步脱贫)

以基础建设为抓手,着力改变村民人居环境。村支两委按照争取项目支持、利用资源优势、积极主动作为的原则,带动全村群众切实开展基础设施建设。一是争取到贵州省华融公司46.7万元的水利工程专项资金,修建了3个100平方米、3个50平方米、1个30平方米的人畜饮水水池,解决了龚家组、仙山岩组等6个村民小组150户600余人的饮水问题。二是争取到思南县财政局"一事一议"的奖补政策,采取群众筹工筹劳、政府购买水泥和砂子的方式,在白腊园上、中、下三个村民小组硬化了1 700米的通组公路。三是按照人均1 500元的标准,筹集资金12.6万元,新建龚家组1 200米的通组公路,结束了龚家组不通公路的历史,全组23户84人受益。四是在循环农业园区新修了长为700米的产业公路。

促"妇女"成"娘子军",让"三留守"向往美好

村里的土地养得了人,却留不住人。那些留守在村里的老人、妇女和孩子长年生活在一个待团圆的家中,他们内心的酸楚是旁人无法了解的。由此引发的问题,在时时刻刻提醒着我:脱贫攻坚战,一定要攻克"三留守"这个堡垒。

在"战争"中学会"战争"的方法,就是要找准突破口。留守在村里的妇女是一个家的"腰杆"——老人的赡养、孩子的看护、丈夫的牵挂、田地的劳作、生活的维系几乎占据了她们生命的全部内容。也正是这种务实文化

让她们个人的精神空间和切身感受很少能够得到从容、正面、严肃的倾诉和交流，往往以怒骂、戏谑、回避等一些扭曲的方式来呈现。精神的匮乏和生活的压抑在循环往复中找寻不到任何疏泄点，于是在家庭内部甚至邻里之间就产生许多问题。新一届村支两委，秉承助人自助的价值理念成立了"脱贫娘子军"，改变了农村妇联名存实亡的现状。由新当选的妇女主任谢玉凤为队长，带领留守的妇女根据自身和家庭的实际，在生产生活上互助、在文化娱乐上分享、在情感上交流。让留守妇女得到一种尊严和平等，得到一种拯救别人的动力和自我的精神价值，实现留守妇女由过去的"看家人"转变成"当家人"，由过去的"管自家"转变成"帮大家"。

"爸爸去哪儿"对于留守儿童而言，是个心痛的问题。不能只考虑为农民抓票子，更要考虑为农民"带孩子"。我所能做的就是希望在一定程度上代偿这份缺失的亲情。村委会活动室的门从不上锁，为赶远路的孩子提供一个歇脚之处。室外的大灯，总会在天黑之前亮起，为放学的孩子照亮一段回家的山路。没有特殊的事情，晚上的活动室就成了孩子们的自习室。他们常常围坐在一起，在略微泛黄的作业本上写写画画，很少问我作业中的难题，也从不让我看他们写的作文。有时他们会偶尔偷偷看我一眼，就赶紧低下了头……我总会为这些孩子们准备好一大壶烧开的山泉水，然后就静静地坐在他们身边记录一些基本信息，完善村里留守孩子的花名册。周末是孩子们聚的最齐的时候，因为每周五、周六的晚上，我都会播放最新上映的电影，即使盗版痕迹严重，他们也看得别有滋味。

"出门一把锁，进门一盏灯"是留守在村里的老年人的真实写照。他们大部分还承担着力所能及的生产劳作。新一届村支两委成立了留守老人互助协会，依托乡镇卫生院、村卫生室，建立留守老人医疗保健"绿色通道"，定期体检、开展健康知识讲座；组织老人接受"育儿培训"，引导和帮助他们以正确的观念和方法教育后代；加强农村文化娱乐设施建设，丰富老人们的精神文化生活。

张国柱老人家里的电终于通上了。灯的瓦数并不高，也落满了灰尘，在深夜的映衬下却也显得格外明亮。那一刻，他什么也没有说，只是攥紧了我的手，对着那久违的光亮注视了很久很久……从老人家里出来时，天刚刚擦亮，孩子们三三两两提着手炉，奔走在新建好的水泥路上，这条路一直通往镇里的小学。看着孩子们渐渐远去的背影，我知道：

这片土地——醒了！

【心得分享】

扶贫先扶智，治贫先治愚

扶贫是很专业的事情，既不是指令性救济搞摊派，也不是跑钱、分钱、花钱这么简单，它是以小的增量投入激活巨大的存量，帮助贫困者提升"自主性"的一个过程。这不仅要扶持贫困者的经济自主，更要扶持贫困者的精神自主，让他们解放思想，转变思想观念。也不能说贫困者思想落后，毕竟现实决定意识，穷怕了，穷惯了，有些事情根本不敢想。

因此要解放思想，真正实现脱贫，彻底摆脱贫困的命运，归根结底还是得先改变知识贫瘠的现状。教育学习就是一个有效办法。"没有文化富不了，有了文化穷不长"，说的也是这个理儿。但需要"扶智"的不仅仅是贫困地区的孩子们，还应该有当前正努力脱贫致富奔向小康路的贫困户们，而当务之急是把村里现有劳动能力的人的知识技能短缺的问题解决了。我们积极联系县农业局，邀请农业技术员，来田间地头，重点为贫困户做种植、养殖技术的普及培训。同时，针对有些人担心种出来的东西销售不出去的问题，我们邀请了长期从事淘宝销售的资深业内人士，结合"大数据+现代山地特色高效农业+旅游业"融合发展的理念，给村支两委委员和村民代表详细讲解了农村淘宝。

目前，国家正需要大量的优秀技术工人，让村里的孩子上技校学习一门技术比都去上大学可能更切合实际。职业教育国家有政策优惠，免学费、给助学金，学好了，对口解决就业。这些人稳定就业后，可以在工作的地方安家，一家的脱贫，也就有了个奔头。因此，我主动与攀枝花技师学院取得联系，推荐村里的适龄孩子去那里学习一项专门的劳动技能。

没有情怀，就不要去做扶贫

2015年中秋节前夜，我自费买了100斤月饼，特别邀请了一些村民代表在村委会会议室一起过节。有一位老党员，用浓重的本地口音说："我活了六十多年了，第一次这样过中秋，中央下派的干部自己掏钱买月饼，还和我们一起吃……"往后的话，我就听不懂了。可她那如同砂纸一般的双手和充满激动泪水的双眼，让我久久难以忘怀。

05 64位村民代表的联名信

皇甫亚宏　贵州省贞丰县珉谷街道纳尧村第一书记

【总书记说】

　　抓扶贫开发,中央有明确部署,这里我讲三句话。一是要紧紧扭住发展这个促使贫困地区脱贫致富的第一要务,立足资源、市场、人文旅游等优势,因地制宜找准发展路子,既不能一味等靠、无所作为,也不能"捡进篮子都是菜",因发展心切而违背规律、盲目蛮干,甚至搞劳民伤财的"形象工程""政绩工程"。二是要紧紧扭住包括就业、教育、医疗、文化、住房在内的农村公共服务体系建设这个基本保障,编织一张兜住困难群众基本生活的安全网,坚决守住底线。三是要紧紧扭住教育这个脱贫致富的根本之策,再穷不能穷教育,再穷不能穷孩子,务必把义务教育搞好,确保贫困家庭的孩子也能受到良好的教育,不要让孩子们输在起跑线上。

　　——习近平《同菏泽市及县区主要负责同志座谈时的讲话》(2013年11月26日),《红旗文摘》2016年第2期。

【循吏故事】

丁积，字彦诚，江西宁都人。明成化十四年中进士，授广东新会知县。到任之后就拜本县人陈献章（人称白沙先生，思想家、教育家、书法家、诗人，广东唯一从祀孔庙的明代大儒）。

他为政以风化为本，而主于爱民。新会"广藩巨邑，素号难治"，是广东当时有名的难治大县。宫中受宠太监梁芳是本县人，其弟梁长仗势横行乡里，过分盘剥责罚百姓，丁积追索焚烧其盘剥百姓的债券，并将其逮捕入狱。本县豪强从此绝迹。

他推行明朝洪武礼制，参考《朱子家礼》，编辑成书，挑选乡里德高望重的耆老以此来教导百姓。他将无业的良家子弟聚集在县衙大堂的廊庑下，让他们每日诵读《小学》，并亲自讲解。全县风俗大变。为改变当地崇信巫鬼的陋习，他还捣毁当地滥建或不在祀典的祠庙（淫祠）。

后来丁积病逝于任上，时年四十一岁。丁积死讯传出，当地士民悲伤不已，"聚哭于途"。丁积死后十二年，本县人在白沙村建庙祭祀他。

——参考中华书局1973年版《明史》，笔者翻译。

【个人简历】

皇甫亚宏,男,汉族,籍贯内蒙古自治区,1976年11月生,1998年7月参加工作,中共党员,内蒙古农业大学毕业,大学学历,硕士学位,中国黄金集团处级干部。现任贵州省黔西南州贞丰县珉谷街道办事处纳尧村第一书记。

皇甫亚宏调研油茶林产业种植

【村情一览】

贵州省黔西南州贞丰县属于滇桂黔石漠化区"连片特困地区",纳尧村位于该县珉谷街道。全村共有460余户,1 805人,全村劳动力969人,外出务工426人,贫困人口204人(47户)。全村共有耕地189.03公顷,荒地173.57公顷,村里没有集体经济,是一个典型的空壳村。

皇甫亚宏在纳尧村中与群众谈心

【扶贫经历】

七月的伏天,炙热的太阳高高地挂在天空上,炎热的天气让许多农民不敢出户下地干活。而一位三四十岁,戴着一副眼镜的中年男人,不顾天气的炎热,深一脚浅一脚走在贞丰县珉谷街道纳尧村的乡间小路上,准备挨家挨户深入了解贫困户的生活情况,他就是被孩子们亲切地称为"皇爷爷"的纳尧村第一书记皇甫亚宏。

四川的太阳,云南的风,贵州下雨就是冬。在这荒无人烟、交通不便、生活困难的山里,皇甫亚宏忍受着潮湿寒冷、饮食辛辣、环境恶劣、语言不通等现实困难,上高山、趟深沟、访农户,"吃苦不讲条件",多干一天是一天,每天工作不低于18个小时……两年多的扶贫,他不负众望。

扶贫先扶智

到村不久,他就走访了解到,制约纳尧村发展的一个突出问题,就是劳动力素质不高,村里文盲半文盲近三分之一,大部分孩子因家庭贫困上不起学,读到初中就外出打工。村里的布依族孤儿王粉姐妹,一个叫王大粉,一个叫王二粉,母亲早年因病去世,父亲找了个后妈,后来父亲又触电身亡,她们就和后妈一起

慰问两孤儿:王大粉、王二粉姐妹俩和爷爷

生活，2016年后妈又再婚。家庭的变故，经济上的困难，王大粉2017年春季开学后准备到浙江温州打工，王二粉同样面临失学。了解到这个情况后，皇甫亚宏给她们联系黄金集团一户干部家庭结对帮扶，一直资助到高中毕业。

这件事也启示了他，如何搞好精准扶贫？让纳尧村早日脱贫。皇甫亚宏说，摆脱贫困，首先要摆脱头脑中的贫困，而教育是关键。在多次深入走访，摸清了"穷根"之后，他便决定扶贫先扶智，着手推动实施黄金集团"宏志班"项目，2015年到2016年从全县筛选98名贫困家庭初中毕业生，由黄金集团资助60多万元到河南省黄金学校免费学习2年，毕业后安排到黄金集团下属企业就业。举办宏志班目的是为了从根本上脱贫，一人脱贫一户脱贫，为贫困县走出一条教育扶贫创新之路，用教育来阻断贫困的代际传递。

皇甫亚宏驻村的住处在村卫生室，在卫生室后面就是纳尧村烟山小学。烟山小学距县城十公里左右，有学生70多名，是一所村级完小。由于纳尧村离县城较近，村子贫困人口多、贫困程度深，部分家长带着孩子到城里务工，导致该村这所唯一的小学学生入学率逐年降低。学生人数少，学校每学期可支配使用的生均公用经费非常有限，面临无力增添图书和提升现代教学硬件设施配置的窘况。

皇甫亚宏认识到，要想彻底改变整个村的经济面貌，让贫困户走上致富路，首先要提高每个家庭的文化素质，只有知识才能彻底改变每个贫困户的命运，而贫困家庭知识的主要来源还是学校。为此，他向黄金集团领导汇报，积极争取资金10万元为烟山小学购买了图书、投影仪、体育用品等，建起了"黄金书屋"，提高了该校的硬件教学设施，为孩子们改善了学习环境。学校条件改善后，烟山小学2017年比2016年就多收了10多名学生。

产业扶贫稳步推

皇甫亚宏认为，作为一个没有集体经济的典型空壳村，发展产业是纳尧村实现脱贫致富的必经之路。他主动与村"两委"班子沟通交流意见，与党员群众、致富能人一起研究纳尧村的发展规划，达成了完善基础设施、发展蓝靛种植和油茶种植产业的共识。

在得到村民的信任后，皇甫亚宏带领村"两委"成立了纳尧村专业合作社。争取到黄金集团25万元帮扶资金，开发利用纳尧村现有的3 000亩荒地，丰产后可实现每亩产值10 000元。还争取到黄金集团投入3万元在产业规划区修建观光亭及通组桥。

2016年3月16日，皇甫亚宏组织纳绕村11个村民组的20个村民代表到邻近的册亨县学习考察油茶树植，回来后立即着手规划申报油茶种植项目，在珉谷街道党工委的大力支持下，油茶种植项目得到县政府批复，项目规划3 000亩，2016年已种植1 000亩，全部覆盖47户贫困户，可以带动60余人就业，解决护林员4人工作，每人每月800元工资，一年9 600元收入，解决4户贫困户脱贫。

同时，动员村里的蓝靛种植大户牵头，引导科香、纳盘组17户贫困户参与种植蓝靛，成立蓝靛种植公司，争取到黄金集团16万元项目资金，现全村已种植蓝靛300多亩，2016年增收50万元，当年实现建档立卡户分红5.5万元。

截至2016年底，纳尧村共脱贫32户，脱贫160人。贫困发生率由驻村前的11%降为2.44%，集体经济收入由零元增加到了3.8万元，贫困村摘帽出列。

真情帮扶困难户

为了解决好纳尧村的空巢老人和留守儿童问题，皇甫亚宏坚持定期走访，了解他们生活上的实际困难。83岁的村民刘广芬长期以来身体不好，皇甫亚宏每个星期都到她家去走访，都会带些日常家用品，每次老人看到他，都亲切地拉着他到家里坐坐。

村里年仅6岁的孤儿张志豪是皇甫亚宏重点帮扶的对象，去年张志豪的父亲去世后，他的母亲改嫁，他和76岁的奶奶一起生活，由于家里没什么收入，张志豪的生活十分艰苦，每次皇甫亚宏去看望他，都会买衣送食物，鼓励他要坚定信心，好好读书。2016年经皇甫亚宏与校方积极协调，张志豪已经告别村里游荡的生活，顺利上了小学。

点点滴滴的帮扶，让群众感受到了这位第一书记的真情，皇甫亚宏被选派到纳尧村不到一年的时间，他自掏腰包一万多元为困难群众买油买米，送钱送物，解决了他们的燃眉之急。

强基固本勇创新

发挥党建扶贫战斗堡垒作用。皇甫亚宏到村后党建扶贫一起抓。建立了"四方五共"微信党支部。与村委党员、干部努力加强党支部建设，物色人选帮带好班子，帮带好党员队伍和村干后备两支队伍，落实三会一课、民主管理、服务群众机制，解决村民增收、集体收入等难题。

完善基础设施建设。为有效开发利用纳尧村现有的3 000亩荒地，通过共商，皇甫亚宏同村"两委"干部多次到现场进行勘查，协调黄金集团投入资金，帮村里修了五条产业路，共11.5公里，让老百姓知道是共产党修的路，是中央企业修的路，那是几代人没有修成的路，履行了对口帮扶的社会责任。

开展网格化管理。开展三必到三必访。群众不满必到，突发事件必到，红白喜事必到。建档立卡户必访，危重病人家庭必访，空巢老人留守儿童必访。

建立支部加电商促脱贫攻坚模式。在村委信息员陈招数家商品部基础上，邀请县邮政局设计包装，树立形象，升级改造，实现农特产品上线销售，建立大众创业、小额贷款、生活缴费等功能，开展便民服务，把党建和电子商务结合，发动群众搞网络创业。

他与村两委研究制作纳尧村精准扶贫工作手册，印刷习近平总书记语录100条，建设不忘初心党宣阵地。依靠干部、党员、村民共商发展，直接对准贫困户，同群众一道商量发展规划，与群众达成一致意见，建设美好家园，同群众一起担当，让村民群众增加获得感和幸福感。

【心得分享】

定点扶贫是央企的一项重要责任和使命，是一项责无旁贷的政治任务，对我来讲是激情满怀，重任在肩。

心在哪儿，风景就在哪儿，这个心就是你对人民群众的忠心，对中国道路的信心，你有这个信心、有这个决心的话，脱贫这个任务就一定能完成。

从最初的开办宏志班，到捐助烟山小学渡过难关，到考察引进油茶产业，再到帮老百姓修建产业路，进而与贫困户共商，积极流转土地，2016年底短期就实现蓝靛项目分红，其实对于老百姓而言只要你贴近他，知道他的所需，因地因人制宜，能做到真心实在去帮助他们就是最完美的。真情换真心，老百姓就会记得你的好！

"刚驻村时，我被狗咬过。现在，村里的狗见了我就摇尾巴，去的次数多了就熟了，与群众打成一片了，与狗也就熟悉了。

如果纳尧村的百姓需要我，苗族因残致贫贫困户杨元凯需要我，布依族孤儿王粉、张志豪需要我，我还会申请延期驻村时间。"

黄金书屋落户烟山小学

后记

  由于驻村扶贫业绩突出，皇甫亚宏先后获得了诸多荣誉。他是2015年度、2016年度贵州省优秀第一书记，2016年度中国黄金集团先进个人，2015、2016年贞丰县珉谷街道办事处优秀共产党员。2016年带领纳尧村党支部被贞丰县珉谷街道办事处评为先进党支部。2016年9月，作为贵州省黔西南州驻村第一书记的皇甫亚宏同志代表派出单位中国黄金集团向省委领导汇报对口帮扶工作，省委领导孙永春对驻村帮扶工作给予肯定，特别是对中国黄金集团举办宏志班扶贫扶智举措高度赞扬。2017年受到黔西南州委州政府致函表扬。

  2017年8月，皇甫亚宏即将结束挂职任期。纳尧村的村民写了一封信，请求上级领导延长皇甫亚宏挂职任期。信的结尾，是64名共产党员、村民代表的联署签名，签名上摁满了红红的指印。

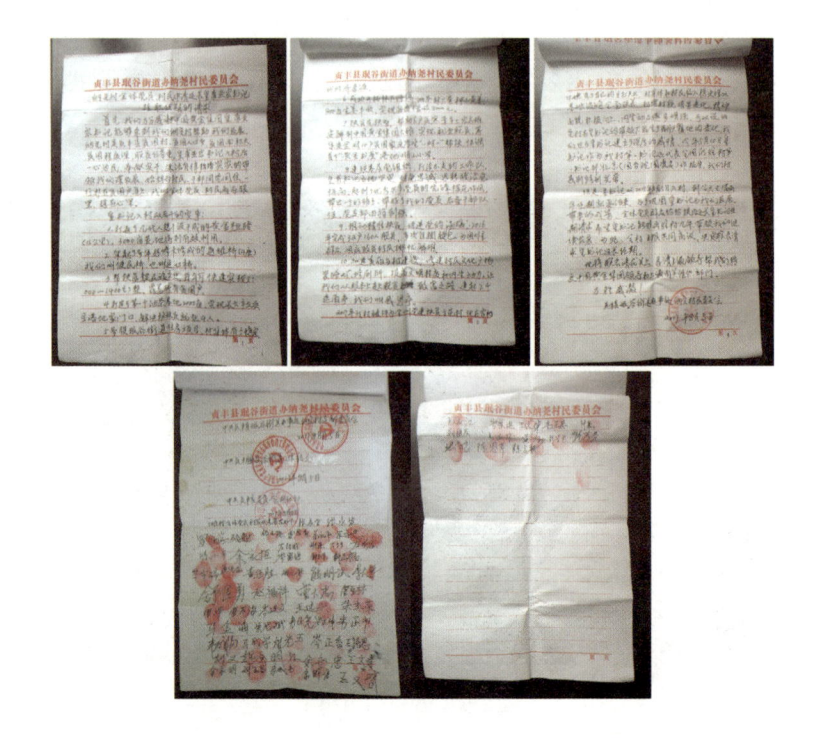

06 第一书记的奋进歌

刘为　贵州雷山县郎德镇南猛村第一书记

【总书记说】

在困难面前，是束手无策、畏缩不前，还是克难攻坚、奋力前行？作为领导干部理所应当选择后者，应该千方百计采取切实可行的好措施、好办法，努力解决困难。好措施、好办法哪里来？答案是从群众中来。群众的实践是最丰富最生动的实践，群众中蕴藏着巨大的智慧和力量。我们一定要认真贯彻党的群众路线，坚持从群众中来到群众中去，一切相信群众，一切依靠群众，一切为了群众。要解决矛盾和问题，就要深入基层，深入群众，拜群众为师，深入调查研究。省委做出的实施"八八战略"和建设"平安浙江"的决策部署，都是在深入调查研究的基础上形成的。调查研究多了，情况了然于胸，才能够找出解决问题、克服困难的办法，做出正确决策，推进工作落实，才能够不断增进与群众的感情，多干群众急需的事，多干群众受益的事，多干打基础的事，多干长远起作用的事，扎扎实实把改革开放和现代化建设推向前进。

——习近平《之江新语》，2013年7月，浙江人民出版社。

【循吏故事】

兒宽[①]，西汉千乘县（在今山东省高青县）人。他少时家境贫寒，就为学生们烧火做饭以抵求学费用；他受雇为人打短工时，经常把经书挂在锄把上，休息时就马上读书。成语"带经而锄"即由他而来。

兒宽后来任左内史，治理京城长安地区。期间，他鼓励农耕，宽于刑罚，清理积案，平易近人，用人务求仁厚，能设身处地体察百姓疾苦，不求虚名，治下的官民十分爱戴。他奏请修建"六辅渠"，并创制"水令"（用水制度）以便更广泛地灌溉农田，成为中国水利史上的一个创举。如今西安的"八水润西安"工程之中，仍有着六辅渠的影响。

兒宽收田租赋税时，会根据庄稼歉收、农民贫弱或正值农忙等情况进行调整，导致租税多数不能按时收缴。后来国家急征军粮，左内史郡因交粮不足，应免去兒宽职务。百姓听说他要被免，生怕走了好官，于是大户人家用牛车拉，小户人家用担子挑，送粮队伍在路上连绵不绝。最后，左内史郡居然成为完成交粮任务最好的郡。汉武帝因此更加器重兒宽。

——参考中华书局1962年版《汉书》，笔者翻译。

---

① 兒，作姓氏用时同倪（ní），故后世多通称之倪宽。

【个人简历】

刘为，男，黑龙江齐齐哈尔人，中共党员，英国曼彻斯特大学工程项目管理硕士，挂职时就职于国务院扶贫办发展中心。2015年8月—2017年7月，作为第一批由中组部、中农办、国务院扶贫办联合选派的第一书记在贵州省雷山县南猛村工作。

刘为在村民家中了解苗族刺绣情况

【村情一览】

贵州省黔东南州雷山县属于滇桂黔石漠化区"连片特困地区",是全省十个取消GDP考核的贫困县之一。南猛村盘山而建,耕地、平地稀少,户均2亩地分成四五处,茶叶、杨梅等经济作物种植水平低下、效益微薄。全村756人全部为世居苗族,三分之一常年在外务工,可从事生产的村民不足300人。2015年贫困发生率超过30%,基层组织软弱、产业发展滞后,没有任何集体经济收入,是典型的民族地区贫困村,具有较强的代表性。

南猛村貌

【扶贫经历】

困境与矛盾

刘为认为，南猛村要发展，村民要脱贫，必须有效解决人、地、钱三者之间的矛盾。2015年，全村户均两亩茶、两亩田、一把芦笙，756人中三分之一长期在外务工，再除去150个学生，村里能够发展生产的村民不到300人，加上南猛村盘山而建，耕地、平地非常稀少，每户两亩地分成四、五块，碎片化种植使劳动成本高、效率低，所以无论茶叶、杨梅还是其他种植业，管护水平低下、经济效益微薄的问题长期存在，"有产无业"的现实情况严重影响了村民发展生产的积极性和脱贫效果。

2015年年底，刘为算了一笔账，各级部门对南猛村的投入主要为三部分：一是村级运行经费，包括每年1万元的工作经费、3万元的基础设施和公共服务管护经费、村两委主要成员（支书、主任、会计）每人每月2 400元的补助；二是项目资金，包括旅游扶贫试点建设300万元，一事一议传统村落建设150万元，危房改造21户25万元，水利设施修建80万元，其他产业扶贫项目（包括中低产茶园改造25万，稻田养鱼每亩30斤，每斤20元，44户贫困户近53 000元等）超过30万元，村级集体经济发展试点资金50万元，合计超过630万元；三是政策性补贴资金，包括2户五保户、63户低保户的补助资金、救济粮和农业三项补贴、退耕还林补贴等合计不少于30万元。这三部分加起来超过670万元。南猛村共194户，756人，人均投入超过9 000元。由于支持村小学发展的教育投入（71个学生，办公经费每生每学期300元，营养餐每生每天4元）没有计算在内，所以这670万元只是一个底线。而这个钱不是个人带来的，和第一书记没关系，同时雷山县是全省十个取消GDP考核的贫困县之一，全县没有什么工业，财政比较困难，所以雷山和各级部门对南猛村这一年670万元的投入，在贵州就具有一般性和代表性，其他体量相当的贫困村大体也应在这个投入水平，而体量较大的贫困村则会获得更多的支持。那么全国12.86万个贫困村，如果都是这个投入标准，每年资金将超过8 600亿元。2015年国家财政专项扶贫资金是461亿元，大口径资金现在虽然不掌握，但保守估计在三四千亿左右。所以说，国家近年来对扶贫开发工作的投入非常大，对贵州的投入力度也非常大，贵州省也真正是把扶贫开发作为第一民生工程，我们的钱不能算少了。

四条用钱标准

如果钱不是主要问题，怎样花钱，怎样使资金效益最大化，扶贫效果更精准可能是我们需要考虑的问题。在村里工作一段时间以后，我们有了初步想法，拟定了南猛村资金使用的四条标准：多数人受益、救急当先、立足长远、力所能及。

坚持多数人受益。为多数人谋利益与为贫困地区的最贫困群体谋利益是

发放年货

一致的，这是我们资金使用和分配的一条根本原则。南猛村的旅游扶贫试点建设，最初的方案要花30万元建村寨大门、村史碑和两个公厕，村两委讨论以后感觉不合适，因为这些设施与大多数村民的生活没有关系，村门建成了村里面搞不好，也不会有人来旅游。我们研究以后，一致同意从多数人的利益出发，把这个钱用于全村的改厕，按照3 000元标准把家家户户在外面的土厕所改造了，每家的厕所建好了，也就不用公厕了，结果村民很拥护，县里镇里也同意。

救急当先。坚持多数人受益不是平均主义，扶贫工作的关键在于精准。刚到村里的时候，正好赶上发放稻田鱼苗，本来是给建档立卡贫困户的鱼苗让村里平分了，这就不符合扶贫工作先难后易、急人之难、救急当先、集中力量给最穷的人办最急需的事的要求，是精准扶贫最不能容忍的事。同时，本该插秧时间发放的鱼苗由于集中采购等一些原因，到8月份还没发完，村民不明白现在发的鱼苗"是用来养，还是用来吃"。同样的问题还存在中低茶园改造项目中，有机肥发放的时间比最合适施肥的季节晚了两个月，影响了茶叶生长。扶贫资金虽然很早就到位，但项目实施进度严重滞后，报账率低的问题在雷山普遍存在。

立足长远。风物长宜放眼量，要解决贫困群众的急迫问题，但也不能完全急功近利，必须着眼长远，统筹安排。南猛村是芦笙之乡，芦笙文化源远流长，1957年就有两位村民代表国家去莫斯科演出交流，可自从老的传承人去世以后，这么多年我们只会表演芦笙，不会制作芦笙，去年办了个芦笙比赛，村里把3年的办公经费都花在了购买芦笙上面，搞一个活动入不敷出、赔本赚吆喝。今年旅游扶贫项目中有一笔产业扶贫资金，村里有人建议花18万元再买一批芦笙和芦笙表演服装，我说我们芦笙之乡再也不买芦笙了，宁可花二三十万请人来教我们做芦笙。于是我们成立了合作社，请了国家级非物质文化遗产传承人来培训大家芦笙制作，一共才花了2万多元。因为发展了民族手工艺工作，全村在家的妇女特别高兴，我们又因此增加了刺绣的学习，

芦笙大赛

后来又因为刺绣得到了价值6万元的订单。

　　力所能及。南猛的扶贫工作要经得起现实的检验和历史的考验，这要求我们既要发挥主观能动性，不能以客观条件为借口，不去尽力而为；同时也不能把标准定得过高，必须符合南猛村的实际和未来的发展方向，一个时期集中力量解决一批问题，尽力而为，量力而行。南猛村2015年有建档立卡贫困户44户，当年脱贫目标是15户，但我们经过认真评估，去年实际减少11户，虽然数量上低于脱贫目标，但努力做到了实事求是、一户不落。通过一年的工作，目前现有的33户贫困户中的绝大多数到2017年有可能提前实现脱贫的目标。

建立发展平台

　　"钱"的问题解决了，还要继续破解"人"和"地"这两个制约因素。外出务工必须要鼓励，土地资源也不会随着人的意志而改变，怎样解决

"人""地"问题，我们想到了改变生产关系，也就是改变原有的生产资料归属、生产方式和分配方式，不再将生产资料、资金分到户，而是集中使用、统一经营、按劳分配。经过充分讨论和前期入户调研，2015年10月，村里决定将300万元旅游扶贫资金中的60万元产业扶贫资金作为44户建档立卡贫困户的股份，注入拟成立的共济乡村旅游专业合作社，12月4日，南猛村共济乡村旅游专业合作社拿到执照，2016年4月，60万元产业扶贫资金作为全村建档立卡贫困户的股金正式注入合作社。村集体以芦笙博物馆和部分集体经济发展资金作价40万元入股，形成了"44+1"（44户建档立卡贫困户+1个村集体）的股权模式，注册资金100万元，所得利润按股份比例分红，确保建档立卡贫困户、村集体和合作社实现共同发展。

作为雷山县第一个按照"三变"要求建立的农民专业合作组织，共济合作社不走常规"一社一业"的路子，而是通过乡村旅游融合一二三产业共同发展，下设芦笙表演组、民族手工艺组、农业经营组和电子商务组，建档立卡贫困户根据个人特长和爱好，分别加入4个小组。同时鼓励大户、非贫困户以土地、资金等形式继续入股。

共济合作社

茶叶种植和销售。2016年1月以来，共济合作社通过调结构、转方式，使4个小组的工作初见成效。今年3月，农业经营组通过土地流转，以每亩300~600元的价格集中了全村300亩山地（其中初采茶园130亩，半荒地170亩），从3月17日开始组织村民种植茶叶、采摘茶青。老党员、种植大户杨金文主动将自家承包的130亩茶园整体流转到合作社，起到了重要的带头作用。100多户村民自愿通过土地入股或出租的形式将山坡上的玉米地、半荒地集中起来，交由合作社管理。合作社以每人每天80元的报酬，优先聘用参与土地流转的村民，特别是建档立卡贫困户种植茶叶。我们在合同中规定，每三年调整一次土地价格，最大程度保护村民利益。同时与当地一家龙头企业签订2016年茶青收购合同，茶青销售收入的三分之二归属村民，三分之一为合作社收入。在土地流转的基础上，农业经营组积极组织村民采摘茶叶、销售茶青，二季度合作社销售茶青收入4万元，归属村民收入近3万元。苗家春茶叶公司收购茶青后，推出了苗家春·南猛系列茶叶，共有6个品种，与共济合作社联合销售，合作社又因此多赚了2万多元。

杨梅销售对接农超、农旅。南猛村有1 000多株杨梅树到了丰产期，为了能把杨梅卖个好价钱，4月11日—14日，我专程到浙江余姚调研学习杨梅种植、管护和包装技术，回来后第一时间与村民们分享了学习成果。接下来的两个多月，合作社农业经营组组织村民为金文基地杨梅疏果施肥、加强管护；从上海、浙江、凯里三地的四个厂家引进空运包装；使用村集体经济发展资金，开工建设了全县第一个保鲜冷库。同时，经多次沟通，西江千户苗寨和凯里佳慧超市同意南猛村的杨梅到西江、进景区，到凯里、进超市。6月20日，南猛村民统一佩戴共济合作社的工作证，进入西江景区开展农旅对接，进入凯里超市开展农超对接。这项工作也得到了我村帮扶单位——雷山县检察院的大力支持，郭苏斌检察长带领检察院的同志们连续两个周末与南猛村民一起销售杨梅，极大提高了产品公信力，宣传了雷山县的定点扶贫工作，很多游客对活动表示了极大的兴趣，表示会长期关注南猛村发展。7月初，受雨水原因影响，杨梅销售提前结束。在不到10天的时间里，杨梅销售总收入约2万元。

民族手工艺走出去。民族手工艺组获得了贵州海权肉羊有限公司、越南安越红河股份公司两家企业2000件的订单，订单收入达6万元。同时与国家级非物质文化遗产传承人莫厌学

分享

老先生签订了长期合作协议，8月初，莫老先生开始驻村培训芦笙制作。我们瞄准了10月的"扶贫日"系列活动、在上海召开的旅游发展大会以及在凯里召开的第二届中国传统村落峰会等三个高规格会议，届时共济合作社将推出包括工艺品芦笙、苗绣在内的雷山特色系列商品。

电子商务初体验。找不到合适的村民承担合作社电子商务工作一直是困扰村里的问题。6月份，我与村里刚刚参加完高考的6名学生座谈，了解考试情况，并向他们介绍了村里的工作，邀请他们参与合作社电子商务工作，6名同学非常高兴能参与合作社工作，共济合作社电子商务组正式成立了。我们在全县首先实现了WIFI覆盖，并在微信上为共济合作社注册了一家微店，销售我们的杨梅和茶叶，6名同学就是微店的管理员。他们分工协作，有的负责更新店主日记，增加浏览人数；有的负责售后服务，解答顾客问题；有的负责店面装修，树立良好形象。村里又与中国邮政、顺丰速运等公司合作，用最快的时间、优惠的价格为南猛村生鲜产品进行空运。在各方面的努力下，电子商务组在一个多月的时间里实现了网上销售额破万元，微店"为杨梅送行"得到了各方好评。县商务局得知此事后，在雷山县电子商务园区为南猛村无偿提供了一处办公场地，鼓励我们把电商扶贫工作做好。现在，6位同学每天都到园区里工作，共济合作社成为第一个入驻电商产业园区的农民专业合作组织。

民族餐饮火起来。2016年10月，共济合作社又在县城中心开办了全县第一家由贫困村集体经济创办的民族餐饮——南猛共济烤鱼。由返乡创业的三位村民做大厨，饭店的装修处处体现了南猛村的特色，在最初的一个多月，刘为和村两委每天下班都要参与饭店的经营和服务，经常在后厨忙到后半夜，现在饭店走上了正轨，每天的营业收入稳定在1 000元以上，2017年5月，合作社又组织有基础的村民远赴黑龙江学习烧烤技术，8月举行了南猛村烧烤美食节，一天的营业收入超过2万元，成为了集体经济和乡村旅游新的增收点。

建强基层组织

"人""地""钱"三个问题中,"人"是核心。因此我们把加强基层组织建设作为带领群众特别是建档立卡贫困户脱贫致富的关键。在"人"的问题上,我们先后组建了以小学生为主的芦笙表演队、高中毕业生为主的电商扶贫工作小组、在家妇女为主的民族手工艺组和120多位村民组成的南猛村微信群,同时两赴浙江,鼓励在义乌打工的村民积极参与和支持村里经济发展,最大程度把每个群体都融入村内发展。

4月中旬到余姚学习杨梅包装技术时,我去义乌看望了在外务工村民,了解到义乌是南猛村外出务工最为集中的地区。今年5月1日,是黔东南在义乌务工人员第十二届联谊会,组委会秘书长是南猛村村民余洪先,受组委会邀请,我再次来到义乌参加了联谊活动,并与52名南猛在外务工人员共度了五一劳动节。在活动中我了解到,在义乌务工的雷山群众有2万多人,黔东南全州更是超过10万人,义乌常住人口约150万人,每15个人中就有一个来自

返乡创业榜样

黔东南，我们为当地的经济社会发展做出了重要贡献，义乌也为我们黔东南州的劳务输出扶贫做出了重要贡献。我将此情况向领导做了简要汇报，得到充分肯定，认为黔东南州与义乌市的劳务输出扶贫合作值得继续深化和认真总结。

通过开展工作和一系列活动，我们唤起了普通村民长期缺乏的积极性、主动性和参与性，群众参与村两委工作的热情上来了，村庄治理效率提高了，基层组织在村民中的威信大大提升了，大户主动要求加入合作社，能人陆续从外面回来了，南猛这个国家第一批传统村落逐渐恢复了她的活力。

旅游扶贫发力

一直以来，受多方面原因影响和制约，南猛村的优势在于为成熟的A级景区提供产品和服务，自己并没有成为乡村旅游目的地。2016年4月，县委书记黄清发一行到南猛村调研并召开座谈会，发改、财政、交通、水利、农业、旅游、扶贫等相关部门献计献策，纷纷提出了支持南猛村发展的具体措施和

荣誉

工作建议。根据会议精神，雷山县印发了将南猛建设成为全国旅游扶贫示范村、党建扶贫示范村的实施方案，根据实施方案要求，县里成立了由杨少辉副书记担任指挥长的南猛村项目建设指挥部，半年时间内，要以乡村旅游扶贫为中心，大力推动旅游基础设施和公共服务建设，依托共济合作社，瞄准建档立卡贫困户，积极发展茶叶、杨梅等优势产业，全力以赴用两年时间基本完成南猛村的脱贫攻坚目标。目前环境工程、道路扩建、房屋外表提升等工作正在进行。

在县里支持下，南猛村的工作受到上级部门关注，2016年9月，州里决定将南猛村列入首批重点发展的9个传统村落旅游示范村之一，规划设计团队已入驻南猛，民宿改造和旅游设施建设规划初稿已经完成，这将为南猛带来历史性的发展机遇，南猛村即将进入全新的发展阶段。

2017年7月，共济合作社通过发展生产实现44户建档立卡贫困户户均增收3 000元，南猛村集体经济实现由零到100万元的突破。2016年开始，南猛村的建档立卡贫困户不仅有档有卡，还增加了一账一册，也就是精准扶贫工作手册和增收账本，每个月通过村里或合作社为贫困户带来的增收情况或生活改变都要在账本里核算登记，工作手册中包含了本年度工作计划、贫困人口和常用扶贫政策等内容。一档一卡、一账一册就是南猛村精准扶贫、精准脱贫的根据，也使大家更多地了解了扶贫政策，更多地参与了村里工作。

【心得分享】

在减贫数量增加的同时，我们更关注减贫的质量，不是说人均纯收入超过3 000元就彻底脱贫了，要问问脱贫户的获得感有多少，是不是感到真正得到了帮助，是不是与过去相比日子好过了，要帮助全体村民完成心理上的脱贫，树立精神上的自信。

南猛村主要开展了以下三项工作提升群众的获得感：一是教育优先。在2016年建档立卡回头看工作中，我们优先将符合条件的、有高中和大学阶段学生的22户家庭纳入贫困户，按政策享受学费减免，确保村里无一户学生因经济原因辍学。我们又通过互联网+社会扶贫的方式，为全村有学生的150户家庭每户捐赠一套桌椅、一盏台灯，改善全村家庭学习环境。同时做好"面向贫困地区定向招生"政策的普及工作。二是医药补助。共济合作社从总资产中划出5%，建立村集体公益金，为每天需要吃药的建档立卡贫困户每人每月发放150元医药补助，减轻贫困户日常看病的负担。三是房屋改建，将危房改建、移民搬迁列入乡村旅游规划统筹考虑，通过对菜园和厕所的改建提升村民生活质量和乡村旅游接待水平。

驻村以来，中央电视台新闻联播等电视节目和主流新闻媒体多次报道了南猛村的脱贫工作，贵州省新闻联播、贵州日报几乎每季度更新一次南猛村工作进展。2016年以来，我先后当选为贵州省优秀共产党员、省优秀第一书记、全国扶贫系统先进工作者。这些沉甸甸的荣誉属于南猛村全体村民，属于发展中心这个集体，属于关心和支持南猛村的各级单位和爱心人士。我用奖金为村里购买了一台4 000元的真空压缩机，村民都很高兴。我与村民共同过了除夕，在义乌过了五一，村民希望我把婚礼也放在村里，我也答应了。

如果用一句话来总结一年的驻村工作，我想可能是：扶贫是价值观驱动的工作，对贫困群众有多少感情，就有多少收获。

在我驻村的房间里，挂着一幅自己拍摄的南猛村风景照，照片上是我创作的《奋进歌》：

> 竹楼芦笙山峦远，
>
> 苗岭青翠近水田；
>
> 同织南猛脱贫梦，
>
> 笃行奋进看来年。

诗里有我对南猛村的感情、希望，也有一位基层第一书记的责任与担当。

07 五味杂陈间,"煤炭村"变身"果园村"

李杰　云南省富源县大河镇白马村党总支第一书记

【总书记说】

中国要实现工业化、城镇化、信息化、农业现代化,必须要走出一条新的发展道路。中国明确把生态环境保护摆在更加突出的位置。我们既要绿水青山,也要金山银山。宁要绿水青山,不要金山银山,而且绿水青山就是金山银山。我们绝不能以牺牲生态环境为代价换取经济的一时发展。

——习近平在哈萨克斯坦纳扎尔巴耶夫大学演讲时的答问(2013年9月7日),《人民日报》2013年9月8日。

要坚定推进绿色发展,推动自然资本大量增值,让良好生态环境成为人民生活的增长点、成为展现我国良好形象的发力点,让老百姓呼吸上新鲜的空气、喝上干净的水、吃上放心的食物、生活在宜居的环境中、切实感受到经济发展带来的实实在在的环境效益,让中华大地天更蓝、山更绿、水更清、环境更优美,走向生态文明新时代。

——习近平《在省部级主要领导干部学习贯彻党的十八届五中全会精神专题研讨班上的讲话》(2016年1月18日),人民网。

【循吏故事】

文翁，西汉庐江舒（今安徽省六安市舒城县）人，汉景帝末年任蜀郡[①]郡守。他宽仁慈爱，善于教化百姓。他见蜀地偏僻落后，尚存原始荒蛮之风，就打算推行教化。他挑选郡县小吏中聪明能干者十余人，亲自勉励训导，送到京城读书，有人向太学中的"博士"求教，有人学习律令。他以缩减官衙开支、向"博士"赠送蜀地特产等方式，弥补培养经费不足。几年后，这些"蜀生"学成而归，文翁就委任他们职务。后经推荐选拔，其中不乏成为郡守、刺史者。

他又在成都城中开设"学官"（即学校），招收本郡各县子弟入学，入学者免除徭役。学生中优秀者补充为郡县官吏，稍次者授予"孝悌力田"[②]（负责教化的乡官）。他经常让学官中的青少年学生到身边做事（实习），并选取品行端正、成绩优秀的学生跟着自己到郡县巡察，让他们传达政令，出入衙门，各县官员百姓见了，以之为荣，十分羡慕，能连着几年争当（送）学官的学生，有富人甚至出钱求加入。蜀郡"于是大化"（教化推行得广泛深远）。"蜀地学于京师者比齐鲁焉"。后来汉武帝下令天下郡国均兴办学校，皆为文翁之功。清代少儿启蒙教材《声律启蒙》中赞文翁"闻化蜀民皆草偃"。

——参考中华书局1962年版《汉书》，笔者翻译。

---

① 秦时灭蜀国，置蜀郡，汉代沿用，其辖区为今四川中部大部分地区，治所在成都。

② 汉代一种选拔官吏的科目，文帝时成为郡县中负责教化的乡官，类似于"三老"。

【个人简历】

李杰，男，1976年生，中国航天科工集团公司总部副处级干部。2015年7月27日，39岁生日，他离开北京到富源县大河镇白马村，挂职担任该村党总支第一书记并兼任驻村扶贫工作队队长，挂职为期2年。

李杰和贫困户在一起

07 五味杂陈间,"煤炭村"变身"果园村"

【村情一览】

云南省富源县属于中国扶贫开发工作重点县。20世纪50年代富源县因为富产煤炭由平彝县改名。白马村是该县大河镇最大的行政村,全村2 020户、8 306人,耕地4 000多亩,煤炭资源丰厚。过去村民大多在煤矿工作,地里全种植懒庄稼玉米和小麦;2012年下半年以来,煤炭产业宏观调控,价格断崖式下跌,白马村3.5个煤矿(其中1个煤矿2口井保留1口井)关闭停产,洗煤厂、焦化厂、吹矸厂全部关闭,村民失去了收入来源。虽非贫困村,但是全村建档立卡贫困户高达209户、697人,在册贫困留守儿童125名;农村基层组织偏弱,党总支、村委会工作运转经费几乎没有。

村中一角

【扶贫经历】

2015年，中央机关、国家部委、各大高校、112家央企总计选派出300多名第一书记，其中不少还是女性。作为航天科工集团公司选派的第一书记，我很荣幸地成为其中一员。肩负神圣使命，面对殷切希望，带着领导重托，我们从大城市来到小农村，我们从大机关来到小村委。

苦中适应

"车载着我们驶向黑暗，可黑夜却淹没不了因分享带来的感动；工作中经历的多是苦难，我们却用坚毅把苦难化作欢笑。相信每一位第一书记都是一本书，每位第一书记背后都写满着故事。扶贫中发生过很多故事，也将会继续发生新的故事，而我们就是第一线的亲历者。"——最高人民检察院选派第一书记秦西宁。

我们这些第一书记大多来自北京、上海、深圳等大城市，突然离开大都市繁华的生活一下子走入农村，很多人都措手不及。新鲜劲很快就被更多的不适应给磨灭得无影无踪了：生活条件差，苦！语言不通，苦！背井离乡，苦！

"辣妹子不怕辣"，但是对于来自北方的我，当地辛辣的饮食口味让我难以适应，没几天，就患上了严重的口腔溃疡。有很多战友们自己做饭吃，比如国家民委的史睿，她在广西百色农村驻村，不管多累，都得自己做饭，饿肚子是经常的事。

尽管我是半个云南人（我爱人家乡是红河哈尼族彝族自治州建水县），但是我刚开始时仍无法听懂当地语言。3月初，我为全村党员讲党课，坐在下面的一位老党员一直在说话，我问，老人家您有什么事吗？他说，我听不懂第一书记讲的普通话。

语言不通，饮食障碍，这些苦慢慢地都能克服，最苦的还是体会到了当村镇干部的辛苦。这些村镇干部没有节假日，没有明确的上下班时间，一年365天都是如此。

白马桃花庄园项目上马时，大年初三我们便开始工作，一个村一个村的开始动员，动员老百姓把土地拿出来流转，90%的老百姓是同意的，因为他们意识到靠传统作物种植除了温饱外，不能给他们带来什么东西了，但是10%的农户，还有将近100户需要一户一户地做工作，这个工作持续到国庆节前，我们经常性地做工作到深夜，打着手电筒、拿着打狗棍到农户家，因为白天没有人。很多农户不理解，我们要宣讲政策，宣讲一个产业如何发展地方经济，但是老百姓说，不行，我必须留着种点菜、我要从地里割草养猪……但是目前基本上做完了，农民对土地的感情至深，我们都理解，但是面临发展机会时又坚决不能丢掉。

2月17日，我们开始量地，天气很冷，我们到了地里先是燃一堆火，暖和暖和，然后才开始干活，由于异常的天气，富源最低气温到了零下八度九

李杰在讲党课

度，我们也都赶上了。当时，我每天都穿着衣服睡觉，热水器坏了，又洗不成澡，又冷又痒又脏地过了好长时间；还有一个苦就是寂寞，想念妻儿老小，怕他们出事，特别是我母亲一身病，股骨断裂，一条腿长一条腿短，胃痉挛、面部神经痛、失眠、头痛，我父亲帮我哥在老家带2岁的孩子，我母亲就在小区门口找不到回去的路了。大人和小孩子一样的，有娘在，你就有幸福；娘不在，会是一种什么感觉？

2016年3月中央和国家机关选派第一书记示范培训（第二期）期间，我们几个第一书记有天晚上下课后在学校门口吃夜宵，国家行政学院的赵广周老师提议我们每个人讲讲自己在村子里最难忘的一件事，他说，大家要讲出来、分享出来，才能成长。最后，几个人都哭了……

中国兵装集团的邓比说："我第一个中秋节是一个人在村委会过的，当天村干部邀请我去他们家，但是我怕给他们添麻烦就没去，一个人孤零零地在村委会看着明月，体会到了什么叫孤独。"还有一个战友说："我有次生病，在床上躺了一周，没有人来看我，感觉到什么叫真正的无助。"

几乎每一个第一书记都或多或少有失眠的经历，所谓的农村田园生活只是文人浪漫的想象。我第一天到白马村，等大家都走了，我晚上一个人睡下，突然间感觉到前所未有的孤独。接下来还有两年的时间啊，怎么办？但当想到进村时看到贫困乡亲那张张朴实的笑脸，想到村里的贫困触目惊心，想到总书记提出"全面实现小康"的目标，又激情满满。

现在回头想想，更能体会国务院扶贫办主任刘永富2015年10月在全国干部驻村帮扶工作现场会上的话："大家累点苦点是值得的，要适应并学会享受高负荷高强度的工作，用我们的辛苦指数换取贫困群众的幸福指数"。

难中起步

"走的那天，为了不惊动家人，我凌晨4点偷偷背起背包，拿上行李，看了看还在熟睡中的娇妻和爱子，轻轻地带上门，转身泪流满面。"——宝钢集团选派第一书记王玉春。

第一书记的帽子戴上了，行动也要跟上，但是没几天就发现：基础设施差，难！缺少资金，难！没有威信，难！

我所在的村子有2 020户、8 306人，其中建档立卡贫困户为209户、697人。这个村子过去主要靠煤炭产业，老百姓主要是靠挖煤谋生，但是2012年以来，国家宏观调控，全村煤矿关停，原来的土地由于常年种懒庄稼，大多处于荒废状态，重新开始传统作物种植，面临的境地比较困难，这就是我在村中面临的形势。

白马村全村道路53公里，但是已经真正硬化的只有8~10公里，大部分还都是泥泞曲折的土路。刚到村时，我去自然村会搭乘村干部的摩托，但是在爬坡或雨天时，还是心惊胆战，让我不止一次问单位的人事部门，"你们给我买了意外伤害保险吗？"2015年11月，云南航天工业有限公司的魏师傅开车载着单位的党员干部去我们村"转走访"，在煤矸石铺成的山路上颠簸，颠吐了好多人，车子也被颠出了问题。听赵广周老师讲，他每次到镇里开会都要翻越两座大山，经常被山里的动物吓得心惊胆战。

"巧妇难为无米之炊"，农村基层组织之所以偏弱，一个重要原因就是党总支、村委会工作运转经费很少或几乎没有。再加上大多村没有任何集体经济，所以一些村委会不会每天都有人值班，推开村委会的门，发现办公桌上已经有厚厚的灰尘了。

我们村的干部月补贴普遍在500~1 200元不等，除此之外就再没有别的收入。党总支要想召集党员做好"三会一课"工作，100名党员要过来开会学习，午饭要管，需要2 000~3 000元；误工费也要给，每人50元，每次5 000元，合起来7 000~8 000元，天文数字。

关于我们的工作经费，虽然上级文件明确要求由当地扶贫部门要配置适当的工作经费，但贫困地区连党支部、村委会的工作经费都很难保证，怎么可能有钱再配给第一书记？再说，如果给我们配经费，那么省派、市派、县派的第一书记又该怎么办？但是，有些派出单位给2~5万元经费，让我们没有任何经费的第一书记很是羡慕。

除了没钱，我们这些"外来和尚"还面临着在乡亲们面前缺少威信。在村里，许多老乡最初喊我们"小李""小王"之类的称谓，有一天真的喊你"某书记"了，那说明你的工作让他们信服了，你的威望树立起来了。村里的老百姓是最实际的，希望我们这些中央派来的第一书记拿出工作成果让他们受益，但是初来乍到的我们连村干部都还认不全的时候，能帮着到县里去抢项目，谈何容易？为此，我们都很羡慕个别单位会把经费倾斜给第一书记所在的村庄使用，好让他早日"破冰"，早日当上真正的"第一书记"。

没有"靠山"怎么办？许多第一书记常用的方式是把自己"朋友圈"等亲朋好友资源都拼命用上，比如想尽一切办法为村里的留守儿童、贫困儿童建立"一帮一"帮扶资金或在网上组织募捐等，凭借自己多年攒下来的资源和人脉，鼓励自己周围的朋友多做善事，有钱出钱，有力出力。其中不乏感

入户走访

人故事：2016年，北京两位爱心人士给我2万多元钱，希望我代替他们帮助村里的贫苦孩子们，我用他们捐助的钱为本村学龄儿童购买北京锦绣华英衣帽有限公司生产的"小黄帽"时，该公司的康云英董事长和她的同事们得知后，决定无偿捐助价值近3万元的交通安全"小黄帽"。

辣中挑战

农村的工作很复杂，但是有时也很简单。很多事情都是火辣辣的，非常激烈。有一次我们在调解一个经济纠纷，一个农户因为另外一户欠他的钱，就拉一堆土把路给堵上了，这个农户说欠他多少钱，另外一户说，我都还给你了，字你都签了，为什么不认？正调解着，一个拿着板凳冲着对方脑袋就是一下子，大包马上起来了。

还有一次，我和大河镇的镇干部到一户农户家做土地流转工作时，因为我们去了十几次了，农民很生气，当时，他正在一袋子一袋子的卸玉米，

动员会

把整袋子玉米一下子掀翻,要冲过来。我赶忙拉住我们的镇干部,说今天就到此了,改天再说吧。他现在还是要坚持到规划区里种田,不同意把地拿出来。不管如何,作为一名共产党员,我们是讲党性的,党性是什么?全心全意为人民服务。因此,一旦选择这条路,无论多难,都要坚持。

酸中感悟

我们常说,男儿膝下有黄金,下跪是很隆重的礼节,我们只有向父母下跪、向祖先下跪,才能保持我们一个人的尊严,之外,我们都不能也是不应该的。但是在白马,我见过两次下跪。

一次是2016年3月13日,是我永远不能忘记的一天。那一天,是白马桃花庄园开工建设的第8天。在庄园的工地上,我看到一名七八十岁高龄的老太太,衣衫褴褛、双膝跪地、正在艰难地俯下身去,用她那布满老茧的双手,把树坑里的土一点、一点地往外扒,我全身为之一紧,内心无比刺痛。她是我们的祖辈,到了她这个年龄1天也就能刨三五个树坑,每棵树3块钱,一天

和老乡在一起

也就十多块钱。这说明什么，贫穷，老人没有收入来源，养育的子女未能让老人颐养天年。

还有一次是前不久，一位70多岁的老人到村委会，扑通一声跪在地上，要求白马桃花庄园为他解决永久工作，用他的工要一直用。但是桃花庄园刚开始起步，主要是林间种植蔬菜、开挖排水渠等，用工量只能采用老百姓间歇用工的方式，特别是对上了年纪的老人，工作量稍微大一些，就会出事，一旦出事，投资老板只能大额赔偿。但是我们只有做好说服工作，老百姓的正当要求我们一定会帮忙，老板的合法权益也得维护。

有一天，我在参与调解两个读书的女儿与她们母亲的纠纷问题。两个女儿竟然打她们的母亲，原因是母亲改嫁前没有把钱给够。我就问，是不是给了？她们的母亲就给我一笔一笔的说，如何给的。但是，两个女儿可能受到怂恿或挑拨，坚持说没给。母亲说，你们父亲去世后，我一个人在家如何卖鸡蛋卖猪赚点钱给你们读书，我自己生病一个人去住院，你们都不知道，你们父亲去世留给我多少钱你们也知道。我改嫁我是没有办法的，我一个文盲妇道人家是实在生活不下去了。我跟两个姑娘说，孩子们，你们过几年也要当妈妈，当你抚养大的孩子打你的时候，你想过是什么滋味没有？我对你们的行为很震惊，你们回去好好想想吧，再失职的母亲也是你们的母亲。

这些事令人心酸，让我体会了贫困群众的不易，也让我更加意识到自己工作的价值。

甜中回味

"我们来自五湖四海，为同一个目标而出发。我们去往四面八方，为同一个梦想而坚守。守望大地，高擎理想，广袤乡村，播种希望，让我们立足第一书记岗位，在打响扶贫攻坚战的号角中，在实现中华民族伟大复兴的征途上，贡献力量，深情绽放。"——商务部选派第一书记刘艳。

让我们感到最甜蜜的东西肯定是在脱贫攻坚工作中取得一些成绩：村子富了，甜！百姓笑了，甜！

我们都希望所在的村子能有一个相对较强的"两委"班子。白马村"两委"班子工作作风硬，能力强。特别是张旺益书记，他为努力改变白马村贫困百姓的命运奔波了大半辈子。为早日让乡亲们摘掉穷帽子，他扎根村委会，把村委会当成了自己的家。我的到来让他们感觉党和国家从来没有忘记这个偏远落后的村庄，让他们倍受鼓舞。我也深知自己来到白马不能走过场，要用实际行动和"两委"班子一起为老乡的好日子奋斗，要对得起第一书记这个称谓。为此，我们群言献策，为开展产业扶贫，我们走访了几百户建档立卡贫困户，召开了十几次群众代表大会。翻越的几十座山头，十几个不眠之夜，换来了"白马桃花庄园"的项目。从1月初项目确定到3月5日，短短两个月时间，项目就开始动工了。如今，10万多棵果树苗遍布在昔日荒山之上，乡亲们乐开了颜，都觉得日子有盼头了。为推进庄园的后续建设，我和张旺益对县里交通局和林业局的领导"围追堵截"，配套设施建设也显露眉目。

白马村蔬菜大棚

如今，我经常往山上跑，看着漫山遍野的果树，心花怒放，恨不得每天住在果园里，伴随它们一起成长，直到结出"致富果"。好事成双，最近接到一个消息，从去年10月下旬开始我们一直在争取中国航天科工集团公司的100亩航天钢架大棚蔬菜项目也在近日出现突破性进展，在集团公司扶贫工作专题会议上获得批准通过，好日子离白马村的乡亲们越来越近。

虽然到白马村的时间不长，但是我已经把这里当成我的第二故乡。今年春节，我的家人来到白马陪我过节，乡亲们知道后非常高兴，有的到水库捞鱼，有的杀猪宰羊送来鲜肉，仿佛自家来了亲戚，忙个不停。航天白马幼儿园的刘敏园长执意邀请我们一家人到幼儿园，他亲自为我们弹琴唱歌。

那一刻，我心甜蜜，美丽的白马村就是我的家。

【心得分享】

调查摸底把准问题根源

到白马后，我决定先了解村情村貌，看看自己能做些什么。

盛夏的云南，温度虽比不得北京骄阳似火，但是依旧酷热难当。我带着水壶、雨伞，无论刮风下雨，翻山越岭，或搭乘摩托或走路，用了近一个月的时间走访了所属23个自然村的50多户贫困群众、老党员、残疾村民和煤矿负责人、餐饮老板等，既了解穷人，又了解富人，全面掌握了本村发展的一手资料。

2015年10—11月，云南航天37名领导干部"挂包帮走专访"白马村建档立卡贫困户时，我积极主动配合，与领导干部们一起调研走访了全村39户建档立卡贫困户，并在走访后与云南航天配合逐户制定了《脱贫攻坚方案》。

在深入充分了解白马村各项基本情况的基础上，我按照上级党委政府的要求，负责牵头起草编写《富源县大河镇白马村脱贫发展规划（2016—2018年）》，并与村两委班子反复讨论，最终为全村209户、697名建档立卡贫困人口2018年底前全面脱贫、推动白马村跨越式发展制定具体实施方案，明确了今后三年的经济发展、脱贫攻坚的方向和思路。

抓住时机搞产业扶贫

我把产业项目扶贫作为贫困户增收的切入点，因为产业扶贫相对于教育扶贫、科技扶贫对增加农民收入方面更为直接。特别是考虑到白马村的教育（航天科工2014年援建航天白马幼儿园，解决300多名学龄前儿童教育问题；同时，白马小学可容纳800多名小学生）、卫生（白马村卫生所202平方米，除满足本村外，还可以为周围村落提供医疗服务）、交通等已经有一定基础，当前最根本的就是让老百姓早日腰包鼓起来。

2015年10月，听说云南东川在贫瘠的砂石土地上种植大棚蔬菜成功的消息后，我立刻和村党总支张旺益书记商量，并组织召开村两委会商议。在富源县人民政府黄书奕副县长带领支持帮助下，我和扶贫工作队、村委会班子往返千余公里到云南东川、弥勒、嵩明以及后所等大棚蔬菜、花卉基地项目调研，回来后立即着手负责撰写白马村大棚蔬菜项目可行性研究报告，并在黄副县长帮助下请来富源县农业局、大河镇党委政府以及农技推广中心的领导深入讨论论证。最终促成建设了总投资300万元的航天白马蔬菜基地，项目涉及建档立卡贫困户42户、113人，可满足30到50人就业。

2017年1月，当我和村党总支从大河镇党委了解到富源一位企业负责人正在贵州盘县、富源墨红选址，准备开展黄桃种植的消息后，立即召开村两委会研究讨论、统一思想，在富源县有关领导、大河镇党委牛睿书记、范涛镇长等镇领导的帮助下马上跟这位企业负责人联系，介绍白马村良好的区位优势、得天独厚的气候条件和美丽的白马山旅游资源，最终说服了这位企业负责人选择在白马发展。3月，总投资2.2亿元，集林果种植、旅游观光、餐饮娱乐为一体的农业开发示范基地——白马桃花庄园乡村旅游项目落地了。项目涉及建档立卡贫困户89户、贫困人口325名，可解决300到500人就业。

发挥网络和新媒体作用

我为白马村建"美丽白马我的家"微信公众号及微信群，深入广泛宣传白马脱贫攻坚，介绍中国航天开展扶贫济困情况，固定粉丝500名，单篇微文点击量突破5 500次；驻村扶贫工作日记也被《今日头条》《中国航天报》《云南日报》《曲靖日报》等媒体多次宣传报道；母校重庆大学也对相关事迹两次进行专题报道。

充分调动社会力量

我充分利用自己的社会资源，争取个人捐赠资金10万元和书籍、文具、衣物等，收到儿童图书300多册，衣服、玩具等包裹50多个，并利用"中国航天日"契机，在村委会举办白马村2016年中国航天科工爱心人士助学帮扶仪式，资助贫困学子26名，在航天白马幼儿园举办首个"中国航天日"主题教育活动，为全村儿童普及航天科普知识，购买书包、文具等学习用品并分发给贫困小学生和贫困留守儿童，在村委会为全村留守儿童建设"儿童之家"1个，为航天白马幼儿园建设1个"航天七彩梦想教室"；协调中国经济改革研究基金会为白马幼儿园捐赠"彩色的梦—刘丹华老师讲故事"故事盒282个，云南航天幼儿园捐赠棉被等2 347件；协调安排大河镇两名乡村赤脚医生到北京航天中心医院进修学习，帮助提高村镇医疗卫生水平；我还协调了5名爱心人士长期资助贫困学生。

尽可能地帮助贫困群众

我把派出单位发放给个人困难地区生活补贴（每月1 000元）最大限度地用在本村残疾人、困难党员和群众身上，直接帮助老百姓排忧解难。洞上村1名村民和爱人都在广东打工，今年生了病回家乡做手术，她有四个孩子分别在读大学和高中，我拿出自己的工资7 200元资助他们；严湾冲村民小组地处最远的贫困山里，参加白马村首届群众广场舞大赛没有购买服装的钱，就资助了800元；走访发现退休民办教师李达华一个人孤苦伶仃，双腿瘫痪，就拿出100元钱给他，并在第二天和村委会人员一起送他一袋米；看到色尔冲残疾人家庭困难，就拿出100元资助……虽然钱数不多，但是群众知道这是我自掏腰包，知道我尽了力，把他们当了亲人，他们就永远把我当了亲人。

08 精准扶贫，薪火相传，善建者行

范蔚然　陕西省安康市汉滨区县河镇财梁社区第一书记

【总书记说】

中央提出发展农业和农村经济的两个指导思想，都是从战略高度出发的。搞经济，搞大农业，都需要多一些战略眼光，从时间上看得远一些，从空间上看得宽一些。在宏观战略指导下研究自己的微观战略，在全局发展战略基础上研究局部的发展战略。

——习近平《知之深　爱之切》，2015年12月，河北人民出版社。

【循吏故事】

王方翼，唐代并州祁县（今山西祁县一带）人。本来是皇亲的他，年幼时家道中落，于是他与家丁佣人一道辛苦劳作，用心经营，几年后开荒数十顷，修饰家宅，种植竹木，遂成当地富户。

因仗义葬友人，为唐高宗赏识，后来几经升迁，任肃州刺史，辖区在今甘肃酒泉一带。当时肃州城池荒败，损毁严重，又没护城壕堑，多次被边寇袭扰。王方翼组织人修筑城池，开挖壕沟，引多乐水环城注入，构成护城河，加固了城防。他拿出个人积蓄，修造水碾、水磨，方便百姓磨米磨面，同时收取少量加工费用来养活饥民。他在住宅旁边，盖房数百间，让饥民来住。那年恰逢蝗灾，其他各州贫民饿死无数，尸横于路，唯独肃州少有死亡。肃州百姓立碑纪念，赞其德政。

王方翼任检校安西都护时，修筑碎叶城，威孚诸胡，成为唐代西域重镇。后又剿平西突厥叛乱势力，生擒贼首突施骑等人，威震四方，西域由此平定。他因军功升任夏州都督后，正逢当地爆发牛瘟，耕牛病死，百姓无法耕田，他学习古人，造出一种可人推的耕田农具，即"耦耕法"，省时省力，深受百姓欢迎。

——参考中华书局1975年版《旧唐书》，中华书局1975年版《新唐书》，笔者翻译。

【个人简历】

范蔚然,男,四川省西昌市人,中国建设银行总行业务经理。1988年,根据党中央、国务院对中央国家机关扶贫工作的统一部署,中国建设银行(以下简称"建行")将陕西省安康地区确定为扶贫联系点,他是建行派出的第74名挂职干部。

范蔚然在村中留影

【村情一览】

陕西省安康市汉滨区属于秦巴山区"连片特困地区"。财梁社区位于该区县河镇东南部,距市区约27.5公里,由原来的财梁、赵梁、苏坝、龙泉、双庙5村合并,于2015年7月16日正式成立,是县河镇面积最大、人口最多的村级单位。社区总面积约30平方公里,其中耕地面积5 231亩,水田901亩,旱地4 330亩,主要农作物为玉米、水稻。社区下辖33个村民小组,776户,2 856人。社区共有精准扶贫户400户,1 304人,占社区人口总数的近一半,另有五保户37户,42人;低保户55户,94人。财梁得名于山梁顶上的一座财神庙,但贫困人口多、贫困发生率高、贫困覆盖面广却是最主要的村情。

山中村落

【经历分享】

到村后，我严格按照中央关于第一书记职责的要求，从建强基层组织、推动精准扶贫、为民服务办事、提升治理水平等方面按序稳步开展工作。

一是抓好队伍建设，当好党员干部的"带头人"；

二是抓好地方发展，当好精准扶贫的"领路人"；

三是为民服务办事，当好造福百姓的"贴心人"；

四是提升治理水平，当好公道正派的"当家人"。

除了以上"规定动作"之外，我更希望分享的是下面的经历和做法。

如何让更好地帮助贫困户？

个人的力量是有限的，而一个人的想法能得到哪个层面的认可，那这个人就能调动哪个层面的资源。要想干好第一书记，不仅要自己带着真情实感干，还需要调动更多的人来一起干。

金融杠杆的力量

建行参与扶贫工作，最大的优势就是企业客户资源广并且能利用金融杠杆撬动企业来一起参与扶贫。

一是对于雇用建档立卡精准扶贫户的企业，建行可根据其雇佣贫困户的数量给予贷款利率不同程度的下浮优惠。通过价格引导龙头企业积极雇用更多的贫困户，以帮助贫困户通过就业实现脱贫。

二是可以通过建行企业资源和信贷资源为贫困村招商引资，直接引导当地农业龙头企业到贫困村投资建厂，帮助贫困村发展经济，贫困户脱贫增收。2016年，建行组织召开了"产业扶贫项目推介会"，邀请数家农业龙头企业到财梁社区沟通对接项目。建行不仅为企业投资建厂提供贷款资金支持，还承诺购买企业生产的农产品，从供给侧和需求侧双向发力参与扶贫。

众人拾柴火焰高

"靠着墙根晒太阳,等着别人送小康"的不仅仅是贫困户,也有村干部。村干部是脱贫攻坚中积极性最低的群体,因为他们从中能受益的最少,而需要付出的却最多。在全面打响脱贫攻坚战之前,村干部每周只需到村工作2天就能处理完一周的工作,村干部拿的收入叫补贴,而非工资。但自从2016年以来,村干部一周的工作时间至少是5天,只会多,不会少。但村干部拿的补贴非常少,甚至不足以养活家人。就以财梁社区为例,社区党支部书记和主任一月补贴2 000元,尚且能过活,但党支部副书记(2人)和副主任(1人)一月补贴800元,而且镇上还会考核,村干部很少有能全额拿到补贴的,都会被或多或少地扣一部分。这么低的收入待遇,但却在基层第一线承担了任务最重、矛盾最突出的工作,造成了各级党委政府和社会帮扶单位干得火热,但村干部却与广大贫困群众一起"等靠要"的冰火两重天局面。

村中房屋

扶贫工作更需要调动村干部的积极性，否则再好的政策、再多的项目都无法顺利落地实施。今年与在财梁投资建厂的龙头企业谈合作时，我们将"雇用村干部在企业担任管理人员，并发放必要合理的劳动报酬"列为必选项。兵马未动粮草先行，必须要让村干部在脱贫攻坚中"有利可图"，才会与各方力量形成合力，更好地开展各项工作。

实现共赢才可持续

财梁社区位于大巴山北麓，辖内山川连绵，沟壑纵横，交通极为不便，悬崖峭壁上凿出来的4米宽的水泥路是社区与外界沟通联系的唯一渠道。而暴雨泥石流的多灾气候让本就困难的羊肠小道更添崎岖颠簸。

但农村原始的小农经济模式，导致不同家庭不同年度生产的农产品在质量上有差异，缺乏生产标准化产品的能力，即使生产出优质的农产品，也缺乏销售渠道。因此而保留下来的自然生态环境却是社区发展生态农业的比较优势。财梁有多贫穷，财梁的背后就有多美丽，财梁生产的农产品就有多绿色多健康。

2016年，我们村成立了两家合作社，将原先散乱包装、分散出售的茶叶和蜂蜜进行了统一包装、统一设计、统一销售。通过建行食堂和善融商务网站将安康的绿色食品卖到了北京。这样既为我们农村的优质农产品找到了销售渠道，又让建行同事们能足不出户买到放心优质的绿色食品。在建行同事购买生活必需品的同时也间接地参与了扶贫工作。

除了争取更多的社会资源帮扶之外，还得考虑如何更好地帮助贫困户，不然会让更多的懒汉"靠着墙根晒太阳，等着别人送小康"。

制度设计很重要

2016年，区林业局免费为我们发放茶苗，在我们发茶苗的时候，就有村民来问我："范书记，这茶苗发了，挖坑的钱还没给，这茶苗怎么种啊？"……

我们今年茶苗限量供应，要求村民提前整理好土地才能到村委会申领茶苗，先到先得，并且需要用较少的钱购买，到明年开春时验收茶苗成活了之后，才返还这部分购买的钱。

今年发茶苗的时候再没有人问我上述问题了，都是争着抢着来村委会领苗子，我也有理由相信，明年我们村新栽茶苗的成活率会远高于去年。

免费的东西，很少有人会珍惜。只有通过自己努力获取的，人们才会倍感珍惜。

走访调研

扶贫不是施舍

很多公益组织每年都会组织给村里捐赠衣物,但通知村民说有捐赠的旧衣服时,很少有人愿意来领。因为农村已经过了食不果腹、衣不遮体的时代了。现在村民身上穿的可能旧一点差一些,但每年过春节的时候几乎都会购置新衣。不是说我们捐赠的二手衣物不好,而是任何人都有面子,越穷的人越好面子!

我们采取的做法是,收到旧衣服之后不是发给村民,而是把品质较好的选出来,放在村委会广场上供村民选购。当然价格非常低,一元两元见钱就卖。这让村民心里有种"这是我打折买的,而不是被人施舍的"的感觉。贫困户也是人,他们也会在接受帮助和维护自尊之间寻找平衡。

打铁还需自身硬

低保,已经成为农村社会最大的矛盾所在。乡村是个熟人社会,乡里乡亲的,谁都不愿意得罪人。过去出于人情或为了息事宁人,村干部让一些原本不该拿低保的人拿了低保,导致很多村民认为"会哭的孩子有奶吃"。一到评选低保户的时候,村委会里那是一哭二闹三上吊。

2017年中央开始集中整改低保。我们就想趁热打铁把历史遗留问题都理清了。最开始,我们也考虑到了这事的操作难度,但为了今后能更好地开展工作打下基础,长痛不如短痛,与其留下小辫子被别人捏住,不如一次性给它剪了,今后村干部在村里也能站着说话,这样的领导干部才能有威信。

于是,我们干了件"得罪人"的大事——低保整改。财梁社区的低保户由原来的104户削减到55户,把原来不符合国家规定的都严格按照要求一次性清理了。低保整改的一个多月，村委会几乎瘫痪了。许多被取消低保资格的村民占领了村委会，就地住下，扬言不给低保就不走，有的村民甚至就跪在地上抱着我们的大腿不放，不依不饶。但不管怎么闹，我们所有村干部在低保资格标准上就是不松口。

经历了那一次的低保整改风波，村委会就像换了血，在村民中的威信大幅提高。谁都不敢也不能再拿着村委会处理事情不公平、不公开、不公正来批判我们了。

扶贫必先扶志

如果把一个村比作一个班级，第一书记和村干部就是老师，老师不仅要去关心帮助学习差的学生，学习差的学生就是低保户和精准扶贫户，更是要去鼓励和奖励学习好的学生。树典型既要有反面的，也得有正面的。

我们今年专门设立了"脱贫标兵"奖励，用于表彰建档立卡贫困户中，今年通过自身努力改变贫困落后面貌的先进家庭。将为"脱贫标兵"颁发荣誉证书，开表彰大会，更重要的是奖励一台50英寸的电视机。让贫困群众认识到勤劳才能致富，辛勤才能脱贫，幸福生活是靠自己双手创造的。

扶贫更是要扶智

虽然我们行近年来的大力投入，让山区学校的校园、教室等硬件设施彻底得到改善，但农村教育最大的问题不仅在硬件，更是在软件。

"我的数学是体育老师教的！"这句话在城里人嘴中是一句调侃自己数学不好的玩笑话，但在农村人的心中这确实是一个令人无可奈何的现实。虽然我们行公关部每年都组织希望小学老师培训，但农村老师与城里老师的差距依然是巨大的。

同希望小学的孩子们在一起

我们为当地学校每个班级都购置了一套互联网智慧校园硬件设备，通过互联网让山里的孩子也能看到北京的名师课堂，通过互联网让山里的孩子们享有更加公平的教育机会，通过互联网让孩子们有机会通过教育改变自身的命运。

孩子才是中国农村的未来。

【工作建议】

进一步完善基层现代化治理体系

各级党委政府和社会帮扶单位干得火热，但村干部与广大贫困群众一起"等靠要"。造成基层冰火两重天的重要原因是，各群体目标利益不一致。村干部完成脱贫攻坚任务没有激励，反而可能会在评选建档立卡精准扶贫户期间得罪不少村民，导致其下一届可能无法连任。因此村干部在脱贫攻坚中，都是以应付上级考核，勉强完成任务为主，缺乏激励就缺乏主观能动性。同时，贫困户主动脱贫销号了也没有激励，反而会丧失作为贫困户的不少政策支持。因此很多村不以贫困为耻辱，反以贫困为荣。

建议在脱贫攻坚过程中，设立"党员先锋"和"脱贫标兵"两类奖项，分别奖励在脱贫攻坚中积极奉献的党员干部和努力拼搏的贫困户。让脱贫成为光荣，让勤劳致富成为主流。

建立第一书记常态化任职机制

随着城镇化发展，农村能人多流动到城市打工，农村人才流失严重，传统农村以乡绅、德高望重的长者为主导，人人参与、群策群力的村民自治体制已被破坏。用村民的话来讲"现在的村干部都是矮子里选出的高个儿"。

但干事创业，关键在人，优秀的干部是支撑地方发展的核心力量。如果农村不能自主选出"领路人"，那就需要党为农村选派一名"当家人"。第一书记既然叫书记，那就应该代表全面的责任，首要的职责就是坚持党在农村的领导，加强农村党的建设，发挥好党在农村建设中国特色社会主义事业

范蔚然和老乡大娘

中的领导核心作用。因此，建议在2020年全面建成小康社会之后，依然坚持向农村选派第一书记，建立第一书记常态化任职机制，同时鼓励有意愿且有能力的优秀第一书记留任地方。

延长第一书记任职期限

农村工作与机关工作有很大不同，第一书记到村任职适应工作需较长时间，理顺各方关系也需较长时间，各类扶贫项目落地也需较长时间……但目前第一书记的任职时间较短，还没有摸清楚情况，还没建立关系，第一书记可能就要换人了。频繁的换人导致在扶贫项目的选择上会更加短视，更多脱离实际、形象工程、形式主义会大行其道。建议延长第一书记任职期限，任职时不确定期限，最短任职期限应为3年，让第一书记工作更有实效。

取消驻村工作时长限制

在全国各地对第一书记职责要求中，或多或少地都有提到"第一书记驻村工作时间应不少于220天"。但一个只会蹲在村上工作的第一书记一定不是一个好书记。第一书记到村开展工作，村民最需要的不是多了一个劳动力能来帮忙干农活，而且也干不了多少农活。第一书记对于村上最大的意义更在于其能调动协调更多的资源到村上来参与扶贫。一般情况下，一个称职的第一书记一周工作一半时间是在与村民同吃同住同劳动，与村干部共同处理村里日常工作，而另一半的时间应该是在和省、市、县等上级政府部门沟通协调项目政策支持，是在和农业龙头企业谈合作谈投资……只有走出农村，才能给农村带来更多的政策和资源。

降低群众满意度调查在考核中的权重

在对基层干部工作考核中，对于不易于量化考核的项，如工作态度等，上级党委政府倾向于采用调查问卷的方式进行考核。因此群众满意度成了当前考核中的重点，在某些地方此项分值占20%左右。虽然脱贫与否得由贫困户说了算，但把此作为考核中对基层干部的"一票否决"却成一些道德缺失、良知缺位、不讲事理的贫困户挥舞在基层干部头上的达摩克利斯之剑。

"我就是要不脱贫，就是要把你搞下岗""我是贫困户，你为什么这个月不到我家里来""我虽然有工作，但我父母必须由共产党来养"……更寒心的是困贫困户殴打辱骂干部的事情常有发生，但基层干部维权没有渠道，被打之后上报领导，领导也最多只能回复"是你群众工作做得还不够到位"。但人心都是肉长的，贫困户的感受很重要，但奋斗在脱贫攻坚一线的基层干部的感受也同等重要。如果只一味地关注贫困户的满意度，只会让满意度测评成为裹挟基层干部的枷锁，伤了基层干部的心，让优秀人才从党和政府里流失。

09 金融+电商，桃渠变桃源

马辉　陕西省淳化县方里镇桃渠村第一书记

【总书记说】

习近平2014年5月15日在了解毕节扶贫经验时，批示要求继续为贫困地区全面建成小康社会闯出一条新路子。习近平指出："贫困地区发展要靠内生动力""一个地方必须有产业，有劳动力，内外结合才能发展。"

——《习近平的"扶贫观"：因地制宜"真扶贫，扶真贫"》，2014年10月17日，人民网。

深度贫困地区的区域发展是精准扶贫的基础，也是精准扶贫的重要组成部分，必须围绕减贫来进行。要重点发展贫困人口能够受益的产业，交通建设项目要尽量向进村入户倾斜，水利工程项目要向贫困村和小型农业生产倾斜，生态保护项目要提高贫困人口参与度和受益水平。

——《习近平在深度贫困地区脱贫攻坚座谈会上强调　强化支撑体系加大政策倾斜　聚焦精准发力攻克坚中之坚》，2017年6月24日，新华网。

【循吏故事】

龚遂，字少卿，西汉山阳南平阳（今山东省邹城市）人。年过七十时，汉宣帝召他任渤海太守。当时渤海郡（辖区包括今河北省沧州市、山东省无棣县等）周边州郡连年饥荒，"盗贼"（此处是古代对百姓反叛者的贬称）四起，太守不能制服，丞相、御史向朝廷推荐了龚遂。龚遂对汉宣帝说："臣闻治乱民犹治乱绳，不可急也，唯缓之。"他还请求朝廷对他放宽约束，让他"便宜行事"。

刚到渤海郡界，当地官员就派兵来迎接新太守，他全数遣返，并下令罢免各县负责追捕"盗贼"的官员，宣布拿锄头镰刀等农具的"盗贼"都是良民，官员不得再追究他们，而手持武器的则是真盗贼。随后单车前往郡府，郡中为之镇服，"盗贼"皆罢。之前，当地又多有抢劫掳掠之人，听说龚遂的政令，随即解散，弃兵器归农田。从此"盗贼"全部平息，百姓安居乐业。

龚遂见齐地民风奢侈，喜欢工商，不事农业。于是他以身作则厉行节约，劝导农桑。下令每口人种一棵榆树，百株薤[①]，五十株葱，一畦韭菜；每家养两头母猪，五只鸡；让佩刀剑的百姓卖刀剑买牛犊；春夏务必务农；秋冬上缴部分赋税外，鼓励积蓄果实。由此郡中钱粮积蓄，官民富足，诉讼止息。数年后，渤海大治。

——参考中华书局1962年版《汉书》，笔者翻译。

---

① 薤（xiè），多年生草本植物，地下有鳞茎，鳞茎和嫩叶可食。

09　金融+电商，桃渠变桃源

【个人简历】

马辉，男，陕西省韩城市人，中国银行总行公司金融部高级经理。2015年8月18日，挂职陕西省咸阳市淳化县方里镇桃渠村党支部第一书记。

马辉入户调研

【村情一览】

陕西省咸阳市淳化县属于六盘山区"连片特困地区"。方里镇桃渠村位于淳化县东部28公里处，有6个小组，总户数320户，人口1 203人，劳动力513人。共有60户贫困户，189人，占总户数19%。常住村民700人左右，其余500人外出打工、求学。留守人员以妇女、老人、儿童为主。可耕地面积3 260亩，其中油桃2 000亩，苹果1 036亩，其余为小麦、玉米等粮食作物。人均土地2.7亩。桃渠村收入以油桃为主、苹果为辅。村集体以上级财政拨款为主，无村级经济。村年人均纯收入为6 000~7 000元，整体比较贫困。

【扶贫经历】

按照中央扶贫政策要求和我行精准扶贫工作安排，在淳化县委"四抓"工作要求指导下，我采取多种形式开展驻村工作，摸清了桃渠村情，找准了贫困症结，推进了多项实事。

找准桃渠的发展瓶颈

传统农耕地区。主要靠果树、粮食种植，没有现代农业、没有种植大户，无法形成规模优势和产业优势。

村里缺少青壮年。这种人口结构花费多，产出少。而外出打工人员，因为无学历、无技术，收入水平较低。

村民思想相对传统。桃渠村相对偏远，干部保守、村民淳朴，创业、创新方面的动力不足、想法不多，接触外部世界的渠道较少，不能很好地带领村子发展、富裕。

贫困人口缺乏主动脱贫意识。淳化县是多年扶贫开发县，各种惠农政策较多，导致部分贫困人口"等靠要"思想严重，不思进取，无主动脱贫意识，呈现一种富不了、扶不起的状态。

生产生活基础设施差。一是缺水泥路，村里共有7公里道路，仅有1公里水泥路，2.6公里砂石路，其他均为土路。生产路均为狭窄的土路。二是靠天吃饭，没有灌溉用水，不利于水果生产。三是生产设施急缺，没有灌溉设施，没有动力电、没有气调库、没有交易场所，没有大型农用机械，生产效率相对较低。

村里缺少活动场地。除了2015年年末建成的党员之家外，还缺乏村委会、电商办公室、合作社办公室等活动场所。随着在村老人小孩妇女的比例增加，群众对于丰富业余文化生活的诉求越来越强烈，也是一直苦于没有活动场地。

抓党建加强战斗堡垒

到村任职后,我深入田间地头,逐户走访群众,查找制约桃渠村发展的症结,明确了"桃渠富不富,关键看支部"的工作方向,把抓班子、带队伍作为首要任务。通过召开党员会、村干部会、群众代表会,广泛征求党员群众对支部班子、对"第一书记"工作的意见,全面掌握村上的发展现状和支部建设情况。针对桃渠村党员年龄偏大、党内生活不规范的问题,结合"两学一做"学习教育和基层组织建设提升年活动,严格落实"三会一课",切实增强党员干部的政治意识和服务意识。针对"两委"班子发展思路不清、视野不宽的问题,通过召开座谈会、外出参观、现场观摩等方式,拓宽党员干部的视野,提升战斗力。同时,在淳化县委组织部(10万元)的支持下,在中国银行陕西分行公司金融条线(2万元)、咸阳分行(1.68万元)的援助下,于2015年年末建成了桃渠村党员活动阵地,解决了党员活动无场所的问题。2016年,全面落实了村干部值班、"第一书记"接待日和民事代办制度,做到党员活动室大门常开、党员常在、服务常有,主动为民办事,充分发挥党员活动阵地作用。

抓产业促进持续增收

桃渠村共有油桃2 000亩,是桃渠村发展的核心产业,但存在收益不稳定、交易不方便、品质上不去等问题。经过充分调研论证,以省级万亩油桃核心区为依托,在村小学旧址建设油桃交易中心,实现油桃交易集约化管理。2016年5月,按照"党支部+合作社"模式,由田国立董事长揭牌成立"淳化富桃油桃专业合作社",通过统一品牌、质量、产销,扩大油桃规模,增加群众收入。开创"合作社+电商"模式,带领群众在网上销售油桃、

中国银行捐赠的村电商办公室启用

苹果等特产，两年时间，网上销售超过2万箱水果，打通产销两端，切实提高了水果销售价格。

抓精准建成全面小康

按照淳化县委提出的"10+2"精准脱贫实施路径，为全村60户贫困户明确了帮扶人和帮扶措施。5月21日，中国银行总行向桃渠村捐赠资金100万元，支持桃渠村打赢脱贫攻坚战，用于修建桃渠村综合性中心广场。同时，总行公司金融部、总行中小企业部、总行团委、陕西分行、陕西分行辖属二级分行、中银投、中银商务、中银保险等各级机构积极到桃渠村开展精准扶贫活动，多次举办送温暖献爱心活动，捐赠现金和物品计20余万元。针对全村30名贫困学生，中银投（资助26名）、中银商务（资助4名）合作实现爱心助学全覆盖，为每名学生每年提供2 000~2 500元不等的助学金。陕西分行、中银保险、中银商务等公司通过消费扶贫模式支持桃渠村精准脱贫，累计采购桃渠村水果近3 000箱，货值10万余元。

抓治理建设美丽乡村

在走访中，我发现群众反映最多的问题是基础设施和文化生活。经过与村"三委"干部的多次沟通，目前已经制定了桃渠村发展规划。利用9亩地的小学旧址建设桃渠村中心广场，将文化广场建成桃渠村的政治、经济和文化中心，作为桃渠村脱贫致富发展的核心阵地，已建成党员之家、卫生室、民政社区、图书室、超市、合作社办公室、大舞台等。在县扶贫办支持下，两年新修水泥路1.3公里，砂石路2.6公里，拓宽压平主要生产路。在淳化电信公司大力支持下，在全村铺设公共WIFI和无线监控，带领桃渠村步入"互联网+"时代。组建了桃渠村"竹马子"秧歌队和广场舞队，传承民俗传统，丰富村民业余生活。与村党员、干部、群众商议，制定桃渠村村规民约，树立清风正气的氛围。

【心得分享】

适应环境很必要

从生活角度看，其实初到桃渠村，我不太适应，交通不方便、环境不适应、生活比较差，与以前的条件比，我开始怀疑当初的决定是不是太鲁莽了。不过慢慢适应，苦中作乐，在没有空调、没有暖气、不能洗澡的环境中摸爬滚打一年，也是不一样的经历。

组织支持很重要

不懂农村、不懂基层党建，如何干好工作，是我一直在思考、一直在实践的问题，凭着自己的一腔热血、满身激情带领桃渠村探索前行。这两年来，省市县三级组织部多次到村关心我的生活、思想和生活情况，帮我理清思路，教我工作方法，给我鼓劲打气。中国银行各级机构、多位领导到村支持我工作、为村提供项目和资金，特别是田国立董事长5月21日专程到桃渠村调研，带来了精准扶贫资金，更带来了总行党委对桃渠村的关心，坚定了桃渠村打赢脱贫攻坚战的信心。

摆正心态很关键

有人说，挂职锻炼就是镀金，混混日子就回去，回去就高升。有人说，第一书记就是挂个名，偶尔来村照个相，弄点资金和项目就能交差。其实，我不看别人怎么评价我，怎么看待第一书记这个岗位，我就想对得起总行赋予的重托和自己的良心，镀金不是我的态度，拉项目拉资金也不是我的强项，我就想发挥个人才智和人脉，为桃渠村多干点实事、多做点好事。这不是我沽名钓誉，也不是我为自己谋前程，只是因为桃渠村发展落后，可做的事太多了，我得对得起群众期盼的目光，对得起村三委会的信任，对得起群众一声声"马书记"。桃渠村就是我的第二故乡，我就是桃渠人，我现在随口说的都是"我们村"。

【工作建议】

我个人从一名金融小兵转岗为扶贫一线的基层干部，对如何发挥金融优势开展扶贫工作有一些思考和观察。

经营主体要精准

针对贫困地区中行机构和网点稀少的特点，全行新设机构要适当向贫困地区倾斜，特别我行定点扶贫县要争取全覆盖。目前我行在咸阳四个定点扶贫县暂无任何机构。

如新增机构不可行，需考虑周边机构业务地域延伸的可行性，尽快将中行触角覆盖贫困地区。如咸阳三原县与淳化县接壤，可由中行咸阳三原县支行业务辐射淳化县，长武、旬邑、永寿三县均与彬县接壤，可由中行咸阳彬县支行业务辐射三县，具体业务可采用派驻客户经理的模式从公司金融业务起步。

同时，可发挥我行中银富登村镇银行的特色优势，在贫困地区择优增设机构，立足县域，服务三农，支持精准扶贫工作。同时要向监管机构寻求政策突破，为贫困地区增设机构时不用在监管指定地区在配增机构。

客户主体要精准

精准扶贫工作需要大量资金支持，除各级政府转移支付外，从金融机构申请贷款是一条主要渠道。而贫困地区客户资质相对较差，选好优质客户群体是第一要务。

支持龙头企业。支持龙头企业在贫困地区设立分公司、子公司，可以加快发展当地种植、养殖产业，解决贫困人口就业问题。如淳化县2013年引进的温氏集团发展养猪产业，投资15亿元，建成100万头生猪生产基地，带动至少1 100户合作农户脱贫致富。温氏集团作为上市企业，资质良好，我行可以通过提供一揽子金融服务助力脱贫攻坚。

支持合作社。贫困地区缺乏资源禀赋，工商企业较少，这种情况下可将具备法人资格的农民专业合作社作为贷款投向的方向之一。一方面，专业合作社可以利用贷款资金发展产业规模，通过土地流转、务工等形式，带动贫困户发展生产、增加收入、实现脱贫。另一方面以金融方式培育一批农村致富带头人，夯实农村发展基础。再就是，除合作社股东出资、自身盈利外，各级政府的产业扶持资金普遍投向合作社，还有财政贴息贷款这类项目可申请，总体可降低客户信用风险。在淳化县，金融机构对苹果合作社、手工艺合作社、养殖合作社按照资产规模、资信状况等均有规模不等的贷款。

支持发展产业的贫困户。针对农户的小额贷款，因为金额小、成本高、无有效抵押物、风险大的原因，一直做不起来。而在广东云浮市，政府牵头给所有农户做信用评级，银行可根据不同等级发放金额不同的信用贷款。同时当地政府以扶贫资金为农户作担保，有效降低银行风险。目前，央行派出第一书记所在村（陕西铜川）也正在做农户评级工作，后续也将推进定点扶贫村的小额贷款业务，主要鼓励有创业意愿的农户、种植养殖规模户、家庭农场户等。

经营模式要精准

新形势下，开展金融扶贫既不能拘泥于行内政策迟滞不前，也不能赔本赚吆喝，要因地制宜创新思路，寻找业务经营新模式。

"龙头企业+农户+银行"的扶贫模式。除传统的信贷支持龙头企业模式外，还可以扶贫企业为依托，由企业提供担保，银行向与企业合作的贫困农户提供小额贷款支持，支持贫困农户发展产业，支持扶贫企业做大做强。如广东天农公司是国家扶贫龙头企业，主营禽类，农行广东分行与天农公司通过共同筛选合作农户，由天农公司为农户提供连带责任保证担保，农行向农户发放单户最高额度为50万元的贷款，用于修建禽棚、购买农资等，切实解决农户资金不足问题。这种模式最大特色是"封闭运行"，每个养殖周期结束后，由天农公司将贷款本息统一归还农行，剩余盈利发与农户，切实保障了扶贫贴息贷款资金的安全。社科院派驻陕西商洛第一书记所在村也是采用这种扶贫模式发展养鸡产业。

"政府担保+银行贷款"的扶贫模式。我行要在定点扶贫县积极引导推动财政设立扶贫贴息资金或风险补偿基金，用以放大信贷投放倍数，支持当地扶贫事业，降低我行风险。如六安市农行依托政府投入2 000万元贴息资金，向龙头企业贷款6亿元。同时以当地政府争取到的9 000万元金融改革风险补偿资金为担保，协调总分行贷款规模切实解决了当地企业融资难、融资贵的问题。

"政府担保＋保险保证＋银行贷款"的扶贫模式，与第二种模式相比由于引入保险公司使具体运营更具风险共担特质和普适性。河北省承德市推动由县政府管理或成立的担保基金，向符合担保条件的农民专业合作社、农村集体经济组织、村级扶贫互助协会、种养专业户等提供贷款担保，由保险公司对贷款户的贷款本金提供保证保险，邮储银行则为符合规定的贫困农户提供贷款。一旦贷款收不回来，保险公司、政府、银行按照事先约定好的比例共同承担风险。这样一来，打消了银行顾虑，提高贷款额度，从而使扶贫资金起到"四两拨千斤"的作用。

"银行＋合作社＋农户"的扶贫模式，针对自主创业能力差、有劳动能力的农户，可为农户提供银行贷款，农户以贷款资金、土地入股到合作社，同时签订年度劳务合同，每年可以获得股份分红、土地流转金、务工工资等三项收入，然后农户按期偿还银行本息。安徽省利辛县农商行就采用这种模式向贫困户发放贷款，实施精准金融扶贫工作。淳化县今年也主推此模式，政府帮助协调给贫困户贷款3万元，政府财政贴息，贫困户将此资金入股企业，每年获得不少于10%的分红。此模式总行扶贫工作队今年也在咸阳北四县进行试点，唯一不同的是，贫困户获得的是总行扶贫资金，而不是贷款。

以配套资金形式支持重点扶贫项目建设。如国家大力支持、鼓励发展的光伏养老项目。4月初，发改委等五部门发布《关于实施光伏发电扶贫工作的意见》，决定在全国具备光伏建设条件的贫困地区实施光伏扶贫工程，在2020年之前，在16个省的471个县的约3.5万个建档立卡贫困村，以整村推进的方式，保障200万建档立卡无劳动能力贫困户（包括残疾人）每年每户增加收入3 000元以上。由于可以兜底保障无劳动能力的家庭，是现在很多贫困地区大力发展的项目。采取"贫困户+运营公司+政府+银行"的方式，解决贫困户、贫困村建光伏电站的资金、建设、收益等问题，由政府、银行提供建设资金，运营公司进行安装、日常维护、管理、统计，贫困户提供屋顶或者村内空地。大概估计，每度电上网后可收入1元多钱，6~7年回本，收入可至少持续20年。如我行通过贷款提供建设配套资金，每年通过平台公司扣划本息，不但能支持贫困地区光伏养老项目，还能有效的保障资金安全和收益。

发挥我行多元化平台，推进精准扶贫工作。如通过银行体系定向招聘贫困地区大学生到中行工作，如通过中银商务公司定向招聘贫困大专生做客服工作，通过新中物业系统定向招聘贫困地区贫困人口外出务工，按照收入计算，解决一个人工作问题，可顺势解决一家人脱贫问题。另外，随着贫困地区保险意识渐强可通过中银保险系统为三农开发种植、养殖、意外、人寿等保险品种，中银保险系统也可在模式三中担当保险角色。另外，可发挥我行在金融市场的影响力配合贫困地区政府做好成立基金、发债等工作。如工行从今年开始，将对来源于贫困县的大学生招聘予以政策倾斜。

发挥我行客户资源优势，开展产品撮合交易。贫困地区普遍是种植、养殖业，我行在为龙头企业、合作社、贫困户提供贷款支持时，要发动我行客户经理队伍，在上游寻求农资厂商支持降低成本，在下游开拓销售渠道增加收益。通过我行撮合交易的方式，帮助客户渡过难关、解决问题，只有客户赚钱了，才能有效避免我行的信贷风险。如工行推动贫困地区的农业企业、小微企业的产品在"融e购"平台上线，扩大销售渠道，加大对农村电商人才的培养。

公益扶贫要精准

贫困地区普遍存在金融服务匮乏的问题，为了让贫困地区的老百姓享受到基础金融服务，通过科技引领和移动互联，加快打通普惠金融"最后一公里"。如海南省农信社投巨资在海南省22个金融服务空白乡镇实现各种金融便民服务终端全覆盖，农民朋友足不出村可享受多种金融服务。如中行青岛莱西支行在镇一级设立金融便民服务点，可开办一些基本存取业务。如工行大力提供"助农POS"等产品在贫困乡村的覆盖面和使用率，方便群众办理基础金融业务。

马辉与村里孤儿合影

健全金融服务生态体系。除了金融设施、设备布局贫困地区外，还需为群众提供全方位的金融知识、信息服务。安徽省农行在金寨县364个行政村建成了集反假货币工作站、金融消费维权受理站、金融知识宣传站等功能为一体的村级金融综合服务室，切实方便了广大群众。

全力做好助学贷款业务。贫困地区的孩子只有通过教育才能更好地走出贫困，中行的助学贷款项目在贫困地区应该做得更加深入和持久。一是贫困学生数量可进一步扩大，做到应贷尽贷；二是贫困生年级范围可以扩大，可以考虑从高中生开始；三是助学贷款金额可以扩大，保障贫困学生上学和生活双重需求。

10 第一书记的查村大课堂

申孟宜　内蒙古锡林郭勒盟正镶白旗星耀镇查干宝恩本村第一书记

【总书记说】

要坚持精准扶贫、精准脱贫。要打牢精准扶贫基础，通过建档立卡，摸清贫困人口底数，做实做细，实现动态调整。要提高扶贫措施有效性，核心是因地制宜、因人因户因村施策，突出产业扶贫，提高组织化程度，培育带动贫困人口脱贫的经济实体。要组织好易地扶贫搬迁，坚持群众自愿原则，合理控制建设规模和成本，发展后续产业，确保搬得出、稳得住、逐步能致富。要加大扶贫劳务协作，提高培训针对性和劳务输出组织化程度，促进转移就业，鼓励就地就近就业。要落实教育扶贫和健康扶贫政策，突出解决贫困家庭大病、慢性病和学生上学等问题。要加大政策落实力度，加大财政、土地等政策支持力度，加强交通扶贫、水利扶贫、金融扶贫、教育扶贫、健康扶贫等扶贫行动，扶贫小额信贷、扶贫再贷款等政策要突出精准。

——习近平主持中共中央政治局第三十九次集体学习，2017年2月22日，新华社。

【循吏故事】

方克勤，明初宁海（今浙江宁海）人，方孝孺之父，明洪武四年任济宁知府。元末战乱，严重破坏生产，朱元璋为休养生息，下诏说百姓垦荒三年免税，而官员却提前征收，百姓认为诏令不可信而弃耕，农田再次荒芜。方克勤与百姓约定：税仍按诏书期缴纳；并把农田分为九等，按等级交税；官员不得搞鬼。于是复耕土地日渐增加。他又兴办社学百余个，修葺公庙，振兴教育，推行教化。

盛夏时节，守将督促民夫筑城，方克勤认为百姓夏日正忙于农耕，不能担此重负。于是向中书省申请取消了这劳役。济宁百姓用民谣赞他说："孰罢我役，使君之力。孰活我黍，使君之雨。使君勿去，我民父母。"他在任三年，济宁人口增加数倍，全郡富饶。

方克勤为官，以德化为本，不喜欢追求虚名。他说："近名必立威，立威必殃民，吾不忍也。"他自己生活简朴，一件布袍十年不换，一天只吃一次肉。

永嘉侯朱亮祖率水师经济宁赴北平，正逢运河枯水，要征五千百姓疏浚河道。方克勤劝阻无效，便向天祈祷哭泣。忽然天降大雨，水深数尺，水师舟船得以通行。百姓赞其为"神人"。

——参考中华书局1973年版《明史》，笔者翻译。

【个人简历】

申孟宜，男，1984年生，重庆人，本科毕业于清华大学数学系，硕士就读于美国纽约州立大学石溪分校应用数学系，现任职于国家统计局服务业统计司，2016年1月起挂职内蒙古锡林郭勒盟正镶白旗星耀镇查干宝恩本村第一书记。

【扶贫经历】

"大家看，显示屏这里有个条形按钮，按下去灯就亮了，显示屏就打开了，然后咱们再按机箱上的这个圆形按钮，对，就这样，劲儿不要太大"，推开查干宝恩本村（以下简称查村）活动室的门，只有几平方米的房间里，国家统计局的驻村第一书记申孟宜正趴在桌上与几个村民挤在一起，教他们如何启动电脑。

这就是申孟宜为查村刚刚开设的"查村大课堂"。"旗里有些培训项目，但乡亲们进城一趟太远怕耽误干活，做了好几次工作都没啥人愿意去。于是，我想既然大家觉得去旗里学习不方便，那就自己在上党课之外也在村里教他们技术培训课吧。" 9月底农活基本告一段落后，"查村大课堂"便悄悄开课了。"申书记教得很耐心，一个问题他会反复好几次，我们听得挺明白，有信心学会使用电脑"，村支书吕彪、村主任左丙林都信心十足。

查干宝恩本村坐落在美丽的锡林郭勒大草原南缘，民风淳朴、生活贫苦。年初，夹杂着漫天飞雪，申书记来了，带来了一股暖风。"申书记，是个好书记，给我们办了好多实事嘞，最关键人家真是把我们老百姓放在心上"，村民们边说边竖大拇指。"冰天雪地和我们一起搬草料浑身都冻僵了，那么冷的天骑着电动车给我们跑项目连腿都摔伤了，老杨家出车祸申书记急得饭都不吃就赶了过去""今年申书记来可把村里弄好了，把党的好政策、国家统计局的帮扶措施都落到了实处，水泥路通了、新砖房盖了、一家一户给补贴买了牛、存草的大棚也有了、还建了活动小广场，这日子真不赖了"……一件件实事老百姓看在眼里、暖在心里，把申书记当成了自家人。

从小的经历让申孟宜特别重视村里的教育文化，但同时他也明白对于乡亲们来说，充实头脑只能在填饱肚皮有所成效后才可以进行。"贫困往往与思想的僵化、进取心的缺失、对教育的不重视、对新事物的麻木有很大关系。到村开始我就在思考如何能开阔大家的思路，提高他们的素质，但我对农村情况、基层工作不熟悉，只能一边学习一边摸索，寻找符合实际的办法。"申孟宜表示有时自己也觉得非常委屈，但是一看到老乡们期盼的眼神，一想到组织和领导同事们的信任、鼓励，再联想到离开怀孕妻子来到这里的初衷，他又开始问自己是不是对情况还不够了解，是不是对村民的需求把握还不准确，是不是考虑问题还不够全面……他不断从自身出发找原因，不断请教人查资料，不断总结提高，发展的思路逐渐清晰，符合实际的帮扶一件件落实。随着与日俱增的熟悉和信任，申孟宜开始尝试进行更多的教育文化帮扶。

从娃娃抓起

得知正镶白旗要举办全国天文爱好者星空大会，其中有好几场著名专家的科普讲座，还有不少来自全国其他地方的小学生和老师，是个很适合培养小孩子对科学的兴趣、长知识见世面的机会，申孟宜主动联络主办方北京天文馆的工作人员，争取了让村里孩子免费参加的机会，给了两个名额，可村里有三个小朋友想去，于是申孟宜又与天文馆反复协商，最终让三个孩子都如愿参加了这次科普活动。

打开外界窗户

封闭的小山村发展教育需要外界优秀的资源，而且得长期帮扶对接。申孟宜与清华大学数学系多次沟通，邀请自己的师弟师妹们组成了暑期教育实践团到村帮扶。准备过程中，申孟宜多次和他们讲："我们的帮扶不能是走过场、一锤子买卖，必须要建立长期联系，产生真正效果。"为此申孟宜一方面亲自修改实践团计划书，反复斟酌可行的帮扶路径，另一方面请清华大学中国农村研究院的舒博士同行指导。同学们创造性地设计了专门对村的网络帮扶平台——"清青草原梦",留下了一段"我在清华等你们"的故事,在查村孩子们心里播下了梦想的种子。

把握高考机会

从到村开始,申孟宜就在收集查村今年参加高考孩子们的信息。了解到一些家庭存在困难后,申孟宜多次上门和家长沟通,请他们不要担心上大学费用问题,只要孩子好好读书就一定会想办法帮助解决。众人拾柴火焰高,申孟宜把和自己要好的大学教授们、教育部朋友们发动起来,建了一个查村高考辅导咨询群,每天给村里参加高考的孩子、家长发送高考相关信息,为他们答疑解惑、加油鼓劲。这样还不够,申孟宜又通过朋友募集资金设立了查村高考奖学金,虽然数额不大,但是也起到了激励作用,还一定程度上减轻了家长们在经济方面的顾虑。高考揭榜,查村6名孩子考上大学,其中2个一本,创造历史最好成绩。得知孩子们被录取了,申孟宜激动得不知道说什么,只是告诉孩子们到了大学要好好学习,有困难直接在微信群里找他。

培养发展核心

建强基层组织、提升治理水平是第一书记的重要职责。申孟宜到村以后党课一直没有间断,现在又开设了"查村大课堂"。他希望能够把村干部、村党员、村致富带头人凝聚起来,发挥脱贫致富的带头核心作用。"我们单位捐了不少设备,朋友们也帮助设计了好几个信息化帮扶平台,对于咱村发展都是很有用的,但如果老乡们自己不掌握使用方法,就只是摆设没有实际意义。"电脑方面,申孟宜还打算给老乡们上二十次课,"有时夜里和村干部们一起填表,看着昏暗灯光下他们吃力的样子,我挺难受,尤其填写的不少内容是重复的,用电脑处理几分钟能完成","我一定要教会他们使用电脑，学成后办公可以节省时间、做买卖可以获得信息、土特产品可以在网上销售……"怎样上课效果更好，申孟宜有自己的思考，也在不断摸索，"总之要留下一支战斗力更强的队伍。"

打造村级文化

核心有了，申孟宜还不满足于此，尤其看到村民们靠喝大酒、侃大山打发日子的时候，他更希望村里能有健康丰富、团结向上的文化娱乐生活。为此，申孟宜一方面联系国家统计局、内蒙古调查总队送来两台投影仪，开始为村民们放电影丰富娱乐生活；另一方面开展村级文化建设，请来自己在中国社会科学院政府政策系的老师和博士同学以及北京印刷学院新闻传播系的专业团队实地调研，根据村庄特色画出了村logo、设计了宣传海报、谱写了村歌……

"是党给我们前进的力量""是党给我们无限的希望""你是我梦开始的地方""光明未来从此起航"……课近尾声乡亲们唱起了村歌，歌声优美，唱出了大家的心声。申孟宜感慨地说："今天看上去是我在给他们上电脑课，但在基层这个大课堂里，父老乡亲们教会我的又何止几节课呢？感恩组织的信任！感谢领导同事的支持！感激朋友亲人的帮助！这片土地上的父老乡亲明天一定会更好！"

一年以来，国家统计局向查村拨发扶贫经费约100万元，实施了包括修建集体储草大棚、扶持养殖西门塔尔牛、发展农村电商等一系列精准产业扶贫；积极推进4 700亩土地整理项目和葵花、沙棘、抗旱土豆、抗旱莜麦等新品种的试种，尝试庭院黑枸杞种植和林下绿色养鸡；传统农牧业之外，积极扶持村内采摘园发展，争取"星空保护村"撬动乡村旅游；创新村级文化，邀请中国社会科学院、北京印刷学院师生实地考察调研，设计了查村村歌、logo和广告宣传画报；拉列村民需求清单逐项落实，新建水泥路、村广场，硬化街巷路面，改善办公、文娱设备，募集生活辅助器具、书籍、文具、体育用品，为意外遭遇车祸村民筹集善款，组织村内体检，协调有需求村民外出就医；组织多方力量对村内教育文化展开帮扶，和清华大学建立可长期联系的"清青草原梦"网络平台，募集资金设立"查村高考奖学金"鼓励查村学生努力学习，开设帮助村民提高素质的"查村大课堂"；在上海梦创双杨软件公司帮助下构建了以三大信息平台——"查干宝恩本党建阵地"党建公众号、"内蒙古查干宝恩本村"村务公众号和"查干宝恩本村精准扶贫信息平台"地图数据库为主干的查村党建村务扶贫一体化信息系统，通过现代化信息技术建强基层组织、提升治理水平。

一年时间，国家统计局对查村的精准帮扶逐见成效。走在乡间小路，总能听到老百姓们发自肺腑地说党的政策好，国家统计局的帮扶到位。

【心得分享】

坚强后盾的支持

不少第一书记向我打听从哪里弄来经费给村里搞大棚、买牛，我骄傲地告诉他们这是单位从办公经费中节省下来的。作为一名直接参与脱贫攻坚的统计人，一切成绩的取得完全是因为有国家统计局这个坚强后盾，有统计系统多位领导、同事的鼎力支持，有无数统计工作者和统计友人的无私援助。

统计工作对于精准扶贫意义重大

无论是精准识别贫困户、建档立卡，还是精准施策、精准脱贫都离不开真实全面及时的数据和科学的评估分析方法，这正是统计工作的领域和优势。

统计数据、分析本身也是脱贫攻坚的利器

一年的扶贫工作更让我深切感到农村贫穷的重要原因是信息不对称,农户不知道产品价格的变化、销售的渠道,不了解新市场、新产品、新技术。统计工作中恰好有不少统计调查和分析可以弥补这些空缺,帮助农户获得市场信息、做出分析判断。

11 用心用情带班子 齐心协力谋脱贫

王本东　贵州省施秉县高碑村党支部第一书记

【总书记说】

　　农村要发展，农民要致富，关键靠支部。农村基层的同志，工作在第一线，条件也不好，一年到头操劳得很，很辛苦，很不容易，我向你们表示诚挚的慰问。要原原本本把党的政策落实好，大家拧成一股绳，心往一处想，劲往一处使，汗往一处流，一定要想方设法尽快让乡亲们过上好日子。

　　——习近平《习近平谈治国理政》，2014年6月，外文出版社。

　　搞好农村基层班子建设，充分发挥它的职能作用，是搞好农村各项工作的保证。

　　一定要挑选那些拥护和执行党的路线、方针、政策，党性强、作风正派、秉公办事的人进班子，把好政治质量关。同时，要注意选拔那些有文化、有知识、懂经济、有工作能力的年轻人进班子，把德和才结合起来，综合考察，以利于实现班子的革命化、年轻化、知识化、专业化。

　　——习近平《知之深 爱之切》，2015年12月，河北人民出版社。

【循吏故事】

高赋，字正臣，南宋中山（今河北定州）人，历任真定（河北正定）知县、剑州（四川剑阁）通判等职。任职衢州时，当地百姓崇信巫鬼邪术，毛姓、柴姓二十余家世代蓄养蛊毒害人，每逢闰年，害人更多，有点口角就下毒害人。高斌全部捉拿他们归案，并依法处置，蛊毒之害遂绝。

任职唐州（河南唐河）期间，他继续前任赵尚宽的垦荒政策，召集两河流民，按人口分地耕种，修筑堰塘44处。离任时，农田新增3万多顷，人口增加1万多户，赋税也大幅增加。皇帝亲自下圣谕表彰，并通令全国效仿，衢州、唐州百姓为他立生祠①。

高赋对政事建议颇多，并得到了采纳。比如，他建议在京城为中书省、枢密院两府大臣集中修建住所，以方便管理；建议节制公主开支用度，并形成统一制度；建议各省道提点刑狱司设检法官，以纠察减少冤案。他还建议效仿东汉云台、唐代凌烟阁，在宫中建楼阁画功臣像，为官民树立榜样，于是后来有了南宋的昭勋阁。

——参考中华书局1977年版《宋史》，笔者翻译。

---

① 古代为活人建立的祠庙。多是百姓为感念颂扬某人的功绩恩德，也有极少数是官员为阿谀奉承而建。

【个人简历】

王本东，男，汉族，1976年12月生，山东微山人，1998年7月参加工作，1998年5月加入中国共产党，清华大学公共管理专业硕士，申万宏源集团股份有限公司和申万宏源证券有限公司党委组织部干部管理岗，2015年8月任贵州省施秉县高碑村党支部第一书记。

王本东在村委办公

【村情一览】

贵州省黔东南自治州施秉县属于滇桂黔石漠化区"连片特困地区"。甘溪乡高碑村距该县县城14公里。湘黔公路未通时曾是贵州通往湖广的重要码头和交通要塞,当时市井繁华,大理石铺路。1934年底,红二方面军长征时曾路过该地。2004年,由原乌龟石村和原高碑村合并而成了如今的高碑村。村域面积16平方公里,共有14个村民小组和15个自然寨,分布在舞阳河的两岸。截至2015年6月,全村共有578户2 760人,涵盖苗、汉、侗、土家等5个民族,其中苗族人口占全村总人口的71%。除去外出打工人员,乡村常住人口约有1 650人。

王本东在高碑村花坛组调研

【扶贫经历】

到施秉县高碑村任职村第一书记，开展脱贫帮扶工作，是难得的人生体验，也是珍贵的工作经历。回顾一年来的帮扶工作，最大的体会就是要团结好村、组干部，齐心协力，带领村民，打好脱贫攻坚战。

作为外来干部，手里一没人事权，二没财权，只有党的扶贫惠民政策和各级党委、政府的具体文件及落实要求，确实像一些基层干部讲的，驻村第一书记"没有枪、没有炮，身上只有冲锋号"，工作开展起来比较难。刚到村时能明显感觉到，无论是乡里还是村里的干部，对我都是敬而远之，沉默多过交流，观望多过配合。要指导拥有2 700多人的高碑村民打赢脱贫攻坚战，光我一人往前冲显然是不行的，必须依靠好、团结好村两委干部和各寨的组长、寨头。为此，我采取了以下几个措施。

感情上亲近他们

为此，多年不抽的烟我重又抽上了；本就处于糖尿病前期状态的我，也把对控制血糖不利的苞谷酒喝上了，与村内干部打成一片。到村的第一个星期，就把村委"五大员"（支书、村主任、副支书兼文书、安全员、纪检员）家走了个遍，确保每家至少"吃一次饭、聊半夜天"，聊晚了还要住一晚，当然我会带些烟酒，不会吃白食。同时，利用到各寨组调研机会，走进组长、寨头家，掀掀米缸、看看粮仓、递递香烟，吃热情好客的乡亲夹过来的菜肉骨头，让他们知道我这个上海来的王书记是"看得起他们的，不是高高在上的；能聊得来的，不是不接地气的"。到村工作的前半年，每次探亲回村，我都会捎带些上海的特色名吃或者香烟之类的物品，送给他们。有了这层关系，他们觉得我这个城里来的书记接地气，开始接受我。

王本东指导留守儿童学习

生活、工作上关心他们

村组干部来村里值班办事的时候,我会用自己的理发推子给他们剪头,帮他们代购种养殖技术的书籍。一个村干承包了一片坡地种植梨树,我就帮助他在网上找适合的果苗并联系商家。村里的纪检员一家国庆假期到上海旅游,我就利用休假机会,车接车送兼做导游。一个组长的儿子想到上海打工学技术,我介绍了上海开汽车修理厂的朋友接收安排。工作上,我教年轻的村干学着用电脑接收邮件,教年纪大的村干部用手机微信和QQ给乡里发送贫困户家庭图片信息。诸如此类的小事情,融洽了我与村、组干部的关系,使我成了他们的朋友。有了这层交情,我说的话他们感觉能受益,开始有事没事就找我出主意、想办法。

能力上指导、培养他们

村、组干部们一般都是小学或初中学历，文化层次不高、理论水平不强。我就在给他们上"三严三实"专题党课、"两学一做"学习教育活动党课时，结合自己的体会，把党中央为什么扶贫、怎样扶贫等理论知识讲给他们听，让他们知道中央一直是关心贫困地区发展，关心贫苦村民致富的；我还结合高碑村的发展实际，把通过报纸、网络掌握的贵州特别是黔东南地区一些先进村脱贫致富的好经验和好做法，如"三变""十户一体"等讲给他们听，让他们明白发展生产、脱贫致富可以大胆想、勇敢做，方法总比困难多。原来村干、组干对扶贫项目的实施都是拍脑袋、凭经验，没有精细的预算，缺少精确的"数目字"管理。我就从道路建设、水利工程等扶贫项目的申报及招投标程序入手，告诉他们怎样写符合规范，如何按流程推进，才能防止资金浪费，保障资金安全。村干们有一些上级党委、政府提供的外出参观学习和培训机会，我就规定学成归来的村干部必须在村委会上汇报学习体会，分享学习成果，力求培训取得实实在在的效果。经过这些，他们觉得跟着我能学到本领，愿意听我话，跟着干。

党规、党纪上时时警醒他们

在年初救济粮、救济金的发放，以及低保户、贫困户的评审上，我除了监督村组干部按照程序进行民主评议和公示外，基本上都尊重村、组干部的意见，毕竟他们最了解各寨、各户具体的经济状况。但是，这不妨碍我利用各种大会、小会敲打他们，经常提醒他们要遵守程序，保障村民的知情权；时常拿州里县里查办的腐败案例警醒他们。我还在驻村工作组成员和村内五大员中建立了微信群，及时将媒体报道的全国范围内发生在基层扶贫领域的

王本东与村民交流

腐败案例信息分享给他们，时时打预防针。针对了解到的个别村干部在捐赠物资发放方面优亲厚友的不良苗头，我也会私下与他们单独对质并警告谈话，防患于未然，避免酿成大错。此外，我也有意无意将与州、县领导交流的信息透露给他们，有意无意将认识的州、县领导的名片放在他们看得见的地方，让他们知道我是通"上级"的。有了这些，他们对我提出的工作建议和合理的工作要求不敢当耳旁风，不敢不照着做。

扶贫发展上团结依靠他们

在初入黔时省委组织部召开的座谈会上，我了解到省财政厅和扶贫办有关帮扶贫困村发展集体经济的政策后，就及时将信息与村两委干部分享，我们一起研究讨论整理材料，及时向上级提交项目申报书，争取到首批省财政帮扶资金50万元（首批贵州省只有15个村、黔东南只有2个村获得）。然后，村两委又集体开会研究，由我和支书、村干部到湖南怀化考察水产加工，一致研究决定，发挥高碑傍依高碑湖、舞阳河，鱼虾水产丰富的优势，利用扶贫资金发展干鱼干虾加工业，成立高碑湖生态种养殖农民专业合作社，建设干鱼干虾加工厂，提升村脱贫致富的"造血"能力。在村组干部的分工协作和共同推动下，目前合作社已经成立，加工厂已经初步建成，即将投入使用，面向娘家单位工会的30万元农副产品订单已经初步达成。

实践表明，指导带领贫困村脱贫，干部是关键，团结是法宝。一年来，在村组干部和广大村民的团结奋斗和共同努力下，高碑脱贫攻坚工作取得了一定的成绩，2015年实现精准脱贫47户210人，2016年精准脱贫任务也已经基本完成。2015年底，高碑村荣获贵州省"省级生态村"光荣称号，2016年初又被评为施秉县基层"党建示范点"。新的一年，高碑村将再接再厉，发挥群策群力、集体作战的优势，夺取脱贫攻坚新的胜利，打赢这场致富奔小康的脱贫攻坚战。

【心得分享】

驻村调研要切实做到"一问""两查""三请教"

调查研究是党的基本工作方法，也是驻村扶贫的基础和首要工作。驻村干部所驻村一般都是国家级或省级贫困村，深入了解村情民意，是驻村干部精准制定帮扶措施的重要前提。快速深入了解村情，要切实做到"一问""两查""三请教"。

"一问"，是指利用各种机会向村干部、贫困户等留在村里的村民问问题，了解村民实际生活情况，掌握村民的真实想法和发展愿望，得到第一手材料。村干部一般都是乡村的精英，要么是致富能手，要么是退伍军人，知识相对丰富，一般都既熟悉村情，了解各家各户生产生活具体情况，又相对一般村民视野开阔、善于思考。要抓住与村干部共同走街串户拜访村民、共同处理村务、共同为民办事的机会，适时沟通，经常发问，可以快速了解

王本东与村民聊天

村情村史和生产建设面上情况。农村生产关系相对简单，村民比较淳朴、好客，要善于在路上、在地里、在村委办公室、在村民家与村民唠家常、密切干群关系，通过见缝插针问问题，及时掌握村民的耕地、住房、收入来源、子女教育等情况，及时了解村民改善生产生活条件的真实想法。

"两查"，是指查阅村两委历年来的纸质文件，查阅村委会电脑里的电子文档。驻村干部日常办公在村委，村委办公室一般都有文件柜或用于远程教育的电脑。这些文件柜和电脑里储存着县乡两级政府有关农村工作的政策规定和工作要求，村两委历次会议纪要和农业生产、组织建设、计划生育、安全生产、安监等文字材料，以及贫困户、低保户、五保户、留守儿童建档立卡及生活保障详细资料，这些资料普遍具有数据翔实、信息准确的特点，是了解村情的宝库。驻村干部要善于利用村委办公室这个工作阵地，通过查阅、整理这些文件材料，详细了解村情和村民生产生活具体情况。

"三请教"，是指向乡镇党委、政府的领导和工作人员请教；向村里已退的村干部请教；向在外工作的乡村精英请教。乡镇级党委、政府是村两委的直接上级，掌握着各村生产发展、村民生活各项指标发展情况及比较分析

157

信息。驻村干部要主动向乡镇党委、政府领导请教所驻村的发展规划和发展定位，向乡民政、农业生产、计生、安全监察等机构和工作人员了解所驻村近年来具体工作开展、业绩排名和存在问题等情况，主动找差距、寻不足，明确努力方向。退休村干部工作经验丰富，了解村史村情，对村寨发展充满感情，是乡村发展的经验宝库。要主动向退休村干部请教所驻村改革开放以来的发展探索及其经验教训，避免走弯路。在外工作的乡村精英包括了从村里走出去的基层政府官员、务工人员及致富能手，这些人熟悉乡情及外部世界的发展变化，相对村里的百姓普遍有资源、有视野、有致富的路子。要主动向在州县工作岗位上担任一定职务的政府官员或在外务工当老板的致富能人请教所驻村加快发展、脱贫致富的途径和方法，往往会有意外的收获。

落实好"一问""两查""三请教"，从根本上讲，还是要树立求真务实作风，真正俯下身子，发扬不怕苦、不怕累精神，发扬追根究底的探索精神，养成随时记录整理、随时察看核实的良好工作习惯。只有这样调查研究，才能取得真材实料，为精准扶贫树立精确目标。

三件难事三点启发

处理安全事故，忙至凌晨三点。去年十月中，左山背组孙兴伟家雇了邻村五六个人，砍自家房后的老树、枯树，担心哪天倒了砸自家房屋。谁想帮忙的其中一人，砍树时被一棵突然倒地的大树砸死了。事发于下午五时，正是天快黑的时候。我是在搭伙的村民家吃饭时接到村主任电话的（支书住县城一时赶不过来），当时真是懵了。简单商量了一下，由村主任直接电话乡里负责人，让分管政法的副乡长赶快过来，乡派出所也赶紧派几个民警到村委应付不测。等我赶到村委，果不其然，已经有十几个人拥在村委大院了，后续赶来的车和人越来越多，不久竟占满了整个院子。死者家属张口就要30万元赔偿，否则不搬走尸体。我们腾出村委两个房间，分开双方主事的人和死者家属。副乡长、我以及乡里一位德高望重的族人在双方间奔走劝说，摆事实、讲道理。因为赔偿金额谈不拢，反反复复不下八轮调解谈判，从晚上七点一直到第二天凌晨三点，嘴皮子都要磨破了。最后连哄带吓唬，双方总算签了协议按了手印。我作为中间调解人也作证签字画押。孙家一次性付清死者家属15.5万元，对方将尸体连夜运走。等到事情忙完，院里的人车都散了，天也快亮了。

拦阻疯癫农妇，救助失学儿童。张家山组的赵文国懒散且有一个智障兄长，家庭生活穷苦。老婆在共同生活十来年生养了两个孩子后，带着小女儿跑到临县找了个男人（这里苗家风俗，嫁人几乎不领结婚证，操办个酒席送些彩礼就可以了，媳妇跑走的事比较常见）。可能是因为不能生养，遭暴打后精神失常了，被赶出家门四处乱跑，去年九月底被临县警方强行遣回我村赵文国家。这位大嫂进赵家当天就带着女儿又跑出来，坐在码头广场上等外出的车辆带她们离开。不到十岁的孩子背着个破书包，紧紧拉着妈妈的胳膊，两眼单纯而茫然。看着孩子可怜，我一面给赵文国打电话，一面劝她回家。她朝我叽里呱啦说着我听不懂的话，然后又突然哈哈大笑，笑声肆意震天，骇的我不行。我又给村主任和寨组长打电话，他们都不以为意，说王书记没事的，天黑后她自会回家。晚上我正在村委看书，听到小女孩凄厉的哭声，跑出去一看，原来没有车辆敢拉她们，这位大嫂竟扯着女儿往山外走，力气大得惊人，几个人都拦不住。我给乡里领导打电话，乡里领导说这种事很常见，明天会派人处理。山里的夜漆黑一片，路又七拐八拐，两边悬崖斜坡较多，如果遇到不测怎么办，一夜我睡不安宁。第二天下午，母女俩又被另一个县的警方遣送回来。我直接跑到乡里找分管民政的副乡长帮助解决问题，最后由乡里出面联系，安排村安监员押着这位落跑大嫂到州精神病院看病，安排村小学接收小女儿到本村小学读书。现在听说医治效果不错，人也清醒了，不乱跑了，春节后应该就能回来。

调节邻里纠纷，险遭青壮威胁。一天中午正在吃饭，听到外边大路上有激烈的吵架打骂声。把碗一搁,出去一看,何家院组老吴家苗族大婶坐在地上又哭又骂,嘴角还有血迹,两个年轻媳妇在骂她踢她,周围两三位老人和小孩在旁观望。我冲上前去,拦住两个媳妇,喝止她们打人。这两个媳妇嘴巴不饶人,朝我指指点点,骂我多管闲事。这时,我才留意到在她们身后,一个青壮年跨在摩托车上,冷眼瞪着我。他可能知道我是谁,朝我大声嚷道:你以为你是中央来的干部,就可以不分青红皂白朝我们凶吗,你欠揍啊?说着就要冲上来。我厉声说道:不管怎样,打人是不对的,更不能在公共场合打骂,再打人我就要拨110了。刚好这时村干部赶过来,我们好说歹说,总算将这批人劝回家。后来我又联系乡里民警,详细了解事情缘由,为两家做了调解。

以上只是驻村工作五个月中遇到的比较突出的几件事情。说实话,驻村干部初到农村,既不熟悉民情,又没有农村工作经验,只能靠上级党委政府的指导帮助和村两委干部的协助支持,除此之外,就只能凭个人经验硬着头皮上了。在逐步了解村情民风后,特别是参与处理了一些村务难题后,我带领村两委班子,正在或即将采取以下措施,防范突发风险事件发生。

一是重视安全生产,做到提前设防。对于一些有风险的扶贫项目或建设工程,要求村安监员及时跟进,经常提醒相关村民树立风险意识,必要时签

王本东在全村党员大会上作脱贫攻坚思想动员

署安全协议，避免事故发生时纠缠不清、责任难负。孙兴伟家砍树的事情就是一个惨痛的教训，谁都不希望发生的事情发生了，财失人亡、逝不可追，对双方都是沉重打击。所以，在修建本村过河铁索桥时，我特意安排村安监员与修桥施工方做好安全监理，在铁锁链拉伸安装时除在各处张贴安全通告外，特意让沿湖各寨组长反复提醒寨里的人不要靠近施工现场。

二是破除旧风陋俗，树立健康民风。通过召开村两委会议、各组长会议、全体党员大会等形式，发动各寨组干部积极宣传，鼓励倡导新式民风习俗。比如倡导适龄青年登记领证结婚，反对只办婚礼而不领证的婚嫁陋习；比如在苗族同胞中倡导非血缘关系结亲，反对亲上加亲的近亲结婚陋俗，减少残障婴孩出生率；比如倡导和睦相处、有事好商量的新式邻里关系，反对邻里之间造谣辱骂、家长里短流言蜚语的恶习；比如倡导勤劳肯干、勇于外出打工的致富观念，反对窝在家里、坐等补助的懒散作风等。2016年，村两委将在征求各寨组意见后，制定颁布高碑新式村民公约，逐步树立健康向上的村规民风。

三是帮助发展教育，推进产业增收。乡村一切难题的根源，主要还是精神贫乏和物质贫穷。精神贫乏要靠知识教育和思想说服，这不是一朝一夕的事情，所以我重点抓了村小学教育问题，帮助村小学解决了一批学习物资，

和部分寨组长研究安全生产

目前正积极筹集资金帮助把村小学围墙建起来。物质贫穷则要靠发展产业帮助村民增收。目前，我们正积极培育扶持精品水果种植和茶叶种植等合作社发展，带动留守村民创业增收。正在选址建立加工包装基地，发展农牧渔产品粗加工产业，逐步发展壮大村级集体经济，想方设法提高村民收入。

对于我们这些在城市工作惯了的人来说，驻村工作难免会遇到难事、怪事。但我相信，只要有上级党委、政府的正确领导，只要紧紧团结好村两委干部、紧紧依靠好广大村民群众，就没有翻不过去的山、没有跨不过的坎。而且在翻山过坎的过程中，不仅能够帮助村民获得发展的正能量，我们自身也会得到锻炼和成长。

12 倾心倾力铺垭村　强力扶贫助攻坚

沈东亮　重庆市万州区大周镇铺垭村第一书记

【总书记说】

切实强化社会合力。扶贫开发是全党全社会的共同责任，要动员和凝聚全社会力量广泛参与。要坚持专项扶贫、行业扶贫、社会扶贫等多方力量、多种举措有机结合和互为支撑的"三位一体"大扶贫格局，健全东西部协作、党政机关定点扶贫机制，广泛调动社会各界参与扶贫开发积极性。要加大中央和省级财政扶贫投入，坚持政府投入在扶贫开发中的主体和主导作用，增加金融资金对扶贫开发的投放，吸引社会资金参与扶贫开发。要积极开辟扶贫开发新的资金渠道，多渠道增加扶贫开发资金。

——习近平《在贵州召开部分省区市党委主要负责同志座谈会上的讲话》，2015年6月18日，新华网。

【循吏故事】

杜诗，东汉河内汲（今河南省卫辉市）人。他任侍御史期间，将军萧广纵兵欺凌百姓，杜诗劝告无效，于是格杀萧广，并报告皇帝。光武帝刘秀并未责怪杜诗，还赐他棨戟[①]，派他到河东郡诛贼。

杜诗任南阳太守期间，厉行节俭，政治清平，以诛暴立威，善于计谋，爱惜民力。他发明水排，用水力推动革囊来鼓风冶铁，铸造农具，节省大量畜力、人力，效率显著高过马排、人排[②]，是中国古代冶金史上一大进步；又在西汉南阳太守召信臣的基础上兴修水利，修治池塘，开垦农田，大大促进当地水利和农业发展，郡内变得家家殷实。

他虽身在南阳，心系朝廷，良言善策，随时向皇帝进献。比如在他建议下，东汉恢复了前代"虎符"调兵制度。他还善于向朝廷推荐贤能。他在南阳"视事七年，政化大行"。

南阳百姓感念他的政绩，把他和召信臣并称："前有召父，后有杜母"，意思是像父母对子女一样爱护百姓。后世称呼地方官为"父母官"的说法，即由此而来。

——参考中华书局1965年版《后汉书》，笔者翻译。

[①] 有缯衣或油漆的木戟，古代官吏的仪仗，出行时作为前导，后来亦列于门庭，是身份和地位的象征。

[②] 《三国志·魏志·韩暨传》记载：「旧时冶，作马排，每一熟石用马百匹；更作人排，又费功力；暨乃因长流为水排，计其利益，三倍于前。」

12 倾心倾力铺垭村　强力扶贫助攻坚

【个人简历】

沈东亮，男，回族，中共党员，研究生学历。2015年8月从国务院三峡办下派挂职重庆市万州区大周镇镇长助理、铺垭村第一书记，任期两年。荣获"2017年全国脱贫攻坚奖贡献奖"，受到时任国务院副总理汪洋的接见。

沈东亮仔细查看村中脐橙生长情况

【村情一览】

重庆市万州区是中国扶贫开发工作重点县。大周镇铺垭村由原来的铺垭村、永定村合并而成，属"十一五"期间确定的重庆市级贫困村和万州区的十一个移民贫困村之一。村域面积2.84平方公里，1 763人，辖五个小组，其中移民780人占44%，非移民983人占56%。2015年初，全村建卡贫困户81户209人，占全村人口的11.85%。耕地面积880亩，其中水田380亩，森林覆盖率达60%。村内平均海拔约400米，山地居多，平地少，土壤质地差，保水保肥能力弱。该村基础设施薄弱，村民收入来源传统单一，以小农经济为主，收入普遍较低，社会事业发展滞后。

铺垭村新修建的沿江观光长廊

【扶贫经历】

2015年8月，我按照国务院三峡办党组的安排到重庆市万州区挂职锻炼，任大周镇镇长助理、铺垭村第一书记。我以基层组织建设为龙头，认真贯彻落实中组部对第一书记的职责要求，把异乡当故乡，把挂职当任职，把任命当使命，积极为村民提供"供给侧"服务，提高公共产品质量。

两年来，在国务院三峡办、重庆市及万州区相关部门的指导下，特别是大周镇党委政府的支持下，铺垭村实现整村脱贫，全村建卡贫困户由2015年初的81户209人减少到6户12人，为8户贫困家庭争取救助资金11万元；成立全村用水管理协会、柑橘合作社，引导村民自治；新修饮水池5个，解决500多人饮水安全问题；投资46万元在公路两旁安装路灯；修建沿江长廊500米，生产便道3 000米，改造D级危房2户；努力改善村支两委办公条件，积极组织文艺演出，丰富村民文化生活。

加强基层建设，增强"供给侧能力"

加强自身建设，奠定供给基础。近年来，国家出台一系列惠农政策，由于利益分配纠葛和历史遗留问题，村内矛盾错综复杂。面对这种情况，我主要采取四项措施，守住底线，树立威信，打开局面。

一是为自己立规矩。在村务会上，我首先做了"三不"的承诺：不参与任何涉及自己的物质利益分配，不推诿自己应承担的任何责任，不介绍任何施工队参与村里项目建设。同时将国务院三峡办原监察局、镇纪委的举报电话公布，接受班子成员、村民代表、党员干部的监督，让自己守住底线，不出廉政问题。2016年7月，重庆市委组织部相关领导高度肯定了"三不"承诺。

二是处理好与班子成员关系。我到村里后，原来与支书、村主任有过节的人，四处放言说中央派人要将村主任、支书取而代之，村主任、支书对我的到来也是忐忑不安。针对这种情况，凡是有村民参加的会议，我首先明确自己是与支书、村主任共同开展工作，绝不是取代，让支书、村主任吃了定心丸。但是在内部会议上，积极提出自己工作思路，注重发挥引导作用，将自己的想法转化为班子成员共同意志，充分授权，调动其工作积极性。团结班子成员，逐步提出了"旅游立村，产业强村，文化亮村"发展思路，努力打造"沿江一条长廊、村中一条公路、山上一条观光道"的立体发展模式，为全村以后发展奠定基础。

三是带头工作赢得尊重。抓铁留痕，踏石有印，以真抓实干服人。要求班子成员做到的自己首先做到，带领班子成员从细节抓起，从小事抓起，自己动手制定了整村脱贫规划、脱贫方案，整理历史文件资料，坚持按时上下班、轮流值班。关心下属，以情感人，凝聚人心。自己掏钱看望了四家身患重病的党员、村干部家属，给贫困户捐款。日常工作中，按照多年来形成的工作习惯，提前谋局规划，多项工作都是我安排布置之后，上级领导提出类似要求，时间长了，班子成员对我逐渐信服起来。

四是妥善处理信访问题。一到村里，我来不及熟悉情况就陷入了村民的上访包围之中，不仅全村、全镇，甚至相邻的熊家镇的群众也来上访，深夜还能接到举报电话、举报短信、举报微信。我马上入家入户了解情况，针对群众提出的问题认真记录，不当场表态，但注意控制现场秩序，确保人身安全。在同村班子成员研究后，召开由镇驻村干部、村支两委班子成员、上访人员参加的会议，耐心解释，逐一答复，不上交矛盾，充分依靠当地力量解决问题。

加强班子建设，增强供给能力

一是强化执行力。针对村内部管理薄弱，工作散漫的情况，建立完善学习、考核、值班三项工作制度，夯实为村民供给服务的基础。每月第一周，村支两委班子成员集体研究，制订本月工作计划；第四周进行考核奖惩。将复杂的工作分成若干项，明确每一项工作的责任人，在规定时间完不成，就按照自己承担的份数"自己惩罚自己"。第四周考核班子成员工作情况时，组长和村民代表坐在主席台，班子成员坐在下面。第一次开会，大家很稀奇。组长和村民代表天天听支书、村主任在主席台讲，从没想到自己有一天也能"高高在上"地坐在主席台，有点小兴奋。村主任、支书也认为是一种工作方法的创新，能调充分动组长和村民积极性。

二是强化内部管理。争取资金5万元，改善村支两委办公条件，购置了电脑、投影仪、打印机、照相机等办公设备。我到村里工作后，多位镇领导反映文件管理混乱，对此我明确了专人管理文件，建立文件传阅制度，并对2007—2015年文件资料分类整理装订67本。区档案局领导对此高度肯定，认为我村是万州区第一个将文件管理如此规范的村，作为经验推广。

三是强化干部培养。结合班子成员情况，明确一名年轻同志骆艳作为后备干部，日常工作中多压担子，提高其沟通协调、文字写作等能力，目前已成为工作骨干。2016年7月增加一名年轻同志进入村委会工作。积极向镇党委

2015年8月6日，刚到铺垭村的沈东亮就召开了一场不坐主席台的党员代表见面会

政府提出村支两委班子成员调整建议，结合村支两委换届，落实组织要求，增强班子战斗力。

四是强化组织生活。认真落实"三会一课"，开展"两学一做"教育。党员大会上，积极听取党员全村工作的意见、建议，平时将召开党员会议与播放健康讲座相结合，增强党员参加活动的积极性；创新讲党课的方式，通过邀请领导和专家讲座、播放视频等多种形式，带领班子成员学习领导力、基层党建、项目管理等内容，不断提高自身素质。

加强工作创新，提高供给效率

一是创新方法，群策群力。积极与区移民局、人社局沟通，将党员和贫困户手机号码提供给上述部门，定期发送人才市场用工信息，为村民提供就业机会。针对村工作人员居住分散、开会成本较高的实际情况，建立"铺垭村工作交流微信群"，加强内部沟通，提高工作效率。为积极动员外部力量帮扶我村，将区帮扶集团的移民局、镇政府、镇派出所、镇卫生院、企业等相关单位同志集中起来，建立"扶贫攻坚帮助微信群"，鼓励大家为我村工作献言献策。

二是宣传为媒，群众得实。经过一年的踏实工作，我村引起了国家、重庆市、万州区的高度重视，各级组织、宣传、扶贫等部门于2016年6—7月集中安排了十三家媒体采访报道。在国务院三峡办、镇党委政府的支持下，我们化压力为动力，化宣传为扶贫，推动全村工作再上新台阶：一方面完成了当地党委政府交给我村的宣传任务，展示了万州区的良好形象；另一方面通过各级媒体报道，我村抓住机会讲好扶贫故事，统一村干部思想，提升村民认识，吸引社会各界力量，为老百姓谋取实实在在的利益。

例如，中组部会同中央电视台拍摄的《红心伴红橘》节目播出后，四川一家企业将到我村收购红橘，北京一名爱心人士捐助2 000元，并表示愿意资

铺垭村具有四千年历史的古红橘长势喜人

助一名贫困大学生上学；我们抓住机会争取重庆市及万州区社会救助基金11万元帮助了8户贫困家庭，其中用筹集到的6.2万元给赖梦馨及奶奶做了手术，据专家介绍有望得到根治，这样一家人的命运将得到改变。铺垭村村民看到了红橘改造的效果，解开了多年的思想疙瘩，准备在来年春天逐步改良村里古红橘树，提高产量。

再如，为发展旅游，我村设计制作宣传册，提前筹划拍摄宣传片。在王理平司长及综合司宣传处支持下，协调中央电视台、湖北电影制片厂、万州电视台到我村拍摄，利用媒体采访时留下的素材，我自学视频编辑软件、撰写解说词，在三峡出版传媒公司的帮助下制作宣传片，并在QQ群、微信平台转发。此举受到了万州区相关领导的肯定，认为我村是万州第一个拍摄宣传片的村。目前，已有企业到我村洽谈投资办企情况。

三是信息公开，阳光操作。投入1.1万元资金，完善信息公开栏，切实将村务、财务等"四公开"制度落到实处，将班子成员电话、工作承诺等公布，及时发布村内主要工作。将村民反映强烈的占地补偿款、享受低保待遇人员名单、临时救助名单等及时公布，组织召开低保听证会六次、成立饮水管理协会听证一次，切实保障群众的知情权、参与权，赢得群众支持。

加强基础设施建设，为民解难事

根据入组入户调查中发现的问题，积极围绕与老百姓关系密切的水、路、电、房等难题，向上级部门争取资金，做好项目实施工作。协调镇政府、区水务局，投入资金5.7万元，解决了三组水池漏水问题。新修饮水池5个，引水渠堰4 000米，解决500多人饮水安全问题。修建人行便道3 000米，方便红橘运输和村民出行。积极配合电力公司，实施电网改造，提高全村用电稳定性。协助改造D级危房2户，切实保障群众住房安全。在国务院三峡办的大力支持下，批复2016年铺垭村精准帮扶项目1 150万元，将为"贫困村"提升为"美丽乡村"夯实基础。目前，资金已经下拨到万州区财政局。

加强公共服务建设，为民办实事

一是努力做好公共卫生预防工作。从我村贫困原因分析，27%是因病致贫、因病返贫，虽说如何治病我帮不上忙，但是预防工作可以低成本地开展。协调资金8000多元，设置常见病预防宣传栏两个，定期更换卫生保健知识海报。与镇卫生院合作，邀请医生为村民讲解健康知识。在村会议室安装投影仪，放映北京名医关于心脑血管、糖尿病、高血压等常见病的注意事项，给村民讲解健康的生活饮食习惯，受到村民欢迎。二是按照标准建设村文化中心，组织村民参加文体活动，丰富村民生活。积极争取资金46万元，在村内主要干道安装路灯，方便村民出行，目前资金已经到位。2016年初，成立全村用水管理协会，引导村民自治，加强饮水安全管理，解决好用水灌溉等问题。三是积极争取三峡职业技术学院、区农委、温州商会在我村开展创业培训、实用技术培训3期,培训150人次,发放农业科技书籍450册。完善村便民超市,严格规范管理,督促超市主要工作人员定期检查身体,确保食品安全。

加强产业发展,为民办好事

在深入调研、广泛征求意见基础上,大力实施"市场导航、村民把舵、组织护航"的方法,引领村民脱贫致富。一是修建沿江长廊500米,采取大户带动的方式,鼓励、引导村民结合家庭实际情况,发展"农家乐",吸引万州城区居民到我村钓鱼、江边住宿、红橘采摘。二是带领村民到江对面小周镇,了解古红橘改良及销售情况。通过现场参观,算账对比,已有部分村民愿意在2017年实施嫁接改良。与阿里巴巴农村淘宝项目组联系,将全镇网上销售农产品基地放在我村。引导、培养两名年轻村民实施网上销售农产品。三是认真解决鸿洋、华中两家造船企业在土地流转、用水、用电等方面问题,为企业发展创造良好条件。鼓励企业履行社会责任,在扶贫攻坚工作中两家船厂捐款1万元,接受7名贫困户到船厂务工。

沈东亮在贫困户家庭中走访

两年来，在国务院三峡办、移民局、扶贫办、组织部、宣传部等部门大力支持下；在镇党委政府倾情关心下，与老百姓关系密切的水、电、路等基础设施得到改善，卫生防治、群众娱乐等公共服务水平得到提高，乡村旅游、红橘改良等产业发展逐步展开，2015年我村实现了整村脱贫，在区级验收考核中获得了97分的好成绩，年底全镇综合考评中我村由原来落后的党支部被评为综合考核二等奖、扶贫考核一等奖。据初步统计，中组部、中宣部、中央文明办、中央国家机关工委以及重庆市委组织部、宣传部、扶贫办等7个部门组织了中央电视台、新华社、光明日报、中国青年报、中国日报、重庆日报、重庆商报、重庆晨报、万州电视台、万州时报等13家媒体报道我村工作，我自己也被大周镇评为"优秀党务工作者"，被重庆市人社局、扶贫办评为扶贫开发年度先进个人，入选感动重庆候选人、全国最美扶贫志愿者候选人，以及中央文明办组织的"中国好人"候选人，荣获"2017年全国脱贫攻坚奖贡献奖"，受到时任国务院副总理汪洋的接见。

【心得分享】

如何团结班子成员，打开工作局面

近年来，国家出台一系列惠农政策，由于利益分配纠葛和历史遗留问题，村内矛盾错综复杂。面对这种情况，我主要采取四项措施，守住底线，树立威信，打开局面。

"烧"向自己的第一把火。在村务会上，我首先做了"三不"的承诺：不介绍任何施工队参与项目建设，不参与任何涉及自己的物质利益分配，不推诿自己应承担的任何责任。同时将三峡办原监察局、镇纪委的举报电话公布，接受班子成员、村民代表、党员干部的监督，让自己守住底线，不出廉政问题。2016年7月，重庆市委组织部相关领导高度肯定了"三不"承诺。

内外有别稳局面。我到村里后,原来与支书、村主任有过节的人,四处放言说中央派人要将村主任、书记取而代之,村主任、书记对我的到来也是忐忑不安。针对这种情况,凡是有村民参加的会议,我首先明确自己是与支书、村主任共同开展工作,绝不是取代,让支书、村主任吃了定心丸。但是在内部会议上,积极提出自己工作思路,注重发挥引导作用,将自己的想法转化为班子成员共同意志,充分授权,调动其工作积极性。团结班子成员,逐步提出了"旅游立村,产业强村,文化亮村"发展思路,努力打造"沿江一条长廊、村中一条公路、山上一条观光道"的立体发展模式,为全村以后发展奠定基础。

带头工作赢尊重。抓铁留痕,踏石有印,以真抓实干服人。要求班子成员做到的自己首先做到,带领班子成员从细节抓起,从小事抓起,自己动手制定了整村脱贫规划、脱贫方案,整理历史文件资料,坚持按时上下班、轮流值班。关心下属,以情感人,凝聚人心。自己掏钱看望了四家身患重病的党员代表、村干部家属,给贫困户捐款。日常工作中,按照多年来形成的工作习惯,提前谋局规划,多项工作都是我安排布置之后,上级领导提出类似要求,时间长了,班子成员对我逐渐信服起来。

沈东亮与班子成员一起做饭,吃午餐

妥善处理信访问题。一到村里,我来不及熟悉情况就陷入了村民的上访包围之中,不仅全村、全镇,甚至相邻的熊家镇老百姓也来上访,深夜还能接到举报电话、举报短信、举报微信。我马上入家入户了解情况,针对百姓提出的问题认真记录,不当场表态,但注意控制现场秩序,确保人身安全。在同村班子成员研究后,召开由镇驻村干部、村支两委班子成员、上访人员参加的会议,耐心解释,逐一答复,不上交矛盾,充分依靠当地力量解决问题。

免费拍片子、做册子、找路子

拍片子。2015年8月,区帮扶集团在镇政府召开会议,人大常委会主任李庆利提出要加强宣传,营造扶贫氛围。区移民局局长蒋建余同志给我们出主意可以多用自媒体的特点搞一些宣传。我自学了一些软件,将村里图片、文字介绍、音乐组合在一起搞了个音乐贺卡,但是总感觉到不是太好。因此,村支两委研究准备拍摄铺垭村历史上第一个宣传片。但是,这谈何容易?村里没有经费,但是宣传片是按秒收费,一个五分钟的宣传片花费二三十万元也很正常。

办法总比困难多,在镇党委政府的支持下,我们把拍摄宣传片本身就当做一个宣传铺垭村的过程。我们通过国务院三峡办、万州区委宣传部、镇政府邀请中央新影国际传媒公司《新三峡》纪录片拍摄组、湖北电影制片厂《三峡梦正圆》摄制组、中国三峡出版传媒公司、万州区电视台等多家媒体到我村拍摄取景或做相关采访。媒体到来之后,村支两委组织群众,提供场地,热情接待,积极做好后勤服务。铺垭村优美的风光,淳朴的民风,移民生活翻天覆地的变化,浓厚的扶贫攻坚氛围深深地打动了媒体朋友。当我们提出要将他们拍摄的片子给我们拷贝一份时,他们爽快地答应了。中央新影国际传媒公司、湖北电影制片厂、中国三峡出版传媒公司动用了多架无人机拍摄，让村民大开眼界。我们把收集到的几百G素材由中国三峡出版传媒公司带到北京合成剪辑，两位热心的大姐又动用私人关系协调中央人民广播电台播音员免费配音。历经多次修改，这份没有花钱的宣传片终于大功告成。

村干部和村民上了宣传片非常开心，有的村民说：原来看到电视中其他地方的村庄非常漂亮，没想到我们自己的村庄在电视中也这么漂亮。我想起自己刚来时，镇领导提出村里卫生工作有点薄弱。这时我就引导村民注意家庭卫生，注意搞好村容村貌，要求他们到村委会开会，不得随意丢弃废弃物。同时，和班子成员商议，村委会的卫生周一、周三、周五必须打扫，其他时间根据情况打扫。以后，凡是由村民参加的会议，我们都要把宣传片播放一次，激发村民的自豪感，也引导他们搞好卫生，保护好环境。宣传片做好后，我们在QQ群、微信平台转发，积极展示我村新形象、新面貌，扩大影响，吸引社会各界人士支持我们的扶贫攻坚工作。

为了给村民播放宣传片，我们又争取资金安装了全镇最好的投影仪，放映北京名医关于心脑血管、糖尿病、高血压等常见病的注意事项，给村民讲解健康的生活饮食习惯，受到村民欢迎。在这次开展"两学一做"教育时，讲完党课，给党员放映健康保健知识，广大党员参加"两学一做"的积极性明显提升。

做册子。为了更好地宣传铺垭村，我们花了700多元做了一份彩色宣传册。虽然，我们修改完善十多次，毕竟不专业，效果不太理想。这时，我们找到中国三峡出版传媒公司，以给企业免费做广告的形式，请求他们免费为我村拍摄照片和设计版面，制作一份高质量的宣传册。这样以《水乡铺垭 投资沃土》为主题的宣传册做好了，宣传册背面也印上了"中国三峡出版传媒有限公司精准帮扶"的字样。这个公司为我们免费剪辑宣传片和做宣传册，让我们十分感动。2016年春节前，镇政府主要领导提议写一份感谢信给这家企业。这家企业是三峡集团公司的子企业。因此，我们分别给集团公司和子公司写了两封感谢信。感谢信在公司内部产生了良好的反应，公司员工受到很大鼓舞，认为这封感谢信是她们收到的最好礼物。最近，她们在和我们联系，准备更好地发挥国有企业在扶贫攻坚中的作用，要邮寄一些农村需要的书过来。

找路子。在区帮扶集团领导的指导下，在镇党委政府的帮助下，村支两委深入调研、广泛征求意见，逐步形成了"旅游立村、产业强村，文化亮村"的发展思路，全村努力形成"沿江一条长廊、村中一条公路，山上一条观光道"的立体发展模式，让游客流连忘返，把真金白银消费在青山绿水之中，让绿水青山变成金山银山。全村近一年来，按照这个调子，搞建设，谋发展。

书中留名留照片，精神激励整文件

书中留名留照片。我到村里工作后，多位镇领导反映文件管理混乱。我在国务院三峡办工作时，每年都要将文件装订一下。按照工作中形成的习惯，我准备按照原来的办法将文件整理成书，便于保存查阅。把杂乱无章的"纸片"装订成书，大伙闻所未闻，抵触情绪较浓。我想了个办法，谁装订的文件就把谁的名字写在目录后，书后面印上个人照片，这样以后查文件就知道是谁的成绩，以便"流芳百世"；当然文件搞得乱，那是"遗臭万年"。把自己的名字和照片印在书中，对于五六十岁的人来讲，还是个新鲜事。这样大家就有了些积极性。跨度八年的文件从各个角落搜集出来堆成一大堆，真是太多、太乱，于是村委会院子里的台阶、两个乒乓球台就是我们的办公桌，一字摊开，热火朝天搞了起来。

分类整理便查找。整理工作是在扶贫验收、土地复垦资金兑付之余加班加点完成，在村支两委五个人的基础上，动员第一小组长（56岁）、第二小组长（71岁）、第三小组长（50岁）、第四小组长（68岁）、第五小组长（58岁），大周镇班车司机、水果店老板等12名同志，对2007年—2014年8

年文件资料分类整理装订57本。按照我的思路，第一步是按年度分为八堆；第二步是每一年的文件按照现行管理体制分为四类，村委会文件资料、村支部文件资料、镇政府口文件资料、镇党群口文件资料；第三步是每一类文件再按时间先后顺序排列。当我讲完之后，大家又炸开了锅，感觉太复杂，把文件分为这四类更是闻所未闻，对他们来讲比挣钱还难。在组长眼里，上面来的人都是政府的人，红头文件都是政府下的，哪还能分清党群口与政府口文件。没办法，我现场培训怎么区分党群口文件与政府口文件。每周只干一个步骤，每天干完规定任务即可回家吃晚饭。

沈东亮工作日志

一届接着一届干。参加整理的大部分同志已60岁左右，戴上老花镜，弯着腰，认真排序，反复核对，一丝不苟，兢兢业业，甚至主动要求加班到晚上八点多。他们认真的精神感动了我，有一天晚上，深夜一点多，我辗转难眠，有感而发，写下了《整理资料，记录历史》作为后记，将整个过程用文字记录下来，最后，我这样写道："位卑未敢忘忧国，官小未敢失公心。每一位村干部都是一面旗帜，每一个行动都代表了党的形象，每一项工作都展现了政府的情怀，每一份文件都是在记录历史。通过文件整理，让我们认真总结每一届村支两委的工作内容，因为每位同志不仅是历史见证者，更是铺垭村历史的创造者。为党管档，为国存史。人在做，天在看。文件整理更是提醒自己是在书写铺垭村的发展历史，从而敬畏工作、敬畏历史、敬畏手中权力，不断增强做好工作的使命感、责任感、荣誉感。如果以后村支两委不能整理保存档案资料，不仅是对自己不负责任，更是对村发展历史的漠视。

希望以后村支两委班子照此整理文件资料，进一步加强村务管理，各项工作争创第一，为村民办实事、办好事，切实做到权为民所用、情为民所系、利为民所谋。"区档案局相关领导对此高度肯定，认为我村是万州区第一个将文件管理如此规范的村。

建立微信群，群策群力搞扶贫

我们重庆扶贫工作一个很大的特点是成立扶贫帮扶集团。以我所在村来讲，区移民局、镇党委政府、镇派出所、镇卫生院、两家企业共6个单位帮扶我村。各个单位都有日常工作，又不可能天天到村里，如何整合大家力量形成合力？村支两委研究采取了三项措施：

"扶贫攻坚帮扶微信群"。经过村支两委研究，我们建立了"扶贫攻坚帮扶微信群"，鼓励大家为我村工作献言献策，并且线上帮扶，永不下班。

班子成员内部沟通群。针对村支两委工作人员居住分散、开会成本较高的实际情况，建立"铺垭村工作交流微信群"，引导第一个群，加强内部沟通，提高工作效率。举个例子来讲，我村所拍宣传片的名字（甩掉贫困帽，奔向康庄道），就是大伙在群里你一言我一语，商量成的。

给村民群发就业务工信息。目前我们在积极与区移民局、人社局沟通，力争将全村贫困户和党员手机号码提供给上述部门，定期发送人才市场用工信息，为村民提供就业机会。

按股份实施惩罚，提高班子执行力

针对村内部管理薄弱，工作散漫的情况，建立完善考核制度。每月第一周村支两委班子成员集体研究，制定本月工作计划；第四周进行考核奖惩，明确每一项工作的责任人，工作一旦部署必须执行，不能有任何借口推诿，切实做到事事有落实，件件有回音。

村民代表坐上主席台。在每次考核汇报自身工作完成情况时，组长和村民代表坐在主席台，班子成员坐在下面。第一次开会，大家很稀奇。组长和村民代表天天听支书、村主任在主席台讲，从没想到自己有一天也能"高高在上"地坐在主席台，有点小兴奋。村主任、支书也认为是一种工作方法的创新，能调动组长和村民积极性。

按股份惩罚班子成员。每次考核时，一旦工作没有做好，不直接批评，就说该他请客了。搞工作可以说没钱，但吃饭不能说没有钱。村里工作烦琐复杂，再加上个人家庭事情，难免会出现集体完不成当初的目标。我们在分配工作任务时，每项工作作为一个股份，举个例子：一个人本周承担五项工作，两项没有完成；另外一个人承担五项工作，三项没有完成。则两个人分别占40%、60%股份分摊本次吃饭费用。吃完饭，当场按股份掏钱结账，类似大城市AA制吃饭的模式。在农村大家习惯了请客，很少AA制吃饭，吃饭能吃出"股份"来，大家觉得好玩，工作没做好，也快乐地接受惩罚。

吃饭严格执行两个纪律。一是严格执行"八项规定"，不能大吃大喝，造成不良影响。二是严格限定"请客次数指标"。由于吃饭大家勤俭节约，花钱不多，我担心有人觉得工作干不好，大不了花几十块钱吃个饭不在乎这种"惩罚"方式，就想了个办法，一个人连续请客超过两次则增强惩罚力度。第一次请班子成员吃饭，第二次请党员代表。第三次工作没有做好，则专门请村里老上访户单独吃饭，以密切干群关系。

兵熊熊一个，将熊熊一窝。日常工作中，组织班子成员、党员代表、各小组组长集体学习，统一思想，凝聚共识。我常在村支两委班子会议上讲："兵熊熊一个，将熊熊一窝。如果铺垭村的哪项工作没有做好，首先我是狗熊，其次在座的也是狗熊；我们做，就要做一只奔跑的狼，要有狼性，不要有熊性，各项工作要争创第一。"由于我不能给村组干部发奖金，只能通过

"激将法"，调动比我年长三四十岁老同志的积极性。由于我先拿自己开刀，先骂自己，再骂他人，班子其他成员也就无话可说。这样大家心往一处想，劲往一处使，2015年底我村实现了整村脱贫，获得了大周镇扶贫考核一等奖的佳绩。

13 让穷山沟变成白富美

李章伟　贵州省水城县蟠龙镇院坝村第一书记

【总书记说】

发展是甩掉贫困帽子的总办法，贫困地区要从实际出发，因地制宜，把种什么、养什么、从哪里增收想明白，帮助乡亲们寻找脱贫致富的好路子。要切实办好农村义务教育，让农村下一代掌握更多知识和技能。抓扶贫开发，既要整体联动、有共性的要求和措施，又要突出重点、加强对特困村和特困户的帮扶。脱贫致富贵在立志，只要有志气、有信心，就没有迈不过去的坎。

——习近平2013年11月3日至5日在湖南考察时的讲话，新华网。

【循吏故事】

张全义,字国维,唐末五代濮州临濮(今山东鄄城西南)人,祖辈为农,他先后在后梁、后唐任中书令等官,被两朝封王。

他任河南(辖区为今河南洛阳)尹时,正值唐末五代的乱世,军阀反复争夺都城洛阳达七八年,都城一片灰烬、满目疮痍、田地荒芜,城里剩贫民不足百户。他命手下十八人为屯将,到十八个县里招抚流民,"待之如子",劝导农耕。他教士兵开荒种地,且耕且战;以粟换牛,繁衍用于耕田。每当农祥劝耕的时候,他都会亲自走到田间,带着酒食犒劳农民。

他喜欢勤劳耕织的百姓。洛阳城30里以内,谁家蚕好麦丰收,他一定骑马前往,召其全家老小亲自奖励,赏赐酒食茶叶等物品。他视察秋天庄稼时,看见没草的田地,必定下马请宾客观看,并召来田主慰劳赏赐。如果看到禾苗中有草,或地耕得不深,就立即找来田主当众斥责。如果遇到荒芜未耕的地块,他就会责问。如果农民说耕牛疲惫或耕地人手不够,他就召来相邻地块的田主们,责备问他为什么不予以帮助。后来,洛阳农民无论远近,人少牛少的农户总有人帮忙耕田。数年之后,洛阳周边再无荒地,户口增至五六万。

——参考中华书局1974年版《新五代史》,中华书局1976年版《旧五代史》,《甘棠集》,《洛阳缙绅旧闻记》,笔者翻译。

【个人简历】

李章伟，1983年生人，中科院学部工作局处级干部。2015年9月至2016年9月受院机关选派，到贵州省六盘水市水城县蟠龙镇院坝村任第一书记。

李章伟慰问老党员杨顺忠

【村情一览】

贵州省六盘水市水城县属于滇桂黔石漠化区"连片特困地区"。蟠龙镇院坝村位于该县东南部,临水黄公路,距县城约40公里。村域15.4平方公里,耕地面积15 700亩;人口:21个村组,1 821户,7 785人,其中贫困户303户,1 003人,留守儿童72人,贫困发生率约12.9%。民族有汉族、苗族、彝族等,其中少数民族18%。粮食作物以玉米、小麦、马铃薯为主,经济作物有茶叶1 200亩,核桃12 000亩,蔬菜300亩。

院坝一角

【扶贫经历】

"听说我们村要从北京、从中科院派来一个新'书记',这是不是真的哦?"

"明后天就要来了,还是个处级干部,很年轻,才30出头。"

……

在我要来到水城县蟠龙镇院坝村的前几天,"京城派来新书记"的消息不胫而走。一石击起千层浪,很多热心村民按捺不住内心的好奇,纷纷来到村委会打听。

从繁华京城到偏远山村、从部委机关到村级组织,我的生活环境和工作角色发生了巨大的转变,院坝村村民的生活也随之发生悄然变化。

辣椒虽辣,辣在嘴角,却暖在心窝

"村民都很朴实,很热心,并没有预想中的那么'难缠'。"初到院坝村,满怀热情的我很快就感觉到理想与现实的巨大反差,"村民的贫穷程度完全超出了预想,这也更加坚定了自己帮助村民脱贫致富的决心。"

面对全新的环境,我深知,融入村民是做好工作的第一步。长期生活在北京,生活习惯、饮食文化都与这里有着很大的差别,再加上一口普通话,要让村民不把自己当作"外人",我还真下了点"功夫"。从吃辣椒做起,从本地话学起,从进村入户访民情、露"脸蛋"开始,很快转变了角色、融入了村民。

泥泞的小路留下了走访的串串足迹,入村不到20天,我就走访了院坝村21个村民组、100余户村民代表,我认真聆听记录百姓心声,详细了解院坝村的资源禀赋及村风民情;在走访的基础上,我先后召开村干部会议、村民小组组长会议和群众代表会议,与村民共商发展大计。我很不"地道"的本地话常常成为开会的"笑点",逗得村民们哈哈大笑。看到村民们都乐呵呵的,我很开心,因为这说明自己和村民之间的距离在不断缩小,已渐渐融入村民们的生活圈。

"刚开始学吃辣椒的时候,辣得直掉眼泪,吃的次数多了也就渐渐适应了。辣椒虽然是辣了点,但心里感觉暖暖的。"第一次吃辣椒的场景至今记忆犹新,在我看来,暖的不仅是那股"辣"味儿,更是村民们的热情和他们所给予的支持与认可。

投其所需,雪中送炭,串起"致富链"

经过深入了解,针对村民反映集中的道路不通、饮水不便问题,我意识到,基础设施薄弱是制约院坝村进一步发展的"瓶颈"。

"要致富,先修路",我暗下决心,先从改善交通开始,逐一拔出制约院坝村发展的"穷根"。很快,我从"娘家"中科院协调到资金35万元,用于修通、硬化院坝村原店盘村四组和五组的2.6公里通村(组)公路。村民们

慰问五保户朱启云

热情高涨，不仅愿意投工投劳，还愿意自筹补足所需的资金。

"光修路还不行，要发展还得靠产业支撑，首先得做通村民的思想工作，只有根据村民的意愿来发展产业，才能更好地激发村民的发展动力。"院坝村有近1 000余亩茶叶基地、8 000余亩核桃基地，由于没有形成完整的产业链，利润多数被中间环节吸走，真正到村民手中的收益少之又少，以至于村民的贫困状况始终没有得到根本性改变，为此，我萌生了延伸农产品产业链的想法。

"延伸农产品的产业链，不仅能够为邻近村民提供更多的就业机会，还能提高农产品的附加值，最大限度地把利润留在院坝、留给村民。"我对大家说。

"光说不练终究得不到改变"，为此，我立即用协调到的扶贫资金50余万元帮助村民购买设备，设计包装，初步形成了集生产、加工、包装和销售为一体的茶叶产业链。同时成立了院坝村核桃产业发展有限公司，引进核桃种植"大王"张忠祥到院坝村建立核桃育苗基地和研究所。现已投入资金60余万元，建成育苗基地70余亩，每亩可育苗1万余株，逐步形成集核桃育苗、种植、包装、销售为一体的产业链。

"打通茶叶和核桃深加工产业线后，下一步将在院坝村打造500亩集樱桃、枇杷、柿子、梨子等于一体的精品水果采摘园，供旅客休闲观光。"对于院坝村的发展，我早已胸有成竹。

热心搭台，细心架线，开通"爱心网"

"大力完善基础设施，创建党员活动阵地，搭建网络销售平台，带好村干部和致富带头人队伍，扶持村内产业发展，带领村民致富。"在我的日记本上记录着这样一段话，这也是我对院坝村的一个总体规划。

整合远教工程和县老干局的帮扶资金2万元，我以村活动室为载体，不仅打造了院坝村党员活动室、远程教育基地、科普站，为村民创业培训、开展

颁发首届"启航奖学金"

活动提供了平台，还成立了院坝村留守儿童关爱中心，为更多留守儿童提供了温暖的港湾。

每到傍晚，周边的留守儿童都会来到我的办公室，借助活动室的网络，与在外务工的父母进行面对面交流，有时我还为孩子们播放儿童教育片，帮助孩子们温习功课。"自己的孩子刚满5岁，也正是需要关爱的年龄。"看到这些留守儿童，我情不自禁地想起远在北京的儿子。

在这些留守儿童中，有一个11岁的小男孩，父母早亡，仅靠78岁的老奶奶照顾，由于家境贫苦，已辍学近20天。了解情况后，我把孩子送回了学校，并决定以个人名义资助这个孩子，直到大学毕业。我每月都会给小男孩送去学习用品和慰问金，给予他物质和精神上的帮助。

爱心如同丝丝细雨、缕缕阳光，在滋润和温暖着留守儿童们的心田，使得院坝村活动室暖意融融。

"他很有思路，做事也很细心，考虑到村民们给他打电话长途费比较贵，他特意办了一张本地手机卡，为村民开通了服务'专线'"。院坝村村支书朱辉彬这么评价我。

李章伟在为村民写春联

"京城来的干部就是不一样，在我们这种小地方和大家同吃同住，还把我们的事当成自己的事，真是了不起，"村民们为我竖起了大拇指。

每当听到这些，我既感到欣慰，又有点忐忑，觉得自己做得还不够。但有一点是肯定的，那就是：我为院坝村带来的变化，大家看在眼里，记在心里。

【心得分享】

李章伟总结院坝村扶贫开发工作的"五个一"工作法并推广实施，有村民高兴地称这种工作法为"幸福五招"。

"第一招"——创建一个党员活动阵地，加强基层党建工作。

院坝村建有党员活动室、远程教育基地和科普站，村支部已收到回乡创业大学生、致富带头人等10余份入党申请书。"贴近群众，贴近生活。"村支书朱辉彬对我开展的党建工作很佩服，"李书记的工作方法让我找到了党建工作与经济发展的结合点，值得学。"

"第二招"——带领一支农村致富能人队伍，带动贫困户脱贫致富。

由我先行垫付资金，村民出一半钱发展土鸡养殖，有了收益后村民返还本金的80%作为流动资金再帮助其他贫困户。村民朱辉亮用自家的8.5亩山地养了3 100只血毛土鸡，"肯定赚钱！"朱辉亮笑眯了双眼。"80%交给村里作为流动资金再帮扶贫困户，这个方法好！"

"第三招"——扶持产业，延伸农产品产业链，增加农产品附加值，实现农民增收。

村里建设75亩核桃育苗基地，123户村民成为股东；引进了14种果树、70个品种，1 500株果树苗，发展盆栽及庭院水果。在1.2万亩核桃林里发展林下养殖，重点扶持村内茶叶产业发展，形成集种植、加工、包装、销售为一体的产业链。

"第四招"——搭建一个综合发展平台，让村里的农产品走出去，让外面的资源走进来。

建立农产品网络销售平台，建设微信、微商、淘宝、京东等网络电商平台店铺。待春茶上市时，综合发展平台将同时启动。

"第五招"——探索一套适合院坝村的扶贫方法，带领百姓脱贫致富。

和村支两委商议后，我用扶贫资金建设起了茶叶加工厂，并购买设备作为村集体财产，再将厂房和设备采用"基础租金+利润分红"的方式承包给合作社，从2016年至2020年五年间，每年可收益租金5万元，再加上销售茶叶所得收入，村民今年就可以分红了。

在院坝村，我提倡事事民主，村务公开民主、财务公开民主、决策事项民主……"只要民主一开头，再回到原来，群众可不答应。"为此，在我的倡导下，院坝村发展顾问委员会成立，成员有企业家、退休的村干部、大学生等，希望通过发展顾问委员会，集思广益，群策群力，不断优化发展路径和措施，带动院坝村的百姓致富奔小康。

14 一位85后第一书记的扶贫纪实

朱翀鹤　云南省武定县白路镇古黑村第一书记

【总书记说】

　　古时候讲，食君之禄，忠君之事。现在就是要服务人民。多想想我们干的事情是不是党和人民需要我们干的？要一心一意为老百姓做事，心里装着困难群众，多做雪中送炭的工作，常去贫困地区走一走，常到贫困户家里坐一坐，常同困难群众聊一聊，多了解困难群众的期盼，多解决困难群众的问题，满怀热情为困难群众办事。各级干部要把工作重心下移，深入实际，深入基层，深入群众，认真研究扶贫开发面临的实际问题，创造性开展工作。

　　——习近平《在河北省阜平县考察扶贫开发工作时的讲话》（2012年12月29、30日），中国网2016年2月26日发布。

【循吏故事】

　　石家绍，山西翼城县人，清道光二年进士，历任江西上饶、南昌等五县知县。南昌县作为江西省会所在的首邑之地，公务繁忙，他尽心于民事，经常处理诉讼案件到深夜。有兄弟二人分家时为一张好桌子争执不下，他就自己出钱让人原样再做一张，让俩人分。兄弟俩深感惭愧，谁也没要，不再争执。

　　当时连年水灾，省会南昌放粮赈灾。后来灾情越发严重，石家绍就请示开官仓平抑粮价，同时开粥厂煮粥接济饥民。当时主事官员按惯例只按3 000人准备，而来吃粥的灾民多达5万人，供不应求，民情汹涌，围聚巡抚衙门，局面几乎失控。石家绍被请来救急，他当众对灾民说：粥少人多，吵闹也解决不了问题。你们先回去，明天再来，我不会让一个饥民没粥喝。饥民纷纷向他跪下，说"石爹爹不骗人，愿听您安排"。危机随之化解。

　　石家绍后来升任铜鼓营[①]副知府，代理饶州、赣州知府，所到之处都深得民心，百姓官员均称之为好官。他并不认可，说：当官，做好了是民之父母，作恶了就是民贼；做不到父母官，也不敢当民贼，我大概也就是"民佣"吧。这可谓"公仆"意识朴素表达。

　　——参考中华书局1977年版《清史稿》，《甘棠集》，《皇朝经世文续编》，笔者翻译。

[①] 起初是明代为了驻军治乱而设置的军事据点，管辖范围在今江西铜鼓、修水一带。清光绪三十三年改设为铜鼓抚民厅，现在为铜鼓县。

【个人简历】

朱翀鹤，男，汉族，1987年生人，就职于招商银行总行运营管理部。2015年7月由招商银行派驻云南省武定县白路镇古黑村第一书记。云南省武定县是招商银行的定点帮扶单位。

朱翀鹤走访贫困户

【村情一览】

云南省武定县属于乌蒙山区"连片特困地区"。白路镇位于该县西南68公里处，古黑村距白路镇政府所在地8公里。作为一个行政村，古黑村下辖10个自然村，分布较散，8个为彝族村，2个为苗族村，13个村民小组。全村共411户（1 752人），建档立卡贫困户为167户（780人）。该村地处山区，全村面积20.32平方公里，海拔2 250米，全村耕地1 775亩，人均1.03亩，经济主要以种植业和养殖业为主，农民主要经济收入来源为烤烟和黑山羊。林地26 038亩，其中经济林果地1 200亩，人均0.72亩。村内交通条件较差，集体经济薄弱。

村貌

【扶贫经历】

2015年4月招商银行作为云南省武定县的定点帮扶单位提出了选派"第一书记"。报名之后，通过层层筛选，终于在7月中旬通知我到武定县白路镇古黑村挂职。对于我来说将会是一个完全陌生的环境，所以兴奋之余也会有些许的担心。10年前我去过一次陕北的农村，所以对于农村的印象还停留在那个时候。

当我8月初来到古黑村的时候，第一印象觉得农村的变化还是非常大的。首先村委会三层小楼已经盖好，大多数的村民也已经有了自来水，电也是通的，甚至村委会已经有了网络。已经比我想象的农村生活好了很多。但是，住到村委会之后，慢慢地又发现了很多不完善的地方。

走访村民了解村情

入驻后，我自己先用两个月的时间走遍了10个自然村。根据了解到的情况也和村三职（支书、村主任、会计）在不断的沟通，古黑村党组织比较涣散，村委会在村民心目中地位不高，村委会没有团结好党员与群众，村民去镇政府上访时有发生。通过多次与村三职及大学生村干部沟通、讨论，明确、细化了村三职的职责，努力做到勤政为民，依法办事，并进一步探讨制定了村规民约，基本纠正了村三职办事拖拉的工作作风，做到每一项事务都有人负责，杜绝互相推诿的作风，提高了村委会在村民心目中的地位。

其次，抓好每季度一次的三会一课，邀请镇上的领导和我一起给党员讲党课，在三会一课时宣传好党的方针政策，发挥党员的带头作用，回去对村民做好宣传工作，调动了党员的积极性。同时，利用村委的扩音器每天播放最新消息和党建新闻。2016年恰逢村委会换届选举，我全程参与村委换届工作。在各级政府领导下，换届工作做到了公平、公正、公开，已于2016年4月12日圆满结束。

脚踏实地为民办事

我来的时候正是雨季，8月7号到了村里，一直到9月初，村里断断续续只通了大概七八天的电，每次停电都在四天以上，好容易来了两天电，又停了。当时我们这里正是烤烟收购季，一部分的烤烟房是

对村民进行脱贫动员

电烤烟房，一停电，采摘下的烟叶，没有办法烤，有一些烂掉了，有一些影响了品质，严重影响了农民的收入。而且，我们村滑坡比较严重，小一点的滑坡我会带着村三职和一些村民去清理，大一些的只能请挖掘机。短短两个月，最严重的一个村请了5次挖掘机。路不通，村民的烟叶卖不到烟叶站里，那么一年的辛苦就白费了。类似的问题还有很多。我和村三职多次就相关问题向镇领导反映终于在2016年有了很大的改善。

2015年10月，练三坡村村民杨正勇家的房屋由于连日来的雨水，出现了地面渗水的情况，有一面外墙发生了倒塌。由于家中只有两位70岁的老人，知道情况后连夜组织，第一时间将两位老人搬迁进村会议室居住过渡，在镇上向有关部门汇报完情况之后，不顾雨天滑坡严重，步行10多公里赶往现场看望了两位老人。在村组长的协助下，老人的房子进行了重新加固，1个多月后，两位老人终于重新搬回家中。

村民建房

关心教育

招商银行在18年的扶贫工作中始终坚持教育扶贫为基础，总结出了"扶贫先扶智、扶智先育人，治穷先治愚、治愚靠教育"的20字方针。我们村委会离学校非常近，我经常和学校的老师交流，同时会有很多学生周末时候来村委会玩，当时发现学校作为一个人口密集区，门前到村间主路也只有10米左右，但是没有硬化，于是通过从单位协调资金进行了路面硬化，保证了学生的出行安全，2016年，又为学校协调解决了2盏太阳能路灯，联络到杭州的3位爱心客户对古黑小学的学生进行了100套的文具捐赠。2016年12月又为古黑小学协调解决资金共计3万元，用于教具等用品的更换。

扶贫工作

在工作中认真贯彻执行上级关于扶贫开发工作的一系列方针政策和安排部署。不断强化扶贫开发意识，深入群众进行认真的调查研究，自2015年8月初到村以来的一年多时间里，我对每个自然村实地走访调研了五次。在调研过程中了解到村民的需求及各村的实际情况。因地制宜研究实施"五个一批"的扶贫攻坚行动。

古黑村以山区为主，下面自然村的村组路普遍都是土路，雨天容易发生滑坡、路面塌陷等自然灾害。行路难的问题严重制约着经济的发展，要想使当地经济有较大的发展，必须确保顺利地打通这制约经济发展的"最后一公里"。通过实地考察了解，理清思路，从根本出发推动解决广大贫困村群众行路难、饮水难的问题。

清理滑坡

深入到群众家中，不仅走访了建档立卡的贫困户，更是走访了新近返贫的群众，听取了他们返贫的原因，以及这一部分群众对于自身脱贫的思路，帮助他们分析，选择一条最切实于自身实际情况的发展之路。确保每个贫困户都有帮扶责任人。

其中最难的是动员贫困户建房，从8月底烤烟收购季结束之后，工作队集中一次次的到农户家里做工作，讲政策，做动员，分析利弊。有些农户家中甚至去了七八次，终于将167户贫困户的工作做通，2016年12月之前已全部开工了。目前有一大部分开工早的已经搬入了新家。由当初的不理解，到现在邀请我们去家中做客。看到一栋栋的砖房建起，老百姓确确实实得到了实惠。心里暖暖的。

项目及建设情况

在前期调研的基础上，我和村三职多次向上级领导反映上平子村饮水、村内经常停电的问题。通过不断的努力，以及乡镇领导的协助。目前已经确立了3个项目。

上平子村的饮水工程已经开始建设，项目从8公里外的水源点向村内引水，项目总预算38万元，已经建好。

电力设施维护工程，目前乡镇仍在与供电局及电建商讨具体的实施方案。包括增加变压器，线路分流等形式，解决古黑村经常性停电的问题。

龙潭云至新村的路面硬化工程，通过多方努力，于2017年2月中旬开工建设。将有4个村组的村民因此受益。之前在雨季平均每个月都要清理两次滑坡。村民的出行及经济发展受到极大制约。尤其是在烤烟收购季节，村民的烤烟无法及时的运输到烟叶站。直接影响到村民的经济收入。

【心得分享】

我始终觉得，下村首先要能和当地群众打成一片。比如我从来没有在农村生活过，而且偏远山区，多少会有一些语言不通。绝大多数农村人是质朴的，那么作为一个外来人想在当地做事，首先要能够得到村两委和村民的支持。这就需要走入群众，让老百姓知道、认识、相信你，这是一个过程。在和村民熟悉了之后，每一家村民过年杀猪的时候都会邀请你去家里。

其次，下来之后会发现自己在的这个村，村民等靠要思想还是很重的，同时和其他第一书记聊天之后发现这是一个比较普遍的现象。有等靠要的思想最主要还是因为穷，包括他自己穷也包括村子整体穷，所以积极性不高。要通过提高村委会在村中的威信，同时团结好群众作为基础。另一方面，寻找致富带头人，发展村集体经济，使村子有钱了，村民会跟着受益，当村民受益之后自然也就会更积极主动的参与到村子里的事情，才可能良性运转起来。

最后的一点思考是，现在我们很多外派的第一书记都在尝试发展村内的种植、养殖业，然后帮忙销售出去。我觉得这是精准的，因为在减少了中间环节的情况下，比如我们单位会适当地提高对农民的收购价格，但是如何保证当我们离开之后产品不会滞销，仍然有销路。这是值得认真考虑的地方。

15 高原上的牵挂

白浩　青海省化隆回族自治县扎巴镇知海买村第一书记

【总书记说】

　　要把扶贫攻坚抓紧抓准抓到位，坚持精准扶贫，倒排工期，算好明细账，决不让一个少数民族、一个地区掉队。要帮助贫困地区群众提高身体素质、文化素质、就业能力，努力阻止因病致贫、因病返贫，打开孩子们通过学习成长、青壮年通过多渠道就业改变命运的扎实通道，坚决阻止贫困现象代际传递。

　　——习近平2015年3月8日在参加十二届全国人大三次会议广西代表团审议时的讲话，新华社。

【循吏故事】

张堪，字君游，东汉南阳宛（今河南南阳）人，年少求学长安，好学有志，人称"圣童"，光武帝刘秀为布衣时也常称赞他。后来领兵赴蜀郡伐公孙述，攻占成都后，他先入城控制局面，检查统计府库典藏，收集其中珍宝，一一列表上报，个人不取毫厘。他还安抚稳定公孙述治下官民，使得他们十分高兴。后官拜渔阳[①]（辖区在今北京顺义一带）太守。多年后，据蜀郡计掾[②]向皇帝汇报说，张堪离任时"乘折辕车，布被囊"，坐破车，背着被卧，十分廉洁。

他在渔阳缉捕奸猾之人，赏罚必信，官民都乐意为其所用；匈奴曾以过万骑兵进犯渔阳，他率数千骑兵奔袭，大败匈奴，渔阳边境自此安定。他在任八年间，匈奴未敢再来侵犯。他还在狐奴县（今北京顺义境内）成功开垦稻田8千多顷，鼓励教导百姓耕种，百姓由此富足。当时有民谣歌颂张堪："桑无附枝，麦穗两歧。张君为政，乐不可支。"

——参考中华书局1965年版《后汉书》，笔者翻译。

[①] 战国燕置渔阳郡，秦汉时期治所在渔阳（今北京市密云区西南，顺义区境内）。

[②] 古代州郡掌簿籍并负责上计的官员，类似如今的统计局。

15 高原上的牵挂

【个人简历】

白浩，男，山西太原人，中国地质大学（北京）教务处副处长。2015年由中国地质大学派驻青海省海东市化隆回族自治县扎巴镇知海买村任第一书记，后挂职担任该县副县长。

走访困难户

【村情一览】

　　青海省化隆回族自治县属于六盘山区"连片特困地区"。知海买村位于该县扎巴镇政府西北侧，高海拔、高寒，耕地、草地、林地近5 000亩，水、电和硬化路已经入户，固定电话和移动电话信号入村，不通公共交通和邮政，无集体经济和办公场所。全村户籍人口67户（实有庄廊54个）337人，藏族42户222人，汉族25户115人。其中：建档立卡贫困户24户11人。村民的主要收入来源为挖虫草、外出务工、养殖和种植等，收入一般仅够维持温饱，很多村民因包草山致贫。主要致贫原因包括：自然环境恶劣、交通不方便、文化水平较低和思想观念保守。

【扶贫经历】

2016年12月13日下午，随着一阵掌声，在青海省海东市化隆回族自治县扎巴镇知海买村新落成尚未启用的社区服务中心大院里，村民大会结束了。当扶贫队员小荣招呼大家在会议记录上签字按手印时，我眼里含着泪水回到了我的住处，村党支部书记彭毛才仁家里。

这个会对我有点特殊，首先这是我主持的最后一次村民大会，我去县里挂职副县长的事已经到了最后的程序阶段，当然村里只有我和小荣知道。其次这是一次只有我一个人说话的会议，我说了三个事，一是村里一年的事情，这些大家都看得到，只是我把它们归拢在一起说了；二是把省里定的整村脱贫指标和村里的情况一一对照，全部达标；三是提议知海买村整村脱贫。会上出奇的安静，只是在我提议完之后村民不约而同地鼓起了掌。

一年的工作就要结束了，泪水是因为今天的平静是个意外，对于脱贫攻坚的阶段性任务完成，村民的情绪其实是我最担心的，特别是今天有一半是非建档立卡贫困户。对于各级政府的检查验收，我是胸有成竹的，自己的工作我有信心。

在冰冷的屋子里，我静静的待了一个多小时，把一年的心境归拢了下，酸甜苦辣只有自己明白：离妻别子；回归自然；高寒缺氧；陌生的人文环境；前方有干部，后方有靠山；脱贫攻坚的属地责任；精准扶贫……

进村

2015年12月7日，我和小荣离开北京，进驻知海买村这个回族自治县的藏汉混居的村落，我任村第一书记和扶贫工作队队长，小荣任扶贫队员，开始了高原藏乡的驻村扶贫工作，这次是学校组织部长把我们送到了村里。

其实，当组织部长找我谈话说想派我到青海扶贫时，我还是略感意外，我看过报名的通知，我超龄了，当听到"我现在只有你一个目标"时，我还是想接受这个任务，我喜欢接受挑战，也对高原农村充满好奇，现在想来还是有点幼稚，对驻村扶贫的艰辛准备不足。艰难的说服妻儿和父母之后这事就定了下来，也知道了我的助手是小荣，小我十岁，一个不熟悉的同事，之后的工作中，慢慢体会到学校派人之精准。

高寒

村委会没有办公场所，我们就住在党支部书记家里，高墙大院，全木结构的房子，看上去金碧辉煌，进屋要经过玻璃房（当地称之为封闭），当时感觉还是不错，住下来才知中看不中用，完全不保温。我们的房间没有土炕，屋外接近零下30摄氏度时也只能靠电褥子取暖，白天在屋里的温度大约5度，手都伸不出来，晚上屋里的水曾经结冰。镇上第二天就送来了电暖气，只是当时的环境着实不敢用，电线全部在木头上钉着，万一着火呢？而且也知道用处不大，晚上熄灯后有好多的缝隙可以看到屋外的光亮。

记得回京探亲的第二天早晨，妻子的第一句话是"睡觉这么老实，一个晚上动都没动一下，功夫怎么练的？"我想了半天才回过味来，在村里睡觉盖两床被子，根本不可能翻身，因为翻不动，搭的那床被子是房东的，太沉了，不过没冻着我们。

语言

对生活的艰苦我还是有思想准备的，没预料到的是语言成为我们工作最大的障碍，不说村里，在镇上开会都听不懂，每次开会结束都要找会普通话的人问"刚才说什么了，我们要做什么？"。在青海第一周，我发给组织部长一条短信"来这里接触了六种语言，电视上是藏语，村民之间说藏土语，对外交流用青海话，跟我们说青海普通话，我们说的是普通话，他们想听的是标准普通话（新闻联播的标准）。"

精准

进村的第三天，是镇上要求的精准识别的截止日期，我们由于各种原因比县里其他工作队进村晚了两个月（我看到学校的报名通知时，这里的第一书记已经到岗了）。不能因为来得晚就耽误工作，我们把政策吃透之后跟村干部交代清楚，召开村民大会选贫困户。开会的时候，我讲完政策，村民就开始讨论了，我一句都没听懂，后来才知道我说的多数村民也没听懂。拿到结果后村干部和我签字就报上去了，后续工作中很快发现，程序没问题，但由于我们没起到任何作用，识别极其不精准，这是给我敲的第一个警钟。

基准识别结束后开始了走访，我要求先走低保户，再走贫困户，最后走其他户，做到全覆盖，在村的不漏一户。走访完低保户我忽然觉得有点小轻松，"这些户应该是村里最困难的，情况也不错啊，看来脱贫压力不大。"走访一般贫困户的时候，越走心里越没底了，怎么这么多更困难的。走访普通户后，我彻底明白了，所谓的选贫困户根本没按照我提的要求（政策标准）来，完全是宗族利益平衡的结果。看来第一书记的工作不到位，会出大问题。之后我们加紧工作，把全村又走访了一遍。摸清楚情况之后，正好赶上精准识别回头看的阶段，在上级的支持下，村里重新选了贫困户，这次把不符合要求的全部排除在外了。

走访时有一个小插曲，很有代表性。走访贫困户A时，村干部把我们带到了B家，我们不知道啊，当时也没查户口本，主人都不会说汉语，只有靠村干部翻译（这也不是第一户这样的，我们也没在意）。但是当时的情况我很不舒服，我提问之后他们用藏语嘀咕很久才翻译给我，两个问题之后我就提出离开了。后来的走访我们有意不让村干部跟着，在其他家走访的时候不经意的问起A家的情况，走访几户之后，情况逐步清楚了，贫困户A家的情况很好，村干部不敢带我们去，找到B家顶替。我们跟村干部说起这个，他们不承认。周末的时候，B家上6年级的儿子回来了，我知道上学的孩子都会普通话，就趁B不在家的时候去问了他儿子几个问题"你叫什么名字，你爸叫什么名字，你们家几口人，你爸还有别的名字吗，A是谁，他家住哪？"得到答案出门时，正好碰上B急急忙忙进门……

再次选贫困户时B入选，A落选。经过这件事，村民这么说："这俩人还真认真，糊弄不了。"我真不知他们糊弄过多少下乡干部！

关心

一年来，感觉我们学校对扶贫工作的综合保障是很有力的，这得益于校党委书记的重视和政治担当，出发前的叮嘱还在耳边："扶贫不是大学工作，但我们是国家办的大学，要把国家任务完成好，去了不要着急，先适应，慢慢来，有困难就提出来，学校是你们强大的后盾。"

"地大— 知海买"雪莲花助学金发放仪式

2016年1月，我们进村一个月后，王书记带队到县里对接对口扶贫的事，顺路到村里看望扶贫工作队，当时正是雪后初晴，大雪封山，电话联系时我说"王书记，这里山路有雪，很不安全，我们出去见一面就行了吧？"王书记说："你能出来我就能进去，告诉我，你们准备怎么出来。"想起这句话，至今仍然能够激发我的泪点。

老师们知道我在高原扶贫，都主动和我联系要求做些事情，这样"雪莲花助学计划""冬衣送暖"等学校的民间扶贫项目都顺利实施了。2016年，校党委书记两次到村里，校工会主席两次到村里……学校超过70名师生先后来到村里看望和帮助我，我都接待不过来了，好大的"负担"。

通村路

黄麻村是玉隆片最大的村，有一所完全小学，距离知海买四公里，知海买村的学生规划在黄麻小学就读，但是因为路不好的原因，村里三年级后的学生都在邻近的查甫乡读小学。得知这个情况后，我特意步行往返一次黄麻村，看到路基是现成的，只是没有硬化，我决心修通这条四公里的上学路。

2016年正月初十，我从北京赶到村里，开始了修路的项目申报，我知道项目和种地一样，年初不忙，一年就没事干，最后也没收成。

几经周折，9月才得到县交通局的通知说有批复了，但是需村里提供水电砂石和小工。村里没有任何集体经济，商量的结果是：只能提供水，修不了就算了。我给交通局回复说："进场施工吧，把村里应该出的部分折算成钱，我来想办法。"

几天后，我的电话响了，"白书记，路没法修，黄麻村不同意，我们施工队无法进场，你赶紧协调一下吧。"我就奇怪了，也不涉及征地，修路是大家都受益的事情，怎么会有人反对。路的两头，我们村不出钱，另一个干脆不让修，只有我想修这条路？

修路

经过镇上的协调，半个月后，终于开工了，赶在上冻之前完工。村民这么跟我说："白书记，谢谢你了！这条路我们真想要，就是没钱。黄麻村我们也弄不过，只是你的几句狠话起作用了，他们不摸你的底细，不知道北京来的干部有多厉害，镇上又给了他们村些'福利'，事情就解决了。"

我在想："良民"是怎么变成"刁民"的。

《海东时报》2016年10月25日A04版曾对此事进行报道："我们终于有了通村公路"。

知海买村

位于扎巴镇政府西北侧，高海拔、高寒，现有耕地、草地、林地近5 000亩，水、电和硬化路已经入户，固定电话和移动电话信号入村，不通公共交通和邮政，无集体经济和办公场所。全村户籍人口67户（实有庄廓[①]54个）

[①] 庄廓，即庄廓院，学名庄窠（kē），是指青海农村地区农民居住的四合院，由高大的土筑围墙和厚实的大门组成。

337人，藏族42户222人，汉族25户115人。其中：建档立卡贫困户24户11人。村内设有一所小学。

我们入驻前，村民的主要收入为挖虫草、外出务工、养殖和种植等，但挖虫草季节性强，务工是做建筑小工且时间短，养殖业规模小，种植粮食仅够自给（无灾年份），这些收入一般仅够维持温饱。个别村民因包草山致富，但风险较大，很多人因此致贫。

主要致贫原因：①自然环境恶劣。首先是海拔高，无霜期短，降水少，自然灾害频发，农作物产量低、品质差。其次是耕地坡度大，无法使用机械化农机设备，人力投入非常大。②交通不方便。知海买村通往镇里的18公里道路已经进行路面硬化，但从扎哈公路到村里的道路是绕山的村级公路，坡陡、弯急、沟深，交通不便，尤其冬天道路积雪后很难融化，无法通行。③文化水平较低。村里30岁以上的成年村民大多数为文盲或半文盲，村民交流使用藏土语，对外使用青海话，基本不会讲普通话，部分村民甚至听不懂普通话。较低的文化水平和语言交流能力，导致村民外出务工只能在省内做小工，无法到中东部经济发达地区进行收入较高的务工活动。受当地教育水平落后和家庭环境的影响，部分学生学习基础很差，无法跟上学习进度。④思想观念保守。大多数村民思想观念保守，不思进取，小富即安，收入主要用于翻盖房屋、结婚、宗教等消费，往往形成入不敷出的局面，很少有人考虑把收入优先留足发展生产的需要。政府长期的扶贫政策也导致村民愿意接受给资金和物资的扶贫项目，而对技能培训和正规劳务输出兴趣不大。在漫长的冬季，村民大多赋闲在家。

工作思路

扶贫工作队认真学习了各级扶贫文件精神，在深入调研基础上，结合知海买村的实际情况和各贫困户具体情况，经过认真思考和多次探讨，坚持

"政府拉一把、脱贫靠自家"扶贫理念，形成了"精准识别、扶贫扶智、建强组织、共享发展"的扶贫工作思路。

精准识别是精准脱贫的基础。扶贫要找到"贫"根，只有做到精准识别，才能精准施策、精准发力、精准帮扶。这不仅关系民生，也关系社会公平。

扶贫扶智是稳定脱贫的保障。扶贫必扶智，习近平同志指出："抓好教育是扶贫开发的根本大计……尽力阻断贫困代际传递。"摆脱贫困需要智慧，培养智慧教育是根本，教育是拔穷根，阻止贫困代际传递的重要途径。

建强组织是摆脱贫困的关键。摆脱贫困离不开基层党组织的战斗堡垒作用，驻村工作队要努力把扶贫开发与建强基层服务型党组织有机结合起来，切实提高党组织在脱贫攻坚中的战斗力，帮助基层干部改进思想作风和工作作风，解放思想，更新观念，帮助村民牢固树立依靠自身脱贫致富的意识。

共享发展是脱贫攻坚的目标。消除贫困，改善民生，实现共同富裕是社会主义的本质要求，是我们党的重要使命。改善基础设施，提供优质服务，带领全体村民内生动力性脱贫，共享党的惠民政策。

主要工作

在驻村工作期间，我们一直注重：紧盯扶贫对象，吃透扶贫政策，聚焦扶贫项目，主要做了以下工作。

宣传党的惠民政策。工作队入村的第一个月，就把全村挨家挨户走访了两遍，了解情况并宣传党的惠民政策和扶贫政策。在"三带三推"活动中，通过宣传使党的政策深入人心，注重使村民理解和接受"政府拉一把、脱贫靠自家"的扶贫理念，激发村民自主脱贫致富的内生性动力。

探索发展生产脱贫。结合村里实际情况，探索特色种植和养殖项目，引导和支持群众立足当地资源，实现就地脱贫。已经种植了90亩蕨麻，并试种了藜麦和黑青稞。合理使用支付产业扶持资金，为建档立卡贫困户集体购买了商铺和摊位，使贫困户有了资产性收益。

探索生态补偿脱贫。争取到了500亩退耕还林任务，目前500亩杨树苗和沙棘苗长势良好，预计今年将给村民带来25万元的退耕还林补偿收入。

探索发展教育脱贫。作为来自高校的扶贫队，我们更加重视教育在扶贫工作中的重要作用。根据村里孩子学习基础较差的情况，在用好国家政策的基础上，利用学校资源开展了如下工作：小学硬件设施改造；实施"雪莲花助学计划"，中国地质大学（北京）各教工党支部对村里所有出村上学的孩子进行经济资助，2016年资助额超过2.6万元；派大学生社会实践团进村进行文化扶贫，7月14日—23日，学校派出14名大学生组成的"大山里的蒲公英"大学生社会实践团入驻知海买村，进行了为期10天的文化扶贫活动。实践团通过地质灾害宣讲、文化交流和互动活动，为村里的孩子们埋下了梦想的种子；11月19日丁香雅韵公益团体进村助学扶贫。

争取社会保障兜底。对村中贫困人口中完全或部分丧失劳动能力的人和大病致贫的人，积极申请社会保障进行兜底扶贫。

建设基础设施。今年，主要依托"高原美丽乡村"建设项目，为村民修建了村级服务中心、文化广场和射箭场，安装了路灯，改造了房屋和院墙，维修了小学，硬化了通村路，美化了村容村貌，使全体村民受益，增加村民脱贫致富的信心和对国家扶贫政策的理解，激发贫困户内生性脱贫的潜力，自觉配

土墙的变迁

合各项政策的实施。

成立村扶贫互助协会。作为重点贫困村，知海买村获得政府提供的扶贫互助资金50万元。经过多次研究探讨，知海买村通过成立扶贫互助协会的方式充分挖掘利用扶贫互助资金的帮扶效应，支持各类经营主体和建档立卡贫困户发展特色产业。

开展党建工作。围绕"三基"建设，服务扶贫工作，做好"三会一课"，健全党的组织生活，严格党员管理，加强党员教育。定期召开了党员大会和支部会，并开始上党课。逐步制定村规民约，实行村务公开和"三议一表决"。8月上旬，学校派出以马克思主义学院刘海燕教授为领队的学术团队，对知海买村的党支部建设开展了调研和党课活动，为建设一个好支部提供了理论指导，并且会在今后的党建活动中持续提供指导。

整合借助社会力量。帮助化隆三中联系公益资助50万元，建设了供暖设施，使学校师生第一次过上温暖的冬天；家属探亲也助力教育扶贫，慰问贫困户和义务为当地英语教师授课培训；"冬衣送暖"，校机关党委、实验三小、上地试验小学、人大附中等师生捐衣数千件，温暖了知海买的每一位村民；白浩接受了县电视台、海东卫视、安多卫视（藏语台）的采访，宣传了精准扶贫。

劳务输出。已经安排两名村民到中国地质大学（北京）务工，通过工作后的回访，两人均表示非常满意，并续签了工作合同。

【心得分享】

四个精准

派人精准。进村伊始，工作尚未开展，生活先遇到了困难，高原寒冷异常，村里只具备初步的生活条件，加上语言不通，适应环境成了工作队面临的第一个问题。此时，精准派人起到了关键作用，扶贫队成员不仅符合中央要求，而且均有在农村生活的经验，第一书记还具备在县级工作的经历。扶贫队很快适应了环境，全身心地投入了脱贫攻坚工作。

识别精准。及时准确地把党的政策传达到村里，召开村民大会，由村民自主评选出贫困人口，并及时张榜进行了公示。

项目精准。针对村里的实际情况和上级政策，扶贫队精心谋划，精准安排扶贫项目。在高原美丽乡村项目中，工作队极力争取把土墙换砖墙纳入实施方案中，解决了当地土质不好和雨水多造成的危房隐患；争取到了通黄麻村的通村道路，解决了学生上学的道路安全；学校的维修，解决了教室漏雨、厕所危房、院墙破损等教学安全问题。

成效精准。通过近一年的工作，知海买村离脱贫摘帽的目标越来越近。根据《中共中央、国务院关于打赢脱贫攻坚战的决定》要求，脱贫目标是实现"两不愁、三保障"，我们的项目实施和政策安排帮助贫困户解决了义务教育、住房安全、基本医疗的后顾之忧，鼓励村民劳动致富，自主解决吃穿问题。这样，知海买村按照"政府拉一把、脱贫靠自家"的扶贫理念稳定实现了整村脱贫，政府不仅结实地拉了一把，同时也激发了贫困群众脱贫的内生动力。

领导重视

领导要重视和支持脱贫攻坚工作。我们的生活和工作得到了派出单位和当地政府的亲切关怀和大力支持，我们既能在中国地质大学（北京）感受到"前方有干部，后方有靠山"的温暖，也能在当地体会到脱贫攻坚的属地责任。地质大学不仅提供了有力的后勤保障，更多的是带来了精神上的安慰和工作上的指导，校党委书记王鸿冰同志一年两次带队到村慰问贫困户和看望工作队，一年来学校师生超过70人次进村，都极大地鼓舞了工作队的干劲。

沉下心来

干部要真正沉下心来。我们离家远，容易把在青海的精力全部投入到了脱贫攻坚战中，这是我们始终不落后的基本保障。扶贫干部要静心研究政策，精准发力，带领群众脱贫致富。

16 承诺是看得见的天，贫困是凿得开的山

高健　内蒙古通辽市甘旗卡镇新胜屯村第一书记

【总书记说】

扶贫先扶志。扶贫工作中"输血"重要，"造血"更重要，扶贫先扶志，一定要把扶贫与扶志有机地结合起来，既要送温暖，更要送志气、送信心。习近平强调："弱鸟可望先飞，至贫可能先富，但能否实现'先飞''先富'，首先要看我们头脑里有无这种意识，贫困地区完全可能依靠自身努力、政策、长处、优势在特定领域'先飞'，以弥补贫困带来的劣势。如果扶贫不扶志，扶贫的目的就难以达到，即使一度脱贫，也可能会再度返贫。"

扶贫必扶智。摆脱贫困需要智慧。培养智慧教育是根本，教育是拔穷根，阻止贫困代际传递的重要途径。再穷不能穷教育。习近平多次强调"扶贫必扶智、阻止贫困代际传递。"他指出："扶贫必扶智。让贫困地区的孩子们接受良好教育，是扶贫开发的重要任务，也是阻断贫困代际传递的重要途径。"

——习近平扶贫新论断：扶贫先扶志、扶贫必扶智和精准扶贫，2016年1月3日，中国网。

【循吏故事】

　　仇览，字季智，一名香，陈留考城（在今河南兰考、民权一带）人。少年读书时，他沉默不为人知。四十岁时，才被任命为蒲亭长[①]。他鼓励百姓发展农业生产，制定乡规民约等条令，具体到每户需种植的果蔬、鸡猪数量等。农闲时，他就召集年轻人住到一起，集中学习。对那些轻浮浪荡的人，就罚他们去从事农桑生产，并严格执行处罚措施。他还帮助人办理丧事，抚恤穷困孤寡之人。任满一年，民风大为改善。

　　他才到蒲亭时，有个叫陈元的人和母亲相依为命，其母却来告他不孝顺。仇览说，我近日路过你们家，见你家院落整洁，耕种及时，他应该不是恶人，只是教化不到，没能明白廉耻。后来，他又到陈家与母子二人把酒言和，好言相劝，晓之以理。陈元终成孝子。乡间为此编谚语说："父母何在在我庭，化我鸲枭哺所生"。

　　时任考城县令王涣赏识他以德化人，就聘他为主簿。得知他有"鸾凤"之志，就送他到太学深造。学成归来，州郡官府都请他为官，他均借口生病婉拒。闲居时，他仍以礼法自我约束。后来他被举荐为"方正"之士，却因病去世。遂成史书上官最小的循吏。

　　——参考中华书局1965年版《后汉书》，笔者翻译。

[①] 秦汉时期在乡村每十里设一亭，置亭长，掌治安，捕盗贼，理民事，兼管停留旅客。多以服兵役期满的人充任。东汉后渐废。类似如今的乡长。

【个人简历】

高健，男，北京交通大学团委副书记、团校教务长。2015年9月，由学校派往内蒙古科左后旗甘旗卡镇新胜屯村党支部挂职任第一书记，挂职时间1年。

【村情一览】

内蒙古通辽市科尔沁左翼后旗属于中国扶贫开发工作重点县。新胜屯村位于该旗甘旗卡镇南部3公里处，含5个自然村，全村共728户、2 714人，总土地面积10万亩，党员52人，入党积极分子4人。

村中即景

【扶贫经历】

2015年底，到内蒙古通辽市甘旗卡镇新胜屯村挂职第一书记的第五天，我跟着镇党委书记王永生到邻村调研。颠簸起伏的狭窄村路、漫天飞舞的黄沙，瞬间取代脑海中"天苍苍，野茫茫，风吹草低见牛羊"的景象。

突然王书记一声大喊，伴随而来的是车尾被高高甩起，几近翻车，接着一阵剧烈颠簸，为避让前面突然转向的拖拉机，我们的车冲向路边深沟，车头直插地面几乎与地垂直。就这样，作为北京交通大学的一名青年教师，我开启了带领村民们攻坚脱贫的第一步。

用好政策、用组合拳，找准脱贫突破口

"丁零零"，一阵急促的电话铃响起，我看了下手机，五点四十，是村支部书记郭凤武打来的电话。"高书记，没打扰你休息吧？是这样，咱村的牛棚项目申请下来没啊，我这心里不踏实，着急啊"。"郭书记，我正要找您，生态办那边的项目落不到咱们这了，不过您别担心，咱今天再跑趟农牧局吧。"自从我村申请了牛棚项目，村民们就隔三岔五给我电话，特别是我们的郭书记，由此经常提供"叫早服务"。

新胜屯村所在的科尔沁左翼后旗虽是国家级贫困县，却也是中国顶级牛肉之一的科尔沁牛肉的主产地。到村不久，在和两委班子、村民代表研究后，我发现养牛或可成为村里"拔穷根"的新路子，特别是我们村的牛棚建设项目在县农牧局和生态办都能挂上"政策号"，牛棚建设全面启动。

"高书记，说养牛容易，可建10个牛棚就得几十万；有了牛棚再买牛，一头基础母牛也得1万块，咱村现在还有30多家贫苦户，到哪筹钱啊？"老村干部王真为难地说。"王大爷，难是肯定难，但如果大家都觉得这个思路

对，咱们就努力试试！"随后，在北京交通大学支持下，我先行从学校扶贫办申请来10万元启动资金，还带着村干部挨家挨户做工作，让村民也自筹了一部分资金。尽管如此，资金压力仍让牛棚项目面临搁浅的危险。

没钱，自然要贷款，也正是借由研究贷款政策的契机，我才了解到，原来金融扶贫早已是国家开发式扶贫战略的一个重要组成部分，出台了很多特惠政策，我们当地的地方政府也有专门针对贫困家庭的贴息贷款政策。虽有政策，老乡们却始终持有"不敢贷款""贷不上款"畏惧心理。为此我专门恶补了金融知识，说服贫困家庭的村民逐渐消除对金融信贷的神秘感。"贷了款，我一定努力把款还上"，在与贫困家庭一起争取贷款的过程中我才逐步体会到，"精准扶贫"务必要坚持可持续发展原则，而金融扶贫就是使扶贫开发方式由"输血"式转变为"造血"式，使扶贫动力由"要我脱贫"变为"我要脱贫"，贫困家庭的能动性充分调动起来，才能激发出脱贫致富的无限活力和内生动力。

如今，新胜屯村的养牛热情高涨。全村已经基本实现贫困家庭户均1～2头繁殖母牛目标。经测算，在不扩大养殖规模情况下，村里贷款的贫困户两年内即可还清贷款，且今后年均收入会达到近万元。同时我还与村两委同志一道，正在和当地科尔沁牛业等企业谈整体合作，保证村民销路，期待逐步形成"产—供—销"一条龙的新型农业循环产业链。在这场脱贫攻战中，要精准发力，就要打好组合拳。要统筹整合各类要素，在坚持上级政府主导的同时，更要积极动员引导全社会各方面力量，以多种形式参与扶贫，充分发挥政策、项目、资金等各方面的聚合效应。

扶智治愚、用心教育，善用技术驱动

玉米是科左后旗最主要的大田作物。年年都种，不过我去年见到白玉双的第一面时，他心里可没底儿。"玉米价格跌的这么厉害，谁来管管啊"，这是白玉双大哥见到我时脱口而出的第一句话。后来经过我的了解，当地玉米市场旺季不旺已成上演多时的魔咒。

为了帮助解决这个问题，我曾想过帮助村民换种其他经济效益更高的作物，但经过调研了解，当地半沙质混合黄土的墒情最适宜的作物也就是玉米了。我不死心，把这个情况反馈给了我在农科院读博的一个朋友，他很快就结合当地的地质条件向我推荐了一款青贮玉米品种。这个粮饲兼用型玉米品种既可以用作普通玉米品种在成熟期收获籽粒出售，也可以在乳熟期至蜡熟期之间将全株收获用作青驻饲料，作为饲料营养成分丰富，适口性好，饲养奶牛后日产奶量会明显上升。经征求多方意见，确认这个品种的种子非常适合后旗农牧混合的产业特点，能给农民较大的选择空间，有效缓解"粮贱伤农"的困境。

得知信息后我立刻想尽办法弄了一大批青贮玉米种子。但异常兴奋的我随即就被吃了一次次闭门羹。由于青贮玉米推广的很少，再加上当地农民观念较为保守，因此很难对我这个初到的"嘴上无毛"的"第一书记"建立信任。那时我真的很沮丧，也无数次想过气馁。心想我这已经是尽职尽责了，你们不用，跟我也就没关系了。但是冷静下来，想了一个晚上，我对自己说连这么一件明知是对村民有益的事我都推动不下去，就这么放弃，那面对那些"高健就是去走个过场、镀镀金"的言论，我还有什么底气去直面？我决定必须要推下去，在我上网研究青贮玉米种植技术的时候，发现央视农广天地节目有专门针对青贮玉米品种的视频介绍，于是我下载下来，播放给当地农民。"心系群众苗得土，背离群众树断根"，有了央视节目的说服力，再加上我三番五次登门的诚意和耐心地讲解，很快便消除了老乡们的顾虑。最后免费的5 000斤种子已基本覆盖全村有种植条件的养牛户。

此后，我们又从专家方面了解到，玉米秸秆放入青贮窖池发酵也可作为牛用饲料。让焚烧污染空气的秸秆变成养牛脱贫的票子，何乐而不为！经过两个月持续争取，我们为24个农户申请到青贮窖池建设支持。

"确保贫困家庭的孩子也能受到良好的教育，不让孩子输在起跑线上"，人民教师是我的天职，我更有强烈的责任感和使命感去解决村里贫困家庭孩子的教育问题。除了在走访入户时向村民随时灌输"不吃饭则饥，不读书则愚"的理念，让村里的孩子们深刻明白，知识是唯一可以终身携带的财富，读书是改变命运的最佳途径，我还通过不懈努力，协调解决贫困家庭子女上学费用问题。此外，我与清华大学、北京交通大学、北京师范大学、北京林业大学相关党支部建立签订对口帮扶协议。通过专家培训、大学生社会实践，文艺演出等形式从励志红色宣讲、乡村规划、养种植技术、教育文化下沉等角度对新胜屯村进行分类帮扶。授人以智，才能真正让精准扶贫有更多的可能性，才能实际增强贫困群众的主体地位和自我发展能力。

真抓实干、锤炼作风，站稳群众立场

做好新时期扶贫开发工作，必须站稳群众立场、树立群众观点、把握群众方法、集中群众智慧、体现群众意愿。

王喜是新胜屯村远近闻名的贫困户。妻子自小患有小儿麻痹症，无法劳动工作，他自己也一直患有高血压脑出血，生活本就已经捉襟见肘。而我到村处理的第一件事就是，王喜遇到了车祸，这次车祸更是让他基本丧失了劳动能力。得知消息后我第一时间赶到医院进行了慰问，了解到他妻子病情和家里还有一个正上高三的女儿的情况后，我和村两委成员商议组织轮班陪护，并积极帮助与保险公司协调理赔事宜。王喜出院了，他万分渴望像过去一样回到田间，扛起锄头为家里谋生计，因为保险公司的赔付金远无法保障一家未来的生活，更何况女儿上大学还需要大笔的学费。腿脚不便的现实却如一记闷锤，让这个父亲捶胸顿足，几乎吃不下饭。

精准扶贫，不只是不落一人，更是要做到一户一策，增强帮扶工作的针对性、实效性。针对王喜的困难实际，我们考虑到因为他的家里人都行动不便，从安全和便捷的角度考虑，养牛并不适合他家，所以我和村两委认真思考后打算帮他搭建猪圈，买来了4头猪崽，让他能够足不出户，用自己勤劳的双手为一家人的未来的生活点燃希望之光。另外，王喜的女儿曾由于家里面临的困境，一度出现过想辍学的念头，我与支部其他年轻党员和老书记一起对她有针对性的进行了心理疏导和慰问鼓励。2016年7月高考结束后，我还特别就填报志愿的规则、流程等对王喜的女儿进行了辅导。寒门出贵子，王喜的女儿特别争气，在高考中也考出了好成绩，上了一所三本高校。对于普通人来讲可能不算什么，但对于这个村这个家庭真的是很不容易。"精准扶贫"才是破解"因病致贫"的密钥，这场车祸不仅没有击垮王喜一家，却让他们异常团结，对未来的生活充满了期待。

坚持从群众中来，到群众中去。多少个日夜我向"两委"成员虚心请教，全面了解村里发展瓶颈和主要矛盾，研究商讨解决措施；已不知走访了多少家农户，只为熟悉村情、了解民意，与群众融洽关系、建立感情。做好群众工作还是要依靠群众，充分动员群众力量，先后栽植绿化树木5万株，覆盖5个自然屯；硬化道路37.6公里，危房改造92户，实现自来水、有线电视入户率100%。要彻底解决群众难题，就要敢啃"硬骨头"，一次野外发生火灾，我们迅速组织全体党员、干部应对，有效控制了火情。在处理完现场后，我们思考如何杜绝灾害蔓延到村民住宅，在旗镇两级政府的支持下协调资金50万修建一条简易防火防水堤，同时改善了村民出行条件。

知责思进，明责思为，突出党建引领

如何揽好"贫困村"这个瓷器活，我认为，抓好党建就是那颗重要的

"金刚钻"。首先就是要夯实党员思想政治基础，发挥党员的先锋模范作用，因此入村以来，以"两学一做"学习教育为契机，我首先极力推进村党员领导干部学习教育经常化，确定每月18日为党小组学习日，并利用学习日组织对党章知识、习近平总书记系列重要讲话、中央农村政策、业务理论学习。制定了农牧民党员"十二条红线"，开展了"六争六做"载体活动，即争当"全覆盖"标兵，做建设家乡模范；争当带头致富标兵，做带领发展模范；争当村屯绿化标兵，做生态建设模范；争当庭院美化标兵，做环境整治模范；争当移风易俗标兵，做文明新风模范；争当严格自律标兵，做遵纪守法模范。让党员对照标准找差距，对照问题列清单，对照台账抓整改，党员队伍的整体素质明显提升。

要实现党的建设和扶贫开发"无缝对接"，始终要以脱贫攻坚为主线，通过打造基层服务型党组织，实现党的工作全覆盖。我主推实行了农牧民党员固定活动日制度，开展"设岗创星"、包联结对等一系列活动，使党员亮身份、领岗、承诺、践诺，实现党员活动经常化，发挥作用有平台。提升服务群众能力水平。探索推广了"双联四进五及时""村民说事"等联系服务群众新机制。

骄阳烈日，天地间，牛棚内，院落里，朴实勤劳的新胜屯人忙忙碌碌，用汗水和信心绘就一幅脱贫致富奔小康、建设幸福美好家园的生动图景。相信在以习近平同志为核心的党中央领导和关怀下，在各级政府的支持帮助下，在村干部的不懈奋斗下，在村民的积极实践下，到2020年全面建成小康社会的目标定能实现。

作为一名曾经的85后第一书记，时代让我有幸成为"两个一百年"实现的见证者，党赋予我的基层工作使命让我真正成为其中的参与者，铲牛粪也好、扫大街也好，用心去感受祖国大地最真实的温度，无悔于当初的选择，我会将我的爱永远深埋在这片我挚爱的沙土地。

【心得分享】

消除对金融信贷的神秘感

"贷了款,我一定努力把款还上",在与贫困家庭一起争取贷款的过程中我才逐步体会到,"精准扶贫"务必要坚持可持续发展原则,而金融扶贫就是使扶贫开发方式由"输血"式转变为"造血"式,使扶贫动力由"要我脱贫"变为"我要脱贫",贫困家庭的能动性充分调动起来,才能激发出脱贫致富的无限活力和内生动力。

要精准发力,打好组合拳

要统筹整合各类要素,在坚持上级政府主导的同时,更要积极动员引导全社会各方面力量,以多种形式参与扶贫,充分发挥政策、项目、资金等各方面的聚合效应。

做好新时期扶贫开发工作,必须站稳群众立场、树立群众观点、把握群众方法、集中群众智慧、体现群众意愿。坚持从群众中来,到群众中去。多少个日夜我向"两委"成员虚心请教,全面了解村里发展瓶颈和主要矛盾,研究商讨解决措施;已不知走访了多少家农户,只为熟悉村情、了解民意,与群众融洽关系、建立感情。做好群众工作还是要依靠群众,充分动员群众力量。

17 不忘初心，砥砺前行

郭世怀　内蒙古兴安盟科右前旗科尔沁镇平安村第一书记

【总书记说】

党是最广大人民根本利益的忠实代表，党始终坚持立党为公、执政为民，全心全意为人民服务，与人民群众保持血肉联系。一个党员，如果与群众的距离远了，就与党拉开了距离；心中没有群众，就不配再做共产党员。"群众利益无小事"，柴米油盐等问题对群众来说就是大事。老百姓可能不关心GDP，但他们关心吃穿住行，关心就业怎么办、小孩上学怎么办、生病了怎么办、老了怎么办，等等。针对这些问题，我们必须切实把发展的理念转变到科学发展观上来，转变到以人为本上来。在这个过程中，共产党员一定要服务群众并教育群众，努力做为人民群众服务的带头人，做人民群众信赖、尊敬的贴心人。

——习近平《之江新语》，2013年7月，浙江人民出版社。

【循吏故事】

崔立，字本之，北宋开封鄢陵（今河南鄢陵）人。任果州团练推官时，属下士兵运送官办物资，陆路艰险，于是集体出资雇民船给运回来。知州姜从革说兵卒聚众集资，按律当斩三人。崔立辩称：这次集资是为公事，适用杖刑就可以了。二人的争论上奏朝廷，最后依了崔立意见。宋真宗由此对崔立印象深刻，改任他为大理寺丞，兼安丰知县。洪水冲坏了该县的期斯塘，影响农业灌溉，崔立亲自督促，一个多月就修缮完工。后升为广州、许州通判。

滑州堵塞决堤河道时，官府让百姓出工程所需的草木竹石，派崔立负责物资收缴调度。他计算发现收缴上来的物资已足够使用，而尚未缴纳物资的贫民还有200多万户，于是奏报朝廷不再征收，减少了百姓负担。

任职江阴军（今江苏江阴）时，下辖县里的利港（临长江，本是重要港口）废弃已久，崔立教百姓疏浚整治，完工后灌溉农田数千顷。又开挖横河六十里，与漕运河道连通，大大造福了当地百姓。升任太常少卿、任兖州知州时，遇上大饥荒，他召集富人出谷数十万石用以赈灾，饥民因此存活者众多。

——参考中华书局1965年版《宋史》，《甘棠集》，笔者翻译。

【个人简历】

郭世怀，男，河南省新乡市人，北京林业大学副研究员、干部。2016年2月被学校派往内蒙古兴安盟科右前旗科尔沁镇平安村担任第一书记，开展精准扶贫工作；2016年7月又被科尔沁镇党委任命为平安村党支部书记。

郭世怀在村民家中走访

17 不忘初心，砥砺前行

【村情一览】

内蒙古兴安盟科右前旗属于大兴安岭南麓山区"连片特困地区"。平安村所在的科尔沁镇位于科右前旗中南部。全村有147户、466人、19名党员、20名残疾人、8位80岁以上的老人、59位60岁以上的老人；耕地2 287亩，人均不足5亩地，主要种植玉米；有176个暖棚、202个冷棚，主要种植葡萄、草莓、香瓜、黄瓜、西红柿和各类小菜等；有两个食用菌种植区和一个养殖小区；收入来源主要是农地种植、大棚种植、周边打工等；贫困原因主要是创收能力弱、大病、上学。

郭世怀陪同领导实地查看平安村展翼家庭农场

【扶贫经历】

派驻平安村以来，在上级组织部门、学校领导和当地干部群众的关心帮助下，我正确把握自身角色定位，深入调查思考实践，重心前移扎实工作，按照找准切入点、认准落脚点、抓准关键点的总体要求，积极树立派驻干部的良好形象，全面落实肩负的职责任务，全身心投入当地的脱贫攻坚战中。

找准定位，准确切入

定位准才能切入准。我深知，组织上委派我到平安村担任第一书记，不仅是对我过去工作的肯定，更是对我的充分信任和培养。从首都高校到最基层的自然村任职，首先面临的问题就是如何正确把握自身的角色定位，从而迅速进入工作状态，并利用短暂的派驻时间为基层一线多办事、办好事、办实事。为此，我主要做好以下三点。

态度端正。从繁华的首都来到高寒、偏僻、欠发达的边陲小山村任职村干部，面对的是相对艰苦的工作环境，接触的是相对复杂的工作形势，承担的是相对繁重的工作压力。在这种情况下，一定的心理落差不可避免。但我认识到，自己作为中央选派的驻村干部，必须要下得去、待得住、干得好，才能不负组织信任。为此，工作中我坚持以党员干部的标准严格要求自己，坚决服从当地党委、政府的调遣和指挥，时时处处以一名党员领导干部的标准约束自己的一言一行，在生活上不搞特殊化，在工作上不拈轻怕重，努力以务实作风和实干精神树立中央选派干部的良好形象。

认识到位。驻村工作带有一定的支援性质。科右前旗属经济欠发达地区，具有借智借力的需求。我作为首都高校培养的青年干部，具有视野宽、观念新、干劲足的优势特点。因此，工作中我注重体现"来之能战"的特质，注重发挥自身优势特长，主动担当任务，扎实开展工作，坚持以自己实实在在的工作表现来获取基层干部群众的接纳和认可。由于得到当地干部群众的信任，我于7月份被镇党委任命为平安村党支部书记，负责平安村全面工作，成为目前中央选派的三百多名驻村第一书记中第一个也是唯一一个被当地直接任命为村党支部书记的选派干部。

切入准确。作为派驻干部，我在尊重村两委成员的基础上，充分发挥好派驻干部的指导帮助作用，坚持做到时时以工作大局为重，处处维护镇党委决策和村集体形象，与"两委"班子成员保持团结融洽，不以中央选派干部自居，对村两委做出的工作决定和措施，能结合自身职责推动贯彻落实，以求真务实的态度，脚踏实地的作风，使自己迅速进入工作状态，达到了有为、有位、有威的良好效果。

加强学习，深入调研

平安村目前有147户、466人、19名党员、20名残疾人、8位80岁以上的老人、59位60岁以上的老人；全村有2 287亩耕地，人均不足5亩地，主要种植玉米；有176个暖棚、202个冷棚，主要种植葡萄、草莓、香瓜、黄瓜、西红柿

郭世怀在村中调研

和各类小菜等;有两个食用菌种植区和一个养殖小区;收入来源主要是农地种植、大棚种植、周边打工等;贫困原因主要是创收能力弱、大病、上学。

没有调查就没有发言权。要做好挂职工作,注重调研才能有的放矢。挂职伊始,我首先深入基层开展深入细致的调研工作,努力了解最基层、最普通群众的思想状态和生产生活实际。入村后,我做的第一件事就是入户调研、了解情况。我从3月1号开始入户调研,由于北方农村有猫冬的习惯,很多村民一天只吃两顿饭,第一顿上午9点多吃,第二顿下午2点多吃,顿顿还喜欢喝点酒。为了不违反组织原则,我决定上午10点到11点半、下午3点到5点去入户。我作为第一书记去入户调研,就是要知道每户人家的最真实情况,包括很多比较隐私情况,譬如收入情况、家庭成员关系等。如果蜻蜓点水走过场,和村民感情唠得不到位,很多情况他们是不会对你说的。

实践中,我逐步摸索出"三步调研法",即闲聊打破隔阂、交流了解情况、倾听汲取意见。入户前半小时就闲聊,拉近和村民心与心的距离,消除隔阂;第二个半小时唠家常,有意识的了解家庭生活状况;最后一段时间设身处地的听其诉苦,有意识的引导村民说出家里的实际情况。调研时,发现信息量比较大,用本记录比较混乱,也容易漏掉信息点,所以我就根据工作需要,自己设计了一个包含所有我希望了解的重要信息点的表格,交流中自己填写,一目了然,还不会漏项。

通过调研,我基本掌握了平安村的基础情况,获得了翔实的第一手材料,为驻村工作的顺利开展打下了坚实基础。通过调研发现,平安村整体经济发展底子薄、投入少等是缺乏发展后劲的主要原因,但群众科技素质低、观念陈旧落后、"等靠要"思想严重才是最亟待解决的现实问题。这些发现,也使我对推进精准扶贫、打好脱贫攻坚战的重要性有了更深认识,找到了开展好工作的真正着力点。

要做好驻村工作,虚心学习才能有所收获。我始终将这次驻村工作作为自己难得的学习机会和充电过程。工作中,我积极学习党的方针、路线、政策，特别是有针对性的强化对党的农村政策的学习，使自己对基层工作的理解和把握更加深刻到位。按照缺啥补啥的要求，进一步加强了农业生产科技、乡村旅游等方面知识的学习，使自己的知识结构进一步充实完善。同时，我十分注重向两委班子成员和老同志学习，向普通群众学习，向工作实践学习，通过不断吸收借鉴好的农村工作方法、工作作风和工作理念，使自己的思想更加成熟，经验更加丰富，综合素质和工作能力得到显著提高。

沉下身子，扎实工作

坚持推动党建统领脱贫攻坚。"老乡富不富，关键看支部"。党支部是脱贫攻坚战的桥头堡，一个团结强大的村两委是农村脱贫致富的前提和保障。工作中，我切实把抓党建促脱贫攻坚放在心上、抓在手中、落到实处，紧紧围绕着"围绕脱贫抓党建、抓好党建促脱贫"这一目标，注重教育引导，定期与村两委成员深入谈话交流，通过办公室里正面严肃的工作交流和村干部家里轻松愉快的感情交流相结合的办法，一张一弛，有效地提升了党员和干部们思想认识，凝聚了村两委班子成员工作合力，达到了抓脱贫工作思想统一、步调一致。

没有规矩不成方圆，尤其在农村，本来村民的规则意识就不强，如果村两委还没有强烈的规则意识，很多工作就会越来越不好做。村里的工作流程和制度，应该是非常完善和健全的，主要看具体工作中执行得怎么样。因此，我在工作中时时刻刻强调规则意识，特别是被任命为村支书以来，始终做到坚持原则，按制度管人管事，不断增强村两委成员的规矩意识、制度观念，大力推进村务财务民主决策、民主管理、民主监督，严格落实村级重大事务民主决策"五步法""三公开"制度等，定期组织开展"三会一课"，使全村党建工作得到了一定的加强，实现了党务村务财务管理逐步制度化，两委班子管理逐步规范化。

坚持尽心竭力为村民办好事实事。村民文化水平低，法律意识比较淡薄，为此我积极协调有关部门在村里做了三次普法教育。第一次，结合3月1日《反家暴法》实施和庆祝三八节之际，邀请科右前旗公安局民警到村里，针对农村家暴比较多发的情况，举办《反家暴法》普法教育讲座；第二次，针对清明节人们普遍要祭祖这个习惯，很多村民进山上坟很容易造成火灾的情况，邀请乌兰浩特森林武警部队官兵到村作消防法律法规及消防知识宣传；第三次，针对村民时有经济纠纷，结合前期法院法律下乡的契机，邀请法官进村为村民作讲座，讲解民间借贷的情况和有关遗产遗嘱的情况。

欲让其守法，必先让其知法，还要让其了解犯法的严重后果。通过开展普法教育活动，村民的法律意识得到明显提高。为实现村民增收，针对国道改高速致使平安村往来乌兰浩特和科右前旗交通不便，导致村民的瓜果蔬菜销售困难、采摘客源枯竭的情况，协助旗、镇政府成功举办了采摘节，不仅一举售罄村内的农产品，还带动宣传了平安村的知名度，为村子定位发展的城郊观光旅游采摘经济奠定了坚实的基础。及时抓住发展庭院经济的惠民政策，并实现有效的转化，组织本村庭院有空间的村民家庭建起冷棚，从而实现了经济增收。

扶贫先扶智，治穷先治愚。我在平安村高度重视精神文明建设，努力

科右前旗法院送法进村屯

丰富村民文化生活，通过在"妇女节"当天举办了首届乡村歌手大赛，在村民中引起不小的轰动，引导村民们对美的追求和学习。在天气转暖和村活动广场修建完成后，村里配置音响和管理员，组织村民跳广场舞和扭秧歌。同时开放已建成的村图书室和乒乓球室，让村民在劳动之余有了学习锻炼的地方。

为做好维稳工作，我入村后只要发现村民有问题和麻烦了，就积极与村民沟通，做好政策解释和村民思想工作，确因政府原因造成损失的、超出能力或职权范围的，就积极与镇党委和政府沟通协调解决，将矛盾及时化解，做到小事不出村，大事不出镇，努力确保全村社会秩序稳定。在我刚入村工作不久，就遇到村民到村部上访，指责贫困户核定程序不合规（村民代表不被认可，没开村民大会）、部分贫困户条件不符（有车等）、妄求均分扶贫款（均分扶贫款后被证实为谣传），如果村里不解决，就要到镇上和旗里上访。我了解贫困户整个事情之后，做出三个决定：一是按照有关规定召开村民大会；二是按国家和上级政策严格核定贫困户；三是若有扶贫款，严格按照政策规定，只能给贫困户，不能平分。

由于多种原因，村民大会多年未开，大家都认为开不成，但我坚持要求按照政府规定的农村办事程序，召开了村民大会，并按照精准扶贫规定甄选

"庆三八"歌手大赛

出了2名真正的贫困户，也把国家精准扶贫的政策宣传给了村民。虽然浪费了上级分配的10个贫困户名额，但做到了贫困户的精准识别，同时还化解了村民的不平怨气，圆满地解决了这次群访事件。

村里的冷棚原是镇政府帮助村民修建的，由于施工方的偷工减料，导致个别大棚质量不合格，在冬季大风天倒塌了几个，出现这种情况的几位村民就来村部要求补偿，要不就去上访。大棚不是村里修建的，村里本可以推出去，并且损失也比较大，已超出村里解决能力范围，但考虑到这毕竟是在平安村出的事情，我一边安抚住村民，一边了解情况，并及时向镇领导汇报，镇党委书记也非常重视，亲自到大棚区实地察看，到村部和村民座谈协调解决方案，并安排专人联系施工方解决问题，经过多次协调，村民得到了合理的补偿。

坚持用先进理念开拓发展新思路。平安村之所以发展得比较好，是在相关单位和领导的支持帮扶下比周边先行发展了设施农业。但几年过去了，现在周边的设施农业都起来了，他们的设施农业甚至还有超越平安村的，那平

郭世怀在大棚中调研

安村要想保持领先，就必须创新发展。我根据北京近郊游的情况，结合平安村产业转型升级，提出农事体验亲子游思路，村里致富带头人开办了农庄，并取得非常好的效果。

针对乌兰浩特周边缺少彩色花卉这一情况，结合北京林业大学的科研优势，提出在村子里发展花卉苗木产业，该计划已获得学校领导和旗镇政府领导的认可，该项目即将落地平安村。

针对村里的瓜果蔬菜基本都是无公害绿色食品，但很多村民意识不到其经济价值或无法证明是无公害绿色食品，得不到应有的经济收益，我就带着村主任找到农业局，想在我们村建立一个农产品检测站，对农产品采用田里不定时随机抽测与检查和进入市场前检测相结合的办法，严把产品质量关，用好农产品绿标，为村民增收。

针对科右前旗教育质量不是很好，恰好国内名校清华大学的学生在平安村进行社会实践，我就联系旗镇政府领导，安排了清华大学生与前旗高三学生座谈，为前旗学生送去好的学习方法和理念，尤其给他们树立好的学习榜样。

【心得分享】

实践中，我逐步摸索出"三步调研法"，即闲聊打破隔阂、交流了解情况、倾听汲取意见。入户前半小时就闲聊，拉近和村民心与心的距离，消除隔阂；第二个半小时唠家常，有意识的了解家庭生活状况；最后一段时间设身处地的听其诉苦，有意识的引导村民说出家里的实际情况。调研时，发现信息量比较大，用本记录比较混乱，也容易漏掉信息点，所以我就根据工作需要，自己设计了一个包含所有我希望了解的重要信息点的表格，交流中自己填写，一目了然，还不会漏项。

在平安村挂职工作的半年时间里，学习工作感到十分充实，同时也有下面两点体会。

一是实现了学院派向实干派的转变。这次驻村工作，能够有机会长时间深入基层，了解贫困农村群众的生产生活状况，了解民情、体察民意、开展工作，逐步改变了脑力劳动者"阳春白雪"的思维方式和工作习惯。

二是实现了理论与实践的有机结合。在与基层干部群众长期深入的交往交流中，真正获得了开展基层工作的有益经验及处理复杂问题的能力。我身边的领导、同事、群众点点滴滴的潜移默化，帮助我实实在在地学习到了许多农村工作的方式、方法和思路，为我以后的学习工作积累了阅历。我将认真总结驻村工作以来的经验，继续脚踏实地的努力工作，为当地的发展进步做出贡献，为打赢脱贫攻坚战不懈努力，决不辜负组织对我的信任和期待。

18 这一年，我在兰考县张庄村扶贫

孙兴文　河南省兰考县东坝头乡张庄村第一书记

【总书记说】

　　陈云同志曾经说过："领导机关制定政策，要用百分之九十以上的时间作调查研究工作，最后讨论作决定用不到百分之十的时间就够了。"又说："片面性总是来自忙于决定政策而不研究实际情况。"为什么我们现在有些决策的针对性和可操作不强，说到底，根子还是在于调查研究少了一点，"情况不明决心大，心中无数点子多"。正确的决策，绝对不是一个人或者一堆人，不作调查研究，坐在房子里苦思冥想就能产生的，它要在人民群众改革发展的实践中才能产生。我们担负领导工作的干部，在对重大问题进行决策之前，一定要有眼睛向下的决心和甘当小学生的精神，迈开步子，走出院子，去车间码头，到田间地头，进行实地调研，同真正明了实情的各方面人士沟通讨论，通过"交换、比较、反复"，取得真实可信、扎实有效的调研成果，从而得到正确的结论。调查研究就像"十月怀胎"，决策就像"一朝分娩"。调查研究的过程就是科学决策的过程，千万省略不得、马虎不得。

　　——习近平《之江新语》，2013年7月，浙江人民出版社。

【循吏故事】

梁彦光,字修之,隋朝安定乌氏(今甘肃泾川)人,幼年聪慧、孝顺。他任岐州(在今陕西凤翔)刺史时多有善政,隋文帝诏令天下官员学习,要"慕高山而仰止,闻清风而自励。"后任相州(在今河南安阳)刺史,州府所在邺都风俗混杂,多狡诈善变之人,他按岐州经验治理,有人就编造歌谣说他治理无方。他因此被皇帝责怪,免职。

一年后,朝廷又任拟他为赵州刺史。他说:相州百姓说我是无能的"戴帽饧"①,我想还回相州改变民风。皇帝批准。听说他二次赴任,当地奸猾豪强纷纷嗤笑。他到任就准确地揭露隐蔽的坏人坏事,当地奸猾之辈无不惊骇逃窜。有力震慑后,他着手移风易俗。他分析得知,南齐灭亡后,当地读书人都迁往了关内,本地人就以小商贩和乐户为主,人情由此变得险恶,常编造谣言,状告官员,手法变化多端。他用俸禄聘请山东大儒,在每个乡建学堂教授圣贤书。每季最后一个月亲自测试学生,按成绩奖优罚劣。当堂举行向朝廷推荐人才的仪式,并在城外为人才办送行仪式,赠送财物。于是,相州百姓都开始勤奋律己,民风大变。滏阳人焦通,喜欢酗酒,对父母无礼,被弟弟告状。彦光没有治他罪,将他送到州学,让他看孔庙中"韩伯瑜母杖不痛"的故事,焦通感悟认错,改过自新,终于成为有德之士。他以德化人,诸如此类。官员百姓深受感化,诉讼案件几乎绝迹。

——参考中华书局1973年版《隋书》,《甘棠集》,笔者翻译。

---

① 戴帽饧,指虽然戴着帽像个人,但柔软如饴糖。比喻软弱无能。饧:念(xíng),指糖稀、糖块。

【个人简历】

孙兴文,男,山东邹城人,中共党员,任职于中国证监会。2015年7月—2016年7月任河南省兰考县东坝头乡张庄村第一书记。

孙兴文

【村情一览】

　　河南省兰考县属于大别山区"连片特困地区"。张庄村是兰考县委书记焦裕禄当年防风治沙取得成功经验的前沿阵地，也是2014年3月习近平总书记调研座谈的地方。张庄行政村由张庄、官庄、冯庄、军李寨4个自然村组成。全村710户，总人口2 960人，党员59人。2014年建档立卡时共有贫困户210户、716人。

张庄村七一庆祝建党95周年党员教育实践活动

18 这一年，我在兰考县张庄村扶贫

【扶贫经历】

2015年7月24日，我清楚地记得这个日子。从北京市西城区金融大街19号中国证监会到河南省兰考县东坝头乡张庄村村委会，700千米的距离，两"会"之间的切换，就是从这一天开始的。

这一天之前，作为中组部选派的第一批到村任第一书记的中央机关干部，我对兰考的印象，还停留在风沙、盐碱、内涝三害泛滥的焦裕禄时代。

到张庄村后，才知道三害已成历史，张庄村的贫困集中体现在210户的贫困户和集体经济为零的贫困村两个方面。村里没有产业项目和工业企业，第二、三产业发展几乎空白，村民收入来源单一，村集体收入为零。

随着张庄村各项工作的深入推进，重点工作不断凸显出来，发展思路不断完善。尤其是在扶贫工作方面，要在发展二字上做文章，把解决现有矛盾与开展扶贫工作结合起来，走一条符合张庄发展实际、具有张庄特色的发展之路。

挖掘旅游资源禀赋，发展民俗旅游业

报到当天，兰考县委书记蔡松涛（时任兰考县委副书记、县长）就交给了我一个任务，用两周时间围绕"乡愁"进行深入调研，梳理出张庄村发展的总体思路。带着这个课题，我开始了任职第一书记后的第一个任务。

"孙书记到我们村后，成天背着一个小包独自到村民家走访座谈，写写画画，那时村民都还不认识他，都觉得这个说普通话的小伙子很亲切。我还多次带他到村里的田间地头、沟沟河河、沙丘滩地察看。"张庄村主任翟茂盛说。

经过走访调研和实地考察，我越发感觉到张庄村的民俗旅游发展有着得天独厚的优越条件。张庄村是焦裕禄书记防风治沙取得成功经验的前沿阵

地，是焦裕禄精神的发祥地，蕴含着巨大的精神财富；保存完好的焦裕禄纪念林和原始沙丘具有独特的资源禀赋。

习近平总书记2014年3月17日到张庄村走访座谈，为村里带来巨大的影响力和知名度。张庄村临近黄河，村内现有三营河、四明河水道，兰考县委、县政府经多方论证，业已决定恢复东方红提灌站及干渠，通过引黄河水入村，可以形成河水环村的水系资源。张庄村本身保存较好的老式建筑和20世纪70年代以来新建的各式房屋形成鲜明对比，很好地体现出中原地区农村发展变迁。再结合黄河文化、红色文化感召和蓝天白云的环境载体，以及市民到农村休闲旅游趋势的快速发展和党员干部学习焦裕禄书记深入农村最基层的体验需要，张庄村旅游发展的总体思路就清晰地勾勒在我的眼前。

村干部都清楚地记得2015年8月26日"梦里张庄"开始动工建设的场景，我们还特意拍了一张照片留念。围绕习总书记提出的"乡愁"意识，张庄村大力打造集豫东民俗院落改造、红色精神发掘、绿色乡村资源开发为一体的观光旅游区。在自主开发的同时，县领导也帮我们招商引资，成立了兰考县梦里张庄文化发展有限公司按照市场机制发展旅游业。

刚开始提出旅游发展思路时，全村干部群众都持怀疑态度，谁都没往这

个方向考虑过，所以工作进展也并不顺利。有了县领导和相关部门的大力支持，我首先做通了村干部的思想工作。然后由乡政府负责组织村民到信阳市郝堂村、新集村等乡村旅游发展起步早的村庄学习参观，开阔思路。考虑到贫困户缺少资金的现实情况，我们向县乡领导汇报，与银行沟通，为每户贫困户争取10万元3年期政府全额贴息贷款，解决农家院落改造资金难题。

为了打造整体旅游环境，整合旅游资源，张庄村民俗院落改造、焦裕禄精神体验教育基地建设、焦裕禄纪念林建设、"四面红旗"纪念馆建设、东方红干渠修复、生态休闲采摘园建设、无公害蔬菜种植园建设、500亩观光花园建设等旅游项目都在如火如荼推进。

近一年来，张庄村民已经对旅游发展由怀疑到认可、拥护，并开始主动参与旅游资源配套建设。一个贫困村民对我说："村里搞各种旅游资源开发项目，我也想自己弄一个葡萄采摘园，在采摘园里养蜜蜂，把土蜂蜜卖给来旅游的人，你觉得中不？"

力推生态休闲采摘园项目建设，发展集体经济

刚到村里时，村干部就向我诉苦，村里一点集体经济都没有，每办一分钱的事都要向乡政府、各相关部门伸手求援，村干部没法自主开展工作，村里发展也没有内生动力和持续发展能力。经过近半年的调研酝酿，2016年3月份启动的"梦里张庄"生态休闲采摘园（以下简称"采摘园"）种植项目已经初具雏形，栽种了梨树、桃树、石榴树、葡萄树两万多棵，铺设了微喷管网，覆盖了保湿地膜，林下播种了西瓜、甜瓜。

"这个项目的顺利开展，化解了村里积攒的一系列矛盾，拆除了埋在我们心头的一颗定时炸弹"，张庄村党支部书记申学风说。该项目所流转的土地几经易手，近两年来培育过草莓苗，种过玉米、大麦草，都没见到预期效益，村民对于土地流转的持续性也持怀疑态度，严重影响土地流转的积极性。

第一个外省土地承包商看好张庄村发展前景，流转104亩土地培育草莓，发展草莓采摘园，后因土壤碱性过大，草莓育苗非常不理想，欠下了土地租金、村民劳务工资、园区基建费用等一大笔资金，拍屁股走人，从此失联。好在地里的草莓苗、玉米收成基本上覆盖住了租金和村民工资。第二个承包人接手该块土地后种植大麦草，因资金紧张、实力有限，土地流转费迟迟不能兑现，引起村民强烈不满。部分村民已经有了分地单干的想法。为了确保农村稳定，综合评估风险和投资回报后，于2016年3月份由村委会接手该宗土地，开始着手发展采摘园项目。

采摘园项目推进也并不是一帆风顺，在采摘园项目管理模式上，我和村干部也发生了较大分歧。村干部主张由村委会统一种植果树，然后分块承包给村民自主经营管理。但是分块承包的方式容易造成村民之间的不当竞争，严重的话将会影响张庄村发展旅游的大环境。我主张引进具有种植经验、成熟管理团队、销售团队和仓储能力的农业企业免费进行管理经营。企业虽然是无偿管理经营，但是却可以依托张庄村的有利区位因素，扩大企业知名度和影响力。几经商谈，企业也同意以扶贫的名义按照该模式参与张庄

全国金融青联来张庄调研扶贫工作

村发展。村干部开始同意这种方案，但进入实际运作阶段又打了退堂鼓，认为企业免费管理必然不会用心管理。村干部接受不了无形资产、品牌价值的理念，而企业也无法证明肯定会用心管理。几经商讨，我提出了另外一个方案，既可以确保集体利益最大化，也终于解决了管理难题。

该方案是张庄村委会以集体名义直接参与市场经济发展的一次有益尝试。项目由张庄村委会牵头经营管理，收入主要归集体所有，实现了张庄村集体经济零的突破。项目前期投资所需资金通过争取证监会扶贫资金和协调银行贷款解决，项目收入扣除土地使用金等必要成本投入后，30%作为公积金，15%作为土地增值红利返还土地出租农户，剩余55%作为村集体财产用于发展村庄集体事业和扶贫事业。张庄村党支部书记申学风总结，这是一箭四雕的良性循环发展模式："按照这种收入分配模式，我们就有钱扩大采摘园种植规模，可以吸引更多的人来张庄旅游，村民有了额外分红也愿意流转土地，集体有了钱也好为村民办事。"

搭乘"互联网+农业"快车，尝试销售新模式

春节前，贫困户文要清养殖的土鸡出现滞销问题，严重威胁到稳定脱贫。了解到该问题，经现场考察养殖环境，向村民询问养殖情况，在得知质量有保障的前提下，通过注册微店"兰考扶贫土鸡"，以"互联网+"的销售模式，在春节前将滞销土鸡以远高于本地的价格远销北上广等发达城市，很快销售一空，切实解决村民实际困难。

为让客户买得放心、吃得安心，我特意写了一首《土鸡赋》为土鸡养殖情况进行阐释，同事、朋友帮助进行了广泛宣传推广："土鸡土长，生长期长。三月鸡仔，元旦吃香。农家农舍，拒绝助长。没有激素，更无催胀。净重三斤，遛跑健壮。渴饮黄河，饿吃八方。勤时草籽，懒时麦糠。草虫解馋，远离配方。没有工业，追求健康。红色圣地，安全成长。魅力兰考，焦

裕禄乡。梦里张庄，习总来访。土鸡土养，品质保障。"

互联网销售土鸡的事例也使张庄村干部群众意识到，原来农村的土特产品还能这么卖。春节后贫困户文怀清找到我，想按照传统手艺酿造香醋。他告诉我以前村子里家家户户都自己酿醋，就和做馍一样熟练，可以酿苹果醋、柿子醋、红薯醋，比现在市场上卖的醋不知道要好了多少倍，希望做出来也可以在网上销售。村民陈学军多次和我讨论互联网销售莲藕的事情。文要清咨询我是否能在网上卖蜂蜜。村干部也多次问我，采摘园的水果是否也可以通过网络卖到北京去。

互联网销售土鸡看似是一个比较小的独立事件，但是其示范效应非常明显。接下来发展民俗旅游，村民住宿、餐饮预订等事项都要打破时空、拥抱网络。为了便于村民通过网络学习新技术新知识、售卖农副产品，我们向上级部门积极争取，张庄村全村实现了免费无线WIFI全覆盖，在每一个角落，都可以自由上网，也为今后发展村淘经济提供便利条件。

【心得分享】

驻村后，我经常思考这样一个问题，"一个合格的驻村第一书记的首要品质是什么"。刚开始考虑这个问题时，我真的不知道如何回答，也不敢轻易回答。随着工作的全面展开，对农村的了解越来越深，答案也就越来越清晰——敢干、有担当。第一书记到农村工作容易变成各种矛盾的焦点，遇到困难，应自觉学习焦裕禄同志攻坚克难、迎难而上的精神，主动承担起解决历史问题、输送先进科学发展观念的责任。作为第一书记，党建工作是第一位的，抓党建工作的过程中，我遇到了第一个"棘手"的问题。原支部书记因年纪较大、身体较差，难以适应高强度、快节奏工作需要，导致各项工作进展缓慢，而村务监督委员又形同虚设。几经考虑，经上级组织同意后，推动张庄村改选了村党支部书记。同时，明确村干部职责分工，调动村监委工作积极性，极大地提升了张庄村基层党员干部队伍的战斗能力。

一开始工作时，我们工作没有规划、没有方向、没有思路，干部心中没底，群众心中没数。在调研的基础上，我和村里的党员干部一起商量研究，听取村民意见，确定了张庄村开展农村工作的"一个思路"和"四个抓手"，即："以金融政策为引领，大力发展民俗旅游，大力发展产业经济，大力发展集体事业"的总体发展思路和"一抓党建，二抓扶贫，三抓集体经济，四抓村民关心问题"的工作抓手。实践证明，我们的思路是符合张庄村发展实际的，2017年3月全村实现全面脱贫任务，为早日迈步小康奠定坚实的经济基础。

我是在农村长大的孩子，曾经我认为自己了解农村，来了以后发现，哪怕就是在农村生活了这么多年，依然未必了解农村。在开展第一书记工作期间，有信心满满的时候，也有异常失落的时候。农村工作，好多事情正如吴秀波主演的《马向阳下乡记》中的描述，"这个村（大槐树村）老是这样，要解决这件事，就会出另一件事，要解决另一件事，就再绕回这件事，所有的事在这转圈"。集体经济缺失、土地流转出现瓶颈、民俗文化发掘不深、农村空心化进程加快、污染物不断蔓延、基础设施建设滞后、种养殖户议价能力薄弱等一系列问题阻碍着村庄经济社会发展。不破不立，农村真要发展，要变革，势必会对原有的平衡关系进行冲击和重塑，一些无法回避的矛盾、问题势必会公开化，处理这些矛盾需要有敢于担当的历史责任感。

习近平总书记《念奴娇·追思焦裕禄》词中有："绿我涓滴，会它千顷澄碧"。我也常常思考，挂职结束后能给张庄村留下点什么。我最希望张庄村留下一个充满战斗力、凝聚力的基层党组织，形成了一套促进张庄村经济社会发展的长效机制。

按照组织安排，我挂职第一书记的工作已经结束，接替我的同志也已经到位。虽然现在我离开了兰考、离开了张庄村，但我和张庄的感情没断，我对张庄村发展关注没断。回京后，我也在积极引荐合适的企业到兰考投资、到张庄设厂，带动张庄村民早日实现脱贫致富奔小康的发展愿望。

19 不忘初心 为民造福，坚决打赢脱贫攻坚战

王鸿蒙　河北省平泉县平泉镇哈叭气村第一书记

【总书记说】

　　要坚持精准扶贫、精准脱贫，重在提高脱贫攻坚成效。关键是要找准路子、构建好的体制机制，在精准施策上出实招、在精准推进上下实功、在精准落地上见实效。要解决好"扶持谁"的问题，确保把真正的贫困人口弄清楚，把贫困人口、贫困程度、致贫原因等搞清楚，以便做到因户施策、因人施策。要解决好"谁来扶"的问题，加快形成中央统筹、省（自治区、直辖市）负总责、市（地）县抓落实的扶贫开发工作机制，做到分工明确、责任清晰、任务到人、考核到位。

　　——习近平2015年11月27日至28日在中央扶贫开发工作会议上的讲话。

【循吏故事】

胡仁济,号省斋,清代山阴(在今浙江绍兴)人,大兴(在今北京市大兴区)籍贡生。任宝山县(今上海宝山)令时,该县刚刚建制,一切从头开始,他到任就筑城池,筑防洪堤,建立官仓,架设桥梁。武庙、鼓楼等也依次建成。在任八年,廉洁爱民。之前,此地每年多次闹饥荒,他任职八年间,没有发生水旱灾害(引发的饥荒),强横暴虐的行为绝迹,百姓安于农耕,集市少有懒惰浪荡之人,宝山日渐富庶。

乾隆五年,因县城靠海,他建议修筑石头防护堤,朝廷批准拨款修建。从吴淞炮台到车家园,石堤长一千三百丈,他都亲自督导监工。尚未竣工时,他被贪官弹劾,含冤罢官。期间寄居城外,生活困难,当地父老争相向他赠送柴米,他就写书法作品答谢。三年后护堤完工,他才在百姓呼吁下得以申冤,重返宝山。后来他辞官归乡,宝山百姓为他塑像,建生祠,以瞻仰纪念。

胡仁济辞世后二百多年里,祭祀不断,每逢狂风大潮,百姓就来拜他祈求保佑。据说,宝山的方言中称"海塘"为"胡塘",就是因他而来。他手书的《劝民十则》流传甚广,至今保存在上海历史博物馆。

——参考中华书局1977年版《清史稿》,上海市《宝山县志》,笔者翻译。

【个人简历】

王鸿蒙，男，山东沂南人，时任国家邮政局办公室综合处主任科员。2015年8月被派往河北省承德市平泉县平泉镇哈叭气村挂职第一书记。

王鸿蒙在村民家中调研

【村情一览】

河北省承德市平泉县属于燕山—太行山区"连片特困地区"。该县是国家邮政局定点扶贫县，哈叭气村是重点帮扶村。"哈叭气"是蒙语，意思是"狭长的山谷"，全村分布在三条山沟，从地图上看像"爪"字。2016年年初，哈叭气村共有贫困人口187户398人。

哈叭气村长城墙对比照

【扶贫经历】

水调歌头·别平泉

古有愚公志,片斧敢开山。崇山深沟旱涧,茫茫路多难。

多方慷慨来助,七百日夜焦灼,旧貌换新颜。

寻常最奇崛,寸心处泰然。

道如砥,山酿电,水清甜。菜晟鸡肥菇美,旖旎舞翩翩。

群众冷暖记心,攻坚脱贫奋战,谈笑凯歌还。

夜灯燎黑夜,百年梦共圆。

2015年8月,怀着理想和一丝忐忑,我来到哈叭气村参与扶贫工作。这是我第一次来到一个真正的山区农村生活,也是我第一次接触扶贫工作。

第一次独立进村,我决定从红山嘴村公共汽车站步行前往。因为对路程估计有误差,走了半个多小时才到最北面一条沟,我索性先进北沟走一走2014年修的1.7公里新路。为了节省时间,我没有原路返回,而是经村民指点,直接翻梁进主沟。但我不幸迷路了,历尽艰辛才找回来时的路。再步行到村部已是下午,狼狈不堪。

村庄里谷子、高粱零星散布,但大片的还是玉米。牛羊养殖户不多。整体看,土地分散、干旱,成片的农田(超过100亩)非常少。房屋也分片散布在狭长的三条山谷中。村子基础设施落后,村庄面貌较差。第一次进村,我感触颇深的是山区道路建设的重要和必要,以及可以预见的未来产业发展的艰难。

硬化工程对比

后来，通过入户走访、实地调研，与平泉镇党委沟通，我们帮助贫困户谋划产业、规划脱贫路径，为哈叭气村规划未来发展路径，确定了"惠民生、强产业、促党建、立新风"的总体脱贫攻坚思路和工作目标，计划通过加强基础设施建设、调整农业产业、提升村"两委"基础工作能力、强化基层党建等举措，确保精准扶贫工作顺利有序开展，力争在2016年实现全村整体脱贫。

惠民生，改变村容村貌

村里基础环境的改变是村民最关心关注的问题。基础设施建设投资大，但见效快、效益高、惠民生，对提升村民生产生活便捷性、居住幸福感和自豪感意义重大。同时，也是精准脱贫、贫困户贫困村出列的重要指标。我们先后开展了道路"硬化"、饮水安全、村庄"亮化"和环境"美化"等工程，给哈叭气村村民的生活带来了很大改善。

在工程开展的日子里，我们遇到了各种各样的问题和阻碍，我们积极与村民沟通，一一化解克服。其间有过彷徨和犹疑，但看着村庄面貌一步步改善，村民生活一步步提高，我们心中的喜悦和自豪远远大于承受的委屈和无奈。

强产业，实施精准扶贫

产业发展是精准扶贫、精准脱贫的基础。针对哈叭气村"山多地少、土地贫散"的实际特点，我们确定了"因地制宜、百花齐放"的产业发展思路，逐步丰富农业产业形式，完善产业发展布局。从2015年开始，我们先后进行了三次产业探索。

第一次是2015年中，我们采取"政府引导补贴，村民投资建设"的模式，建成百亩设施蔬菜园区（22个标准化蔬菜暖棚，其中有8户建档立卡贫困户入驻）。

王鸿蒙在生态采摘园

第二次是2016年春,我们结合山区地势特点和对未来市场前景的判断,大力发展土鸡散养项目。采取"政府引导、企业参与、村民投资建设"的模式,调动村民积极性,引导4户村民(其中2户建档立卡贫困户)建成土鸡散养园区4片(占地逾50亩),散养土鸡超过12 000只。

第三次是2016年末新建国家邮政局惠民食用菌标准化扶贫示范园区。与村致富能手合作,投入50万元,撬动社会资本450万元,建成年产香菇120万袋以上规模的百亩食用菌园区。园区完全由政府、企业投资建设,实现零成本投入、零风险运营、零距离就业的扶贫模式,辐射带动周边超过200人就业,每年为村集体创收5万元。

另外,牛羊养殖、生态秋葵、小米等高附加值农产品种植、生态采摘园等新型农业产业试验遍地开花,与三大产业互为补充,为哈叭气村未来农业产业发展打下了很好的基础。我们组织失业村民进行设施蔬菜、经果林、食用菌、畜牧养殖等农业生产技术培训,帮助他们实现农业产业增收。后期,我们计划在包装、销售上再下苦功,依托"村邮乐购"等电商平台,做好哈叭气村土鸡(蛋)、蜂蜜、食用菌等产品的包装、销售,依托"村邮乐购"等电商平台的包装推广和深加工,推动产业链条的延伸。我们希望通过努力,使村民逐步通过产业发展,脱贫致富迈入小康。

促党建，带头凝聚人心

哈叭气村党支部属于软弱涣散基层党组织，党的建设一直是村党支部工作的短板。我们在工作中更加注重基础工作，锻炼干部基本功，在干事创业中多学习、多实践、多总结。

在一年多的工作中，我们积极落实"脱贫攻坚党旗红"活动要求。认真开展"两学一做"活动，利用"主题党日"播放党员致富纪录片，讨论本村经济发展存在的困难和对策，充分发挥党员在脱贫攻坚活动中的引领作用（5名党员参与种植养殖业，5名党员参与经商，1名党员领办企业），提升村党支部服务发展能力。同时，落实党员责任，落实平泉县委关于"党支部建在产业链、党员聚在产业链、群众富在产业链"的总要求，发动党员积极参与村级重大事务，并在产业发展、基础设施建设、精准扶贫等关键任务中发挥先锋模范带头作用，进一步增强村集体创造力、凝聚力、战斗力。

另外，我们在工作中力求服务群众、关心群众，增进与村民感情交流。通过走访贫困村民，加强与村民的沟通联系，疏通村民议事渠道，为村民谋发展、办实事，增进与村民的感情，拉近与村民的距离。建立哈叭气村公众号（美丽乡村哈叭气，MLXCHBQ）和村民微信群，通过网络平台及时与村民沟通思想、交流信息。

立新风，多措弘扬正气

弘扬正气、树立新风也是我们工作中重要的一环。一方面，我们积极弘扬社会正气，提升幸福指数。不定期放映电影及宣传纪录片等，鼓励支持哈叭气村"山炮队"参加市、县级比赛，引领健身新风尚，丰富业余娱乐生活。制定修订《哈叭气村卫生公约》和《哈叭气村村规民约》，加大宣传力度，加强舆论导向，积极弘扬社会主义核心价值观，引导村民做到尊老爱幼、家庭和谐、邻里和睦。

另一方面，我们努力提升教育、关注村中老人。"百年大计、教育为本"。我们为哈叭气村84名小学生购买了学习用品和资料，并在村部放置电子琴2部、书籍若干。计划不定期举办国学、书法、英语等免费入门公开课，以拓展孩子们视野。帮助在县城上初中、高中的贫困户子女跑办学费、住宿费减免事宜。未来，拟从村集体收入中拿出部分作为教育基金、养老基金，奖励考取本科的大学生和学习成绩优异、家庭困难的中小学生，以及赡养老人。

立新风

"走上了平坦的路，喝上了干净的水，点亮了漆黑的夜，跳起了欢快的舞"，伴随着光伏发电机组落成以及设施蔬菜、土鸡散养、香菇种植等产业蓬勃发展，贫困村民生活有了多重"保障"，村集体手里有了"余粮"，更加团结奋进有干劲；村子邻里和睦，"闲人"少了，回乡创业的多了，村庄逐渐步入良性发展、共奔小康的快车道；孩子们课余生活丰富多彩，更加健康茁壮有活力——这是今天哈叭气村的真实写照，更是国家邮政局帮扶成果的一个缩影。

发放书包

【心得分享】

扶贫要处理好精准扶贫与基础建设的关系

很多同志认为精准扶贫是要变"大水漫灌"为"精准滴灌"，只是对准建档立卡贫困户帮扶即可,基础建设投资大,且对贫困户脱贫没有直接关系,所以不应下大力气去做。

个人认为,扶贫,既要做好眼前,帮助贫困户通过各种途径脱贫,更要谋划长远,提升村综合实力。基础建设就是综合实力提升非常重要的一环。这在河北省贫困户贫困村脱贫出列指标中也有体现。应当给予足够的重视和投入。

发展产业要因地制宜、胆大心细

产业发展是扶贫的重要基础。发展产业首先一点就是要因地制宜。一方面,要符合当地的自然环境。比如,在干旱山区,可以发展经果林、山区养殖、有机谷类等,但是可能不适宜种植水稻,以及一些经济作物等。另一方面,要基本符合当地的产业布局。地方政府对符合其产业发展布局的产业都有相应的支持,比较容易入手,会给我们提供一个很好的参考。

其次要重视技术和管理。农业生产技术往往是一个产业能否顺利发展的关键和核心。同样做一件事,盈利与否往往就看技术和管理跟不跟得上。要走出去多学多看多问多研究,闭门造车不灵。

最后要努力延伸产业链条。把自己的农产品转化为商品,再转化为礼品,把产业链条完善、完整,闯出知名度,将是我们能够在未来做大做强的一个坚实基础。

另外,贫困村民抗风险能力差,要多替村民考虑,尽量先找销路再动产业;要多问惠农政策,多给贫困村民争取一些农业产业帮扶政策。

扶贫工作任重道远,作为扶贫大军中的普通一员,希望通过自己的努力,能够让哈叭气村村民早日过上更好的幸福生活。

20 坚守中的美丽

周沛橙　贵州省德江县煎茶镇重华村第一书记

【总书记说】

——对于一些县、乡的贫困，在当前地方财政还比较困难的情况下，我们的一些同志不能老是"长太息以掩涕兮，哀民生之多艰"，而是要积极想办法，根据群众的反映和要求，努力为他们多办事，办实事，办好事。必须明确好事、实事的概念：扶持经济发展，帮助群众富裕起来，是好事、实事；弘扬社会正气，打击害群之马，丰富群众业余生活，创造良好社会环境，文明、和睦、和谐、安定，也是实事、好事。解决群众衣食住行之苦，生老病死之需，是实事、好事；甚至远处僻土深山的群众买不到灯泡、肥皂这类针头线脑的小事，得到我们的关心、解决，也是实事、好事。为群众办实事，说起来容易，办起来难；做一件、做一天容易，坚持到底难。我们要分清轻重缓急，以"滴水穿石"的精神，一件一件地办，坚持不懈地办，努力让群众理解、谅解、高兴和满意。

——习近平《摆脱贫困》，1992年7月，福建人民出版社。

【循吏故事】

仓慈，字孝仁，三国时期曹魏淮南（治所在今安徽寿县）人。曹魏明帝太和年间，任敦煌（治所在今甘肃敦煌）太守。敦煌位于魏国西部边陲，由于战乱与中原隔绝，曾经二十多年没有太守，导致当地世家大族势力扩张，强横自大，成为常见的社会现象。前任太守因循守旧，未对这种情况进行改变。仓慈到任后，抑制豪强显贵，扶助贫穷弱小，很有章法。之前，豪强大族地广田多，而百姓无立锥之地。仓慈将按人口核算，将大族手里多余的土地分配给无地百姓，只让百姓稍微付点买地成本。之前，郡属各地诉讼案件积压严重，县里不能审结，都堆到了郡守衙门，仓慈亲自查阅案卷，分清轻重缓急，非死刑案件的，以鞭杖之刑责罚完就放人，一年执行死刑的不足十人。

之前，西域各族想向朝廷进贡物品时，当地豪强大族经常横加阻断；各族百姓与豪强进行货物买卖时，经常被欺凌诓骗，最后又不了了之，他们由此心怀怨恨。仓慈抚慰他们，明确愿意去都城洛阳的，官府就给出具通行文书；想从敦煌回西域的，官府就给他们公平换取财物，还常用官府现成的物品与他们交易，并派官差或百姓在路上护送他们。为此当地百姓和西域各族都一致称赞他的德泽恩惠。几年后，仓慈死在任上，官员百姓悲痛得像死了亲人，绘制他的画像，用来怀念。西域各族百姓听说后，纷纷聚到朝廷派出的官员驻地进行吊唁，甚至有人用刀划破自己的脸，表达赤诚的缅怀之情。

——参考中华书局1982年版《三国志·魏书》，《甘棠集》，笔者翻译。

【个人简历】

周沛橙，女，江西樟树人，2015年8月由中冶集团派往贵州省铜仁市德江县煎茶镇重华村挂职第一书记。2016年8月25日，被贵州省委评为2015年度同步小康100名全省优秀村第一书记、贵州省德江县社会扶贫先进个人。

周沛橙在村中调研

【村情一览】

　　贵州省铜仁市德江县属于武陵山区"连片特困地区"。重华村地处德江县西北面，距镇政府所在地15公里、距德江县城35公里，最高海拔1 200米，最低海拔870米。处于亚热带季风湿润气候区，冬无严寒，夏无酷暑，热量丰富，雨量充沛，年平均气温17摄氏度，无霜期长达300多天，是煎茶镇的偏远高坡村之一，自然条件较差的一个贫困村，属于德江县二类贫困村，是省级贫困村。现有16个村民小组，683户，2 613人，由于受自然条件制约，基础设施建设薄弱，信息闭塞，经济发展滞后。目前全村建档立卡贫困户86户，267人。五保户11户，独生子女与二女户20户，党员32人。全村受教育程度低，全村劳动力860人，多数为外出务工人员。

通往大山的路

【扶贫经历】

2015年8月,我有幸被中组部从中冶集团选派到贵州农村任村第一书记,从遥远的都市来到德江县煎茶镇重华村,开始了我的驻村之旅,一驻就是两年多。在这760多个日日夜夜里,我走遍了重华村的山山岭岭,一举一动都深深地留在了大山深处。老乡们亲切地称我为"小周书记",重华小学的学生们则称我为"小周老师"。

勤走访调研,摸清村情民意

2015年8月6日,带着问题、带着责任,我住进了村里,把村当成了自己的家。责任如山,当真正面对党员群众期待与迷茫的眼神,看着眼前那陡峭的山坡与贫瘠的土地的时候,才体会到扶贫工作绝对不是在绿水青山间一件浪漫的事。为了了解全村的详细情况,我第二天便开始进组入户走访,走的第一个组就是村里最为贫困的组——大坪组,组上完全没有像样的道路,只有一条在半山腰由村民长年累月走出的陡峭山路,每年的7、8月正是雨季,山径野刺长得与人一般高,看不见路,我边走边拿棍子打着野刺,走了1个半小时才到组里,对于住在山上的村民来说这就是他们通往外界唯一的路。

周沛橙设计的村史村情图

通过一个月的走访,我摸清了重华村的基本情况,并且手绘了村中地形图。重华村现有16个村民小组,683户,2 613人,由黄金坪、长岗岭、大坪、柏果坪、吴家沟、瓦厂、磨子岩、岩上、许家山、徐家湾、桑树坪、李家寨、石从界、王家、向家、川尖坪16个自然村合并而成，北与楠杆乡相连，南与偏岩村接壤。

村民受教育程度低，多数为外出务工人员，留在家里的都是老人与小孩。有些家庭连电视机都没有，即使有电视机的，都是极其破旧，更不用说现代通信网络的事情。水、路不通导致村民行路难、饮水难，没有电视与通信网络就使村民更难以接收到外面世界的信息和新鲜事物，从而导致综合文化素质低，信息闭塞。

通过摸底调查，重华村脱贫攻坚两大难题首先摆在我面前：没有村集体经济收入，没钱办事难，村里基础设施建设落后，村集体对贫困群众帮扶没有能力；贫困人口多，村民脱贫愿望强，但看不到奔头和希望。

"既然来了，别管啥情况，我必须努力干工作，让村民们尽快过上好日子。"我给自己鼓励的说。

尽心尽力办实事，获得群众肯定

通过走访了解到很多小孩在初中毕业就失学，无一技之长，不得已外出从事重体力或高污染工作后，我及时向集团领导汇报了这一情况，得到了集团领导的高度重视，及时与攀枝花技师学院联系以解决这些孩子上学的问题。学校迅速委派老师到村里把学生接到学校，并减免学生学费、书费和路费。目前已帮助6名贫困学生到攀枝花技师学院就学。

村委办公楼修建好后，由于缺乏资金一直未通水电。通过与县扶贫办沟通后，我们获取到5 278.5元资助资金，用于支付水、电、材料与人工费。由于搭线工作是带电作业非常危险，而且村民并没有受过专业教育，正好我父亲是电气工程师，我就邀请了我父亲专门来为我村帮忙指导。在大家的努力下村委办公楼于8月27日通电。

在我努力争取下，中冶集团捐赠了5万元给重华村，对小学校舍进行了补修，修建了护栏以保护学生安全。小学至大坪组公路的人行道，由于山高坡陡，一到下雨天路面湿滑，学生上学放学极不安全，我用结余的资金把这段400多米的山路进行硬化，让学生上学放学有安全的道路走。看着学生们写的渴望父母关爱的作文我心中久久无法平静，看着那稚嫩的脸庞我无法不动容，我一定要尽我最大的努力去帮助他们，让他们感受到一片温暖。为了让这些孩子得到更多的关爱，工作之余我就是孩子们的"周老师"，经常会抽时间到学校到他们家里看望他们，给他们上课，教他们儿歌，带他们游戏，组织他们看电影，给他们讲大山外的世界，教育他们要修身立德，认真学习，用知识武装头脑改变命运，学习更多的本领改造家乡。

为了帮村里带一支坚强有力的队伍、建设一个能谋会干的班子、形成一套可行有效的机制，我在村里组织过20多次党组织生活学习会，贯彻学习"三严三实"与"两学一做"学习教育，学习党章党规，学习系列讲话，学习如何做好一个共产党员，学习如何把党员效应发挥到最大化；组织过30多次村组干部大会和多次村干部会议。重华村的村两委基本上没有外出考察学习过，在我的组织下，带领村两委到其他村、县的养殖基地考察学习。组织了没有组长的3个村民组开群众会议民主选举了小组组长。

带新知、传新思，帮助他们开眼界、拓思路，使村务有能者管、发展有能者推、队伍有能者在，确保无论何时村庄发展不停滞、不倒退、有后劲、有前景。

给留守儿童读书

组织村干部对重华村所有建档立卡贫困户认真进行了回头看工作。对贫困家庭进行摸底，并且做到公平公正公开。通过走访后，积极向公司领导反映这边贫困村民过冬状况，集团为我村组织了爱心捐赠物资活动。

我还自制了重华村干群连心卡，卡上有我和村两委的联系方式，便于村民及时与他们沟通联系，有什么困难，他们都会尽力帮忙解决。每到过节，我自己掏钱购买些大米和油去看望极贫群众。我认真负责组织村干部对重华村所有建档立卡贫困户认真进行了回头看工作，对贫困家庭进行摸

村民拿到爱心包裹时的幸福笑容

底，并且做到公平公正公开。通过与县交通局沟通，由县交通局为我村吴家沟组和大坪组修建了两座人畜并用桥，方便了农户们通行和学生们上学。通过与县委组织部沟通，县委组织部为我村提供10万元资金，用于修建川尖坪组与王家组的产业发展道路，此项目已实施完工。通过与县工贸局和电信局沟通，由工贸局与电信局为我村修建网络工程，此项目已实施。在党委政府的引领下，我村的村集体经济发展项目正在实施建设中。现我村正在修建黄金桥至茶园长达4.8公里的乡村道路。

2016年12月，政府出台了移民搬迁的优惠政策，我与村干部就常常到贫困群众家中宣讲易地扶贫搬迁政策，动员贫困群众从贫瘠的山村搬往集镇。在我和村两委努力下，贫困群众现已搬迁12户57人到集镇搬迁点居住。

我常常在各个组中开展群众会，宣讲党的各项惠民政策，引导群众听党话、跟党走、感党恩，邻里之间要团结谦让，要勤劳上进，要勤俭持家，摒弃等靠要思想，发扬自力更生、艰苦创业精神，在国家政策扶持下，早日脱贫致富奔小康。

找准致贫原因，对症下药帮扶

通过走访不同类型农户（极贫困户、贫困户、一般户、外出务工户）了

解了村中主要存在的问题。一是种植水平低,科技含量少,上不了规模,目前种植单一。养殖水平低,都是以散养的形式,没有一个标准化的养殖场。劳动力素质低。这些问题严重阻碍了村社会经济的发展。全村建档立卡贫困人口667人,贫困面广,贫困程度深,难以脱贫,脱贫后有部分由于各种原因,极易返贫。

种植水平低,没有科技含量,品种单一的原因有:一是农户思想保守,种庄稼只为解决温饱,没想通过科学方法发展经济,没有互助发展意识。二是村两委资金能力不够,无法引导农户科学种田、搞农业开发。三是由于地方经济条件差,不能自筹资金推广农业技术。四是劳动力完全不足,年轻力壮基本外出务工,且收入不高。

导致养殖水平低,没形成规模养殖原因:一是农户养殖观念落伍,"养猪为了过年,养牛为了耕田"一直是他们的共识。二是农户没有通过科学养殖脱贫致富的意识,没有外界引导农户科学养殖能力。三是缺乏资金,没有上规模的养殖场。导致村民劳动力综合素质低的原因:村民受教育程度偏低,由于缺资金及村两委组织能力弱,农民培训组织的不够。四是农户自私心重,没有互利共赢理念,目光短浅,"等靠要"思想极其严重。

村的集体经济——代养生猪

践行责任,用坚守使大山绽放新生

担任"第一书记"已有两年时间,我早已熟悉了这里的一草一木,重华村也成了我的家。两年来,山村的面貌得到极大改善,往日沉寂的山村逐渐热闹了起来,焕发了生机。村里架起了网线,让村里村外的信息得到互通;

建立了村民学校，各类技能培训、理论课程等常态化开展，为村民接受新观念，了解市场信息提供了平台；组织村两委干部学习和讨论村里发展规划，组织村里党员及时学习党中央的精准脱贫系列新思想和新政策。我还经常亲自给村民上思想课，鼓励大家转变思想，更新观念，用好国家支持贫困地区的优惠政策，利用村里天然绿色的生态环境打造特色产品，立足自身实际开展产业项目合作，摆脱"等靠要"的思想。在村支部的带领下，重华村村民已经走上了自我脱贫，自我致富的良性轨道。

两年来，我多方争取，实施了7个村民组的饮水改造工程，保障了全村人的饮水安全；我先后向中冶集团、中国五矿集团汇报村里的具体情况，中国五矿集团公司捐赠30万元修建了重华村三条通组公路。争取扶贫资金100多万元发展村级集体经济；投入10多万元，修建了重华村产业路和乡村道路。全村发展核桃种植1 700亩、烤烟500亩、蔬菜200亩、辣椒100亩、花椒200亩。如今，总投入360万元的乡村公路正在实施。村里开始有了支柱产业，村民增收致富路多了起来。

通过找准致贫根源，再对症下药逐一破解，攻克一个又一个难题，使得重华村发生了翻天覆地的变化。如今，村里几条道路得到了硬化，解决了饮水难的问题，修通了产业路，建立起了村文化长廊，接上了互联网，点亮了路灯，发展起了产业，合作社成立了，村级集体经济有钱了，现在重华村条件改善了，激发起了农户们的发展活力，人们的观念也逐步改变了，村民们都爱笑了！

心底无私天地宽，只有心系百姓，才能扎根基层沃土。正因胸怀大志，才能默默地在这最广阔的天地间耕

五矿集团援建的通组路

耘，不问收获，只求奉献！2016年8月，到期可以回城过上舒适生活的我心里犹豫了很久，到底要不要再留一年，看着村里的留守儿童期盼的眼神，想着村民被贫困折磨的艰难生活，最终我不顾家人的反对，主动向组织申请延长驻村工作时间。

留守儿童在村委会用刚建好的网络与在外打工的母亲视频

转眼一年又过去，看着重华村的一点点变化，我突然不舍离去。两年的驻村帮扶，早已将我与重华村的一草一木、山山水水深深地融为一体，与这片贫瘠的土地和朴实无华的群众结下了深厚的友谊。离别时我那晶莹剔透的泪珠，洒在重华村这块贫瘠土地上，宛如甘霖一般浸润着重华村的山山水水。我坚信在不久的将来，在这块贫瘠的土地上，一定会开出财富之花，到那时山藏金，水流银，大地聚金银，人民群众脱贫致富奔小康！

【心得分享】

2015年8月8日　晴　星期六

昨天已在村子里安顿下来了，和村支书与村干部的聊天中了解了我村的大概情况。全村有2 593人，面积有13平方公里，全村有16个村民组，贫困户有178户，642人。五保户有11户，残疾人有169人，留守儿童有143人。全村50岁以下16岁以上基本在外打工，70年代的基本为文盲或半文盲，80年代的基本为小学文化，90年代的基本为初中文化。村子里的主要作物就是水稻和玉米，家里养猪的都是为了过年。

今儿一大早，我就请支书带我先走全村最为困难的组——大坪组。此组里有些村民在外打工挣到些许钱就在山脚下修了新房，而住在山上的基本上都是极为贫困的农户。

大坪组的路非常难走，基本以岩壁小路为主。小路非常窄小，只能容忍一个人，两人是无法并排站立的。由于现在正是植被生长茂盛的时期，山上的山茎野刺特别的多，一不留神，手臂上就有了一道道的血印。

到了组上，由于是白天，大部分农户已到田地里干活，在家的人也不多，走访的其中一位老太太给我的印象比较深。当时老太太看到我们，很激动的边哭边说，很久没人来看望他们了，这山高路陡的很少有人来看望他们。我安抚了下老太太的情绪就向老太太了解她家的情况，老太太的老伴已去世，一双儿女一直在外打工，把孙女和孙子留给她来照顾，儿女已在集镇上修了房子，但老太太又舍不得家里的这片土，一直不肯走。老太太说趁着自己还能动的时候就种种地养养鸡鸭猪，等儿女过年回来的时候就有吃的了，也不用去花大笔钱买了。老太太说很期盼党和政府能早日把我村带强致富，这样儿女就可以不用再去那么远的地方打工了。老太太的心是多么的淳朴，作为一名农民对土地的眷恋，作为一名母亲对儿女的关爱，作为一名长期住在大山里的人对党和政府的期盼。

2015年9月16日　雨　星期三

前两天送了6个孩子到十九冶技校上学，虽然人不多，但只要有人能走出去就是一个飞跃性的一步，无论于村于家于其本人。

把最后一个组走完了，那个组在我村山中最深的一个地方，到那个组上要先蹚水过个河，再走上几公里的泥巴土山路，组上的村民由于在家的基本上都是上了年纪的人，所以他们一般也很少出山。他们种地都在山坡上，几乎没有什么平地，能种植的蔬菜也没有什么。由于土壤不肥厚，连种植的红苕和土豆都是很小很小的。我拄着棍走在通往他们组的山路上，由于山路陡峭再加上下了雨很滑，我走起来就很慢，我后面有个组上的小孩，觉得我走得太慢了，又因为道路狭隘没法超，他就等我走上了一大截后，蹦蹦跳跳的追上我，后又等我走一大截他再走。看他走得如此轻松，真是相当的佩服呢。

我对这个组的贫困思考了很久,他们人都较勤快,就是地理条件太差了,不但出行不便,连自己种粮食都有点无法解决自家温饱。针对他们也许只有移民搬迁才适合。

2015年12月8日　晴

今天一大早起来,天气格外晴朗,我准备到大坪组去看望留守儿童和老人。山上的天气已经相当冷了,我带上了国庆节回家时找好友们要的衣服,气喘吁吁走了一个多小时快到张永洪家时,老奶奶出来迎了我,他们家正在进行房屋改建,由于受到自然灾害和修建村道路占用地的影响,他家的经济相当困难,房子到处都是破的,极其危险,经村委会讨论,给他家1万多元政府下发到我村的危房改建资金。他们家长期是两个老人和两个孩子在家,我拿出背来的衣服送给她的孙女,老奶奶激动得泪流满面一个劲地对我说谢谢!我又详细问了他们家最近的情况,叫他们都要保重好身体,我走时他们家还非要送我他家自己种的最好的花生。我在坎坷曲折的山间小路上往回走,一边呼吸着暗香浮动的清新空气,聆听着林间百鸟的宛转吟唱,一边想着如何让更多的人来帮助村里的老人、儿童和贫困户们过上一个暖冬。

2016年5月22日　阴

这两天因为村小学的老师请假外出,学校没有老师教课,我就去帮忙代课。由于学校的老师有限,我就从一年级到四年级每个年级都在教,语文、数学、体育、音乐等。我到学校教书,对于孩子们来说是一件很新鲜的事情。他们告诉我,在我来以前他们从来没有上过除语文、数学以外的其他课程。我教他们唱歌,教他们跳舞,下课了带着他们玩游戏。那一张张可爱的脸上都洋溢着一股天真与无邪。

重华村的学生们给周沛橙的信

这两天我给他们都布置了一个作业，以我最爱的人写一篇作文。当我看着孩子们写的作文，一行行稚嫩的笔迹令我久久都不能平静。一篇作文这样写着：我最爱的人是我的奶奶，妈妈在生了我后没多久就离开了家，再也没有回来，爸爸在妈妈走后也外出打工，基本没有回来过，家里也没有爸爸妈妈的照片，我不知道妈妈的模样，对于爸爸的样子也很模糊了。短短的作文中体现了他们有多么渴望得到父母关爱。

2016年6月1日　晴

今天是六一儿童节，是孩子们最快乐的节日！许多城里的孩子总会琢磨着是去游乐场玩、吃大餐，还是让父母买一台游戏机，买一套漂亮的衣服。可是，这一群生活在大山深处的孩子。很多都是留守儿童，由爷爷奶奶或是姥姥姥爷带大，他们缺乏父爱和母爱，孤独而坚强。为了让他们有个不一样的节日，我带着自己给他们买的一堆棒棒糖和零食来到了学校。我的到来让他们喜出望外，刚一进校门，孩子们就冲过来把我抱着，牵着我走，一个孩子抢一根手指头牵着，没抢到的还不高兴。孩子们对我的热情温暖着我的心。我带着他们跳了场广场舞，看了场电影，学了首儿歌。这天的六一儿童节，对于这些孩子，对于我都是弥足珍贵的，孩子们笑了，而我的内心却被深深震撼，这些孩子就像一张张白纸，纯洁无瑕。我希望更多大山里的孩子能好好学习，用知识武装自己，走出大山，学习更多的本领改造自己的家乡。

21 浅谈精准扶贫中村域各群体积极性的调动

姚晓亮　山西省天镇县新平堡村第一书记

【总书记说】

　　脱贫致富终究要靠贫困群众用自己的辛勤劳动来实现。没有比人更高的山，没有比脚更长的路。要重视发挥广大基层干部群众的首创精神，让他们的心热起来、行动起来，靠辛勤劳动改变贫困落后面貌。要动员全社会力量广泛参与扶贫事业。

　　——习近平2015年11月27日至28日在中央扶贫开发工作会议上的讲话。

【循吏故事】

吴应连，江西南城人，道光元年举人。道光十三年被以知县身份被挑选派往四川，署理（暂代或试用）天全、涪州等地州县事务，后补石泉县令，调任彭县县令。在川先后任职二十年，所到之处，注重为民办事，或修建塘堰，或疏浚河渠，或凿平水陆通道，或缉捕盗贼土匪，或救助灾民，实际政绩颇多。他尤其喜欢增扩书院，兴办教育，曾在五个州县增扩书院6处，其中九峰书院等至今尚有遗存。

在涪州，当地多桑树而不知养蚕，他教百姓养蚕缫丝之法，石泉、安岳两县种桑树数万株，两县百姓普受蚕丝之利。涪州旧例，江边船夫捞一具死尸给一副棺材五百钱，所以船夫往往等水中人死后再捞。吴应连改设救生艇，规定捞死尸只给棺材，救活一落水者赏钱一千。

在安岳，当地百姓常因浇地用水而争执结怨。他就亲自丈量土地，商定蓄水用水法令，规定用水量和水闸开关时间；同时，修建新旧塘堰390多处，丰富灌溉水源。争水之风于是自行消失。

咸丰初年，大小农民起义此起彼伏，他在彭县创办乡勇团练，购置武器，制定章程，后来乡勇在保境安民方面发挥了重要作用。

——参考中华书局1977年版《清史稿》，《甘棠集》，笔者翻译。

【个人简历】

姚晓亮，山东省安丘市人，男，时任国家公务员局考试录用司主任科员。2015年8月由人社部派驻山西省天镇县新平堡村挂职第一书记。天镇县属于燕山—太行山区"连片特困地区"。

【观点分享】

消除贫困，改善民生，实现共同富裕，是社会主义的本质要求，是我们党的重要使命。十八大明确提出"2020年全面建成小康社会"，精准扶贫是现阶段我国解决贫困问题的重要战略举措。当前，广大农村几经变革已经形成相对稳定的有机体，在实际开展帮扶工作过程中，精准到户会涉及扶贫资源等的不均等分配，不公平的体验感会增强，很容易引发各类社会矛盾，所以推行精准扶贫要通盘考虑农村工作的各个方面。精准扶贫又是一个典型意义上的集体行动，在村域内涉及贫困户、非贫困户、党员、村干部等群体，要做好此项工作，需要积极调动上述各方力量共同参与。下面结合实际工作体会就如何在精准扶贫中有效调动村域各群体积极性谈几点个人看法。

以利益捆绑形成全体村民对精准扶贫的支持

作为第一书记派驻到新平堡村时全省正在开展精准扶贫建档立卡回头看工作，入户调查时，村两委和村民对我讲，一些贫困户"等靠要"思想比较严重，如果把公共扶贫资源倾斜给他们，会让人感到很不公平。我意识到，精准扶贫要想开展下去首先须让村民跟贫困户进行利益捆绑，让每个村民都能以合适的方式直接或间接的"有利可图"，以此获取全体村民对精准扶贫的支持，也就是要为精准扶贫营造一个良好的环境氛围，否则精准扶贫工作如同离水之鱼，很难搞下去。为此，我们就围绕这个想法，首先开展了一系列公共设施的建设，包括修通硬化两条村内道路、协调解决村民饮水问题、募捐短缺物资、整治卫生环境、资助基础教育、宣介本村旅游资源、争取高标准农田建设项目等。通过这些事，一是村民感受到了切身好处，二是认可了开展精准扶贫工作的这支队伍。农村是一个熟人社会，认可了你这个人，就基本认可了你的工作，这就走出了发动群众的第一步。

扶贫项目推进过程中需要涉及利益让渡，如果贫困户不能配合进行利益让渡，就不利于获取非贫困户对于精准扶贫工作的支持，所以决不能让这种事情发生。举个例子，我到村后，好些村民找我反映村南道路难走问题，要致富先修路，通过实地查看，结合入户了解，这条路确实该修一下。于是就申报了一事一议项目，但在后续修路时，村里矛盾就出现了，有些贫困户不愿搬挪已经占用的道路，有些村民不肯出工，有些贫困户偷抢修路灰料，本质的问题就是不仅不愿利益让渡，而且还抢占公共资源，路修不下去了。后期用乡村熟人社会特点，让村民去做村民的思想工作，并让村支书和村内有威望的老人果断批判说服了这些人，才把路修完。如果当时不果断采取措施，不仅路修不下去，后续所有的精准扶贫工作都会因为纵容部分人唯利是图而难以开展。

另外，在做工作的过程中要注重创新形式，赋予村民更多的自主性，让村民在自我行为模式选择过程中间接地进行利益捆绑。举个例子，我们在村的中心区域建了一个爱心衣架，总共花费500元，此爱心衣架的功能就是进行衣服等物资的救济，所谓"需要你就免费拿，不需要你就把闲置的衣服拿来挂"，具体操作是开始时把募捐来的衣服挂出来，有需要的人员就可以免费取回去穿，如果家里有闲置不用的衣服就可以挂到上面，实践证明家境好的人一般不会去拿，去取的多数是家境不好的贫困户，反倒是家境好的人渐渐把闲置的衣服拿出来了。家境好的人助人为乐，获得了自我实现，贫困户获取救助资源，实现了除忧解难。这样实际上提高了村民的互助共享意识，进行了利益捆绑，并间接地支持了精准扶贫。

以先进典型带动激发贫困户的脱贫致富意愿

贫困户之所以贫困，有一部分是由于丧失劳动能力等需要政府兜底，还有一些是由于不敢干、不会干、不能干，所以在扶贫过程中首先要界定好是客观环境所限,还是主观能动性不足。若为后者,则可以通过有针对性措施带动其发展,但前提是该类贫困人口要具有主观能动性,要融入扶贫工作,变"要我脱贫"为"我要脱贫"。

习近平总书记强调"为群众办好事、办实事,要从实际出发,尊重群众意愿,量力而行,尽力而为,不要搞那些脱离实际、脱离群众、劳民伤财、吃力不讨好的东西。"作为第一书记驻村工作后,要贯彻落实各项帮扶政策,在实际工作中发挥有效作用,关键要通过发挥杠杆作用去撬动当地的资源、撬动当地人的思想,撬动当地的人才,不能自己干得热火朝天,贫困群众袖手旁观。在产业扶贫过程中,要坚持市场导向,让先进典型引领示范,激发贫困户的致富意愿,提高他们的致富信心;可建立"专业合作社+贫困户""专业大户+贫困户"等产业化扶贫组织经营模式,通过产业化扶贫组织,有效解决农民小生产与大市场的矛盾。

以我们搞乡村旅游促扶贫发展为例,我到村后多方调研分析了新平堡脱贫发展的相对优势:有山有水有历史,没厂没矿没污染,结论就是发展乡村旅游。但是要真正启动这项工作,难度很大。村民都不愿做,谁都不想做第一个吃螃蟹的人。对于村民而言,今天给他一个鸡蛋,明天变成两个,他就跟着你干;今天给他一个鸡蛋,说要等鸡蛋孵化成小鸡,小鸡长成大鸡,大鸡再下蛋卖钱,估计就没人跟你干了。我选中了村里的先进党员杨建斌,给他讲述新平堡乡村旅游发展的重大机遇,描绘未来发展的美好蓝图,带他到周边去观摩,给予了大量的智力支持,不停地推动,再推动,后来他干起来了,注册了全县第一个旅游合作社,搞起了农家乐。现在不仅已经建起的农家乐可以辐射带动部分贫困户脱贫发展,并且已经陆续有更多的贫困户主动找上来问,怎么搞农家乐?邀请去他家看能不能行。贫困户初步已经想干、敢干了。该家合作社做起来后,我们又以资产收益扶贫模式在临近一个移民搬迁新村开发了农家客栈,推动了该村贫困家庭的脱贫。实践证明只要有一个先进典型带头做起来,赚钱了,金钱利益的驱动力要比做一百遍思想工作还有用。

以体现身份价值提高党员参与扶贫工作的动力

农村基层党组织是落实党在农村各项方针、政策的领导者和组织者，是发展农村先进生产力、发展农村先进文化和实现广大农民群众利益的组织者、推动者和实践者，是农村各类组织和一切工作的领导核心。习近平总书记强调"要把扶贫开发同基层组织建设有机结合起来，真正把基层党组织建设成带领群众脱贫致富的坚强战斗堡垒。"所以搞好精准扶贫工作必须要充分发挥农村基层党支部的战斗堡垒和党员的先锋模范作用。

党员管理是农村党建工作面临的普遍难题，为了更好地促进党员起带头作用，我们给全村85名党员家挂牌"党员家庭户"，让党员亮明身份，让党员从群众中站出来，让党员在行动中带好头，进一步发挥党员先锋示范作用，事事带头、争先创优，为村子发展做贡献。虽然只是一块小小的牌子，但这是一种荣誉，更是一种责任、一种约束，它时刻提醒着挂牌党员的行为举止要符合党员的身份和要求，对于党员带头热爱集体、带头勤劳致富、带头服务群众、带头遵纪守法、带头维护稳定、带头弘扬正气，树立党员先进形象，增强党员责任意识，发挥党员示范作用，在村里营造出创优争先的良好氛围起到了良好的作用，形成了党员个人带动全家，党员家庭带动全村群众的良好局面。

从管理的角度分析，要想调动党员积极参与扶贫工作，如果没有奖惩性机制措施，那就需要在解决村里实际问题过程中注重发挥党员的作用和价值。如果党员在党员大会上提出的问题解决不了，提出的有效建议落实不了，党员参与组织生活和村里事务的热情就会下降。为此，我们在村委会设立了党员议事室，村里凡有重要事务，党员和村民代表都要坐到议事室里商量一下，所以议事室实际上是一种议事机制。这样既能让村级决策科学合理，也充分发挥了党员的头羊效应，让他们的有效建议体现在村级事务决策和管理过程中,让他们觉得党员当得有价值、有意义。我们的修路、人饮、卫生整治都是这么搞下去的。久而久之,党员的凝聚力上来了,向党支部反映问题、提建议的党员也越来越多了,在执行党支部精准扶贫决策上也越来越积极了。

以涵养乡村治理生态提高村干部工作积极性

乡村治理生态是基层党组织、村民委员会、村民(代表)大会、各新型微观自治组织以及村民等之间的协作互动状态,实际上乡村治理照样存在"水土流失"现象。判断良性乡村治理生态的一个简单标准就是上级指令能否有效贯彻实施,村民意愿能否有效表达实现。组织环境是管理活动的重要构成要素,良好的村级治理生态是精准扶贫工作能够顺利实施的重要组织环境条件。

一个普通农民最关心两个领导:一是总书记,决定国家大政方针;二是本村书记,是看得见的"当家人"。当前,在农村发展基层民主,农民对自己权益的关注度越来越高。农村经过税费改革后,如果没有村集体经济,那么管理手段非常有限。在这种情况下,公共管理事务越来越复杂,各项利益诉求越来越膨胀,加之宗族、宗教、乡绅等传统乡村治理元素的流逝,实际上做好农村管理工作越来越难。

农村基层干部是贯彻执行党在农村各项方针政策的骨干,是团结带领广大农民脱贫致富奔小康、建设有中国特色社会主义新农村的带头人。实际上,村干部处在政府和村民夹缝之中,村干部工作的动力源包括经济性收益和社会性收益,现在贫困农村多无集体经济,村干部多是致富带头人等经济精英,他们较之通过微薄的误工补贴等获得经济性收益,更想通过村干部这一身份提升安全感、构建社会关系网络、获得他人尊重和实现自我价值,也就是更加注重社会性收益。涵养好乡村治理生态,能更好地体现村干部的社会价值，所以可以有效提升村干部开展精准扶贫工作的积极性。

另外，为了大力推动精准扶贫工作，各级单位在贫困村和党组织涣散村都派驻了第一书记等扶贫干部。第一书记进驻后要处理好与村干部的关系，否则会伤害村干部的工作积极性。对于第一书记的定位问题，我觉得很重要的是如果村两委没有原则性问题，一定不能破坏村里原有的治理生态，并且要注重帮助村子涵养恢复良好的治理生态。我一到村就开会划分了工作分工和格局，村内的事村两委主要做，我全力协助，我主要帮助做培训，搞规范，建机制，做协调，重点是让村两委他们变得更优秀，让村民接受遵守村规民约等软性约束，这样整个村子能一直良性运转下去。所以遇到问题，先征求村两委意见，并尊重他们的意见，这样能规避不少问题，但是有时有些事我认为一定要做，就会不停地做他们的思想工作，直到村两委都同意为止，也就是要有一个统一思想的过程。在这样的乡村治理生态中，村干部感到受到充分尊重，也就能更有效地配合做好精准扶贫工作。

总之，政治路线确定之后，干部就是决定因素，也就是人的积极性的调动，对于实现事业目标具有重要作用。只要各方都充分发挥能动性，精准扶贫工作就能取得实效，全面小康就一定能早日实现。

附录　中国14个"连片特困地区"[①]

六盘山区简介

本规划区域范围包括陕西、甘肃、青海、宁夏四省区的集中连片特殊困难地区县市区（以下简称片区县）61个，其他县区8个，共69个。区域内有国家扶贫开发工作重点县49个，革命老区县12个，民族自治地方县20个。

自然条件

规划区域国土总面积为16.6万平方公里，地处黄土高原中西部及其与青藏高原过渡地带，地形破碎，沟壑纵横，山、川、塬并存，沟、峁、梁相间。气候类型主要为温带大陆性干旱半干旱气候，无霜期短，昼夜温差大，年均降水量176~667毫米。该区域位于黄河流域，黄河干流及其湟水、洮河、渭河、泾河等重要支流流经本区。植被稀疏，森林覆盖率18.8%。煤炭、石油、天然气等能源资源丰富，风能、太阳能等新能源开发潜力大；铅锌矿、石灰岩、岩盐等矿产资源储量较大。

[①] 附录内容引自：《瞭望》新闻周刊，2012-20-20，有删节；中国网或中国网·中国发展门户网2016年2~4月发布内容，原文无删改；《新疆日报》，2016-04-26。

分区	省名	地市名	县名
六盘山区（61）	陕西（7）	宝鸡市	扶风县、陇县、千阳县、麟游县
		咸阳市	永寿县、长武县、淳化县
	甘肃（40）	兰州市	永登县、皋兰县、榆中县
		白银市	靖远县、会宁县、景泰县
		天水市	清水县、秦安县、甘谷县、武山县、张家川回族自治县、麦积区
		武威市	古浪县
		平凉市	崆峒区、泾川县、灵台县、庄浪县、静宁县
		庆阳市	庆城县、环县、华池县、合水县、正宁县、宁县、镇原县
		定西市	安定区、通渭县、陇西县、渭源县、临洮县、漳县、岷县
		临夏回族自治州	临夏市、临夏县、康乐县、永靖县、广河县、和政县、东乡族自治县、积石山自治县
	青海（7）	西宁市	湟中县、湟源县
		海东地区	民和回族土族自治县、乐都县、互助土族自治县、化隆回族自治县、循化撒拉族自治县
	宁夏（7）	吴忠市	同心县
		固原市	原州区、西吉县、隆德县、泾源县、彭阳县
		中卫市	海原县

经济社会发展

2010年末，总人口2356.1万人，其中乡村人口1968.1万人，少数民族人口390.1万人。人均地区生产总值为9621.8元，人均地方财政一般预算收入为328.9元，分别是2001年的3.7倍和3.2倍；城镇居民人均可支配收入为12432

元,农村居民人均纯收入为3255元,分别是2001年的2.9倍和2.6倍。三次产业结构由2001年的27∶37∶36调整为21∶45∶34;城镇化率由2001年的17.7%提升到25.5%。引大入秦、宁夏扶贫扬黄等重大水利工程取得明显效益;陇海、兰新、包兰、兰青、宝中等铁路,京藏、连霍、青兰、福银等国家高速公路贯穿本区域,初步构成交通运输骨干网络。

2001—2010年,适龄儿童入学率从87.9%提高到99.2%,青壮年文盲率从5.3%下降到1.3%,居民平均受教育年限从5.7年增加到7.8年。每万人科技活动人员数为143人。所有乡镇都建立了卫生院,89.4%的村建立了卫生室,新型农村合作医疗参合率达90%。新型农村社会养老保险逐步推广,2010年参保人数达335.1万人。农村低保基本做到应保尽保。

贫困状况与特殊困难

干旱缺水严重,贫困面广程度深。人均占有水资源367.6立方米,仅为全国平均水平的16.7%。会宁、同心、循化等21个县区年均降水量不足400毫米,蒸发量超过1 500毫米。干旱缺水是该区域发展的根本矛盾,严重制约工农业发展和群众生活水平提高。2010年,农民人均纯收入仅相当于全国平均水平的54.7%;1274元扶贫标准以下的农村人口有313.1万人,贫困发生率为15.9%,高于全国平均水平13.1个百分点,比西部地区平均水平高9.8个百分点。

基础设施落后,生产生活条件差。铁路运输能力不足,高速公路"断头路"多,国省干线公路技术等级偏低。还有2.4%的乡镇和53.4%的行政村不通沥青(水泥)路,8.8%的行政村不通等级公路。水利设施薄弱,骨干水利工程支撑城乡发展的能力明显不足。城镇供水保障程度低。39.3%的农户存在饮水困难,60%的农户尚未解决饮水安全问题。基本农田有效灌溉面积仅为23.2%。3%的自然村不通电,15.4%的行政村未完成农网改造。部分群众住房困难。

社会事业发展滞后,人才支撑不足。人均教育、卫生、社会保障和就业三项支出仅为1 447.6元。教育设施落后，师资力量不足。医疗卫生条件差，妇幼保健力量弱，基层卫生服务不足，有合格医生的村卫生室仅为88.3%。农业技术推广体系不健全，农业科技应用水平低。人力资源开发水平低，人均受教育年限低于全国平均水平。劳动力素质整体偏低，经营管理人才短缺，专业技术人员不足，人才队伍适应市场经济发展的能力有待提高。

产业发展乏力，县域经济薄弱。产业发展基础差，经营组织形式落后，市场体系不完善，科技、金融、物流、信息等服务保障能力明显不足，创新能力弱，开放程度低。农业生产力水平低，经营方式落后；工业总量小，结构单一；现代服务业发展滞后，商贸流通潜力未能充分发挥。县域经济活力不足，主导产业尚未形成，龙头企业少，城镇化水平低，中心城镇集聚产业和人口的能力弱。2010年，人均地区生产总值为全国平均水平的32.4%；城镇化率低于全国平均水平24.2个百分点。

生态环境脆弱，水土流失严重。气候干旱，地形破碎，土质疏松，植被稀疏，土壤肥力下降。干旱、冰雹、霜冻、沙尘暴、泥石流等自然灾害频发。生态环境脆弱、恢复难度大，是我国水土流失最为严重的地区之一，区域内水土流失面积达12.9万平方公里，占总面积的77.7%，有64个县属于全国严重水土流失县。

秦巴山区简介

本规划区域范围包括河南、湖北、重庆、四川、陕西、甘肃六省市的80个县（市、区）。国土总面积为22.5万平方公里。2010年末，总人口3 765万人，其中乡村人口3 051.6万人，少数民族人口56.3万人。

自然条件

秦巴山片区西起青藏高原东缘，东至华北平原西南部，跨秦岭、大巴

• 附录　中国14个"连片特困地区" •

分区	省名	地市名	县名
秦巴山区 （75）	河南 （7）	洛阳市	嵩县、汝阳县、洛宁县、栾川县
		平顶山市	鲁山县
		三门峡市	卢氏县
		南阳市	南召县、内乡县、镇平县、淅川县
	湖北 （7）	十堰市	郧县、郧西县、竹山县、竹溪县、房县、丹江口市
		襄樊市	保康县
	重庆 （5）	重庆市	城口县、云阳县、奉节县、巫山县、巫溪县
	四川 （15）	绵阳市	北川羌族自治区、平武县
		广元市	北坝区、朝天区、旺苍县、青川县、剑阁县、苍溪县
		南充市	仪陇县
		达州市	宣汉县、万源市
		巴中市	巴州区、通江县、南江县、平昌县
	陕西 （29）	西安市	周至县
		宝鸡市	太白县
		汉中市	南郑县、城固县、洋县、西乡县、勉县、宁强县、略阳县、镇巴县、留坝县、佛坪县
		安康市	汉滨区、汉阴县、石泉县、宁陕县、紫阳县、岚皋县、平利县、镇坪县、旬阳县、白河县
		商洛市	商州区、洛南县、丹凤县、商南县、山阳县、镇安县、柞水县
	甘肃 （9）	陇南市	武都区、成县、文县、宕昌县、康县、西和县、礼县、徽县、两当县

山，地貌类型以山地丘陵为主，间有汉中、安康、商丹和徽成等盆地。气候类型多样，垂直变化显著，有北亚热带海洋性气候、亚热带—暖温带过渡性季风气候和暖温带大陆性季风气候，年均降水量450~1 300mm。地跨长江、黄河、淮河三大流域，是淮河、汉江、丹江、洛河等河流的发源地，水系发达，径流资源丰富，森林覆盖率达53%，是国家重要的生物多样性和水源涵养生态功能区。矿产资源品种多样，天然气蕴藏量大。旅游资源丰富，极具开发潜力。

经济社会发展

2010年人均地区生产总值和地方财政一般预算收入分别为11 694元和455.2元，分别是2001年的3.84倍和4.4倍；三次产业结构由2001年的30∶35∶35调整为2010年的21∶46∶33；2010年城镇和农村居民收入分别为13 155元和3978元，分别是2001年的3.3倍和2.8倍；城镇化率由2001年的16.7%提升到2010年的30.4%。基础设施建设成效显著，襄渝、宝成、西康、宁西等铁路和沪陕、福银、京昆、二广、沪蓉等高等级公路初步构筑起区内外交通运输骨干网络。

2001—2010年，适龄儿童入学率从86.4%提高到98.6%，居民平均受教育年限从6.1年增加到8年。每万人科技活动人员数达到99.8人，科技成果转化率得到提高，农技推广服务能力逐步增强，发展现代农业具备较好的外部科技支撑条件。卫生医疗条件逐步改善，所有乡镇都建立了卫生院，83.1%的村建立了村级卫生室，新型农村合作医疗参合率达89.3%。新型农村养老保险逐步推广，2010年参保人数达584万。农村低保基本做到应保尽保。

贫困状况与特殊困

农户生计脆弱，致贫原因复杂。片区受大山阻隔，相对封闭。片区内地形复杂，洪涝、干旱、山体滑坡等自然灾害易发多发，是我国六大泥石流高发区之一，因灾致贫返贫现象严重。51个汶川地震极重灾县和重灾县有20个在片区，灾后振兴发展任务繁重；全国45个未控制大骨节病县中有16个在片区，因病致贫问题突出；有42个县属于南水北调中线工程水源保护区，4个县位于三峡库区。国家和省级扶贫开发工作重点县占总县数的90%，有47个老区县，占总县数的58.8%。2010年，1 274元扶贫标准以下农村人口有302.5万人，贫困发生率为9.9%，比全国平均水平高7.1个百分点，比西部地区平均水平高3.8个百分点；农民人均纯收入仅相当于全国平均水平的67.2%。劳动力文化程度低，技能和经营能力不足。农户家底薄、生产积累少，抵御市场风险能力弱。贫困面广、程度深。

区域发展差异大，产业支撑能力弱。片区内东部与西部之间、城市与农村之间、平坝与山区之间发展差距大，农村特别是深山、高山区发展困难，陇南、巴中等地存在大范围深度贫困。2010年，片区内人均地方财政一般预算收入、农民人均纯收入最低的县仅为片区平均水平的23.2%，45.7%。片区内"三线"建设形成的飞地经济特征明显，城乡二元结构矛盾突出，中心城市对周边辐射带动作用明显不足。旅游、农业等特色资源开发程度低，配套设施落后，产业链条不完整，资源优势没有转化为发展优势。

基础设施薄弱，交通制约突出。片区内水利设施薄弱，部分地区工程性缺水严重，基本农田有效灌溉面积仅为37.5%，40.2%的农户存在不同程度的饮水困难，69.3%的农户还存在饮水安全问题。24.7%的行政村没有完成农网改造。省际、县际断头路多，铁路网覆盖范围不足，陇南9县区整体不通高速公路。片区内4.5%的乡镇不通沥青（水泥）路，50.6%的建制村不通沥青（水泥）路，大山深处还有一些群众靠溜索出行。机场建设和航空运输严重滞后。交通运输骨干网络不完善，综合交通运输网络化程度低，制约了区位优势和资源优势的发挥。

基本公共服务不足，科技支撑乏力。片区内人均教育、卫生支出仅相当于全国平均水平的56%。教育设施整体落后，师资力量明显不足。医疗卫生条件差，妇幼保健力量弱，基层卫生服务能力不足。农技推广服务不足，农业科技应用水平低，现代农业发展缓慢。科技支撑当地发展的潜力没有充分显现，对经济增长贡献率低。

生态建设任务重，开发与保护矛盾突出。片区承担着南水北调中线工程水源保护、生物多样性保护、水源涵养、水土保持和三峡库区生态建设等重大任务，有85处禁止开发区域，有55个县属于国家限制开发的重点生态功能区。生态建设地域广、要求高、难度大，资源开发与环境保护矛盾突出。

武陵山区简介

本规划区域范围依据连片特困地区划分标准及经济协作历史沿革划定，包括湖北、湖南、重庆、贵州四省市交界地区的71个县（市、区），其中，湖北11个县市（包括恩施土家族苗族自治州及宜昌市的秭归县、长阳土家族自治县、五峰土家族自治县）、湖南37个县市区（包括湘西土家族苗族自治州、怀化市、张家界市及邵阳市的新邵县、邵阳县、隆回县、洞口县、绥宁县、新宁县、城步苗族自治县、武冈市，常德市的石门县，益阳市的安化县，娄底市的新化县、涟源市、冷水江市）、重庆市7个县区（包括黔江区、酉阳土家族自治县、秀山土家族苗族自治县、彭水苗族土家族自治县、武隆县、石柱土家族自治县、丰都县）、贵州16个县市（包括铜仁地区及遵义市的正安县、道真仡佬族苗族自治县、务川仡佬族苗族自治县、凤冈县、湄潭县、余庆县）。国土总面积为17.18万平方公里。2010年末，总人口3 645万人，其中城镇人口853万人，乡村人口2 792万人。境内有土家族、苗族、侗族、白族、回族和仡佬族等9个世居少数民族。

分区	省名	地市名	县名
武陵山区（64）	湖北（11）	宜昌市	秭归县、长阳土家族自治县、五峰土家族自治县
		恩施土家族苗族自治州	恩施市、利川市、建始县、巴东县、宣恩县、咸丰县、来凤县、鹤峰县
	湖南（31）	邵阳市	新邵县、邵阳县、隆回县、洞口县、绥宁县、新宁县、城步苗族自治县、武冈市
		常德市	石门县
		张家界市	慈利县、桑植县
		怀化市	安化县
		娄底市	中方县、沅陵县、辰溪县、溆浦县、会同县、麻阳苗族自治县、新晃侗族自治县、芷江侗族自治县、靖州苗族侗族自治县、通道侗族自治县
		湘西土家族苗族自治州	新化县、涟源市
	重庆（7）	重庆市	泸溪县、凤凰县、保靖县、古丈县、永顺县、龙山县、花垣县
	贵族（15）	遵义市	正安县、道真仡佬族苗族自治县、务川仡佬族苗族自治县、凤冈县、湄潭县
		铜仁地区	铜仁市、江口县、玉屏侗族自治县、石阡县、思南县、印江土家族自治县、德江县、沿河土家族自治县、松桃苗族自治县、万山特区

自然条件

武陵山片区属亚热带向暖温带过渡类型气候。境内有乌江、清江、澧水、沅江、资水等主要河流，水能资源蕴藏量大。土地资源丰富。矿产资源品种多样，锰、锑、汞、石膏、铝等矿产储量居全国前列。旅游资源丰富，自然景观独特，组合优良，极具开发潜力。

区内森林覆盖率达53%，是我国亚热带森林系统核心区、长江流域重要的水源涵养区和生态屏障。生物物种多样，素有"华中动植物基因库"之称。

经济社会发展

经济发展。2001—2010年，片区地区生产总值和财政收入分别增长3.57倍和3.73倍，城镇和农村居民收入分别增长2.34倍和2.36倍，金融机构存、贷款余额分别增长5.92倍和3.6倍，三次产业结构比例由35∶30∶35调整为22∶37∶41，城镇化率由16%增长到28%。基础设施建设取得明显进展。渝怀、枝柳等铁路，沪昆、渝黔、渝湘等高速公路，张家界、黔江、铜仁等机场，以及规划和建设中的渝利、黔张常高速和沪昆客运专线等跨区域重大交通项目，初步构筑起武陵山区对外立体交通大通道，具备了一定发展基础和条件。

社会事业。教、科、文、卫等社会事业得到长足发展。全面实现"普九"，2010年，7~15岁适龄儿童在校率达到97.65%，成人文盲率下降到2.2%；每万人专业技术人员数达到133.6人，科技攻关、科技成果转化率不断提高；卫生医疗条件逐步改善，每万人有医护人员10.18人，拥有病床12.85张，所有乡镇都设立了卫生院，77.7%的村建立了村级卫生室，新型农村合作医疗参合率达89.73%；农村低保覆盖面逐步扩大，2010年全区共有251.73万人享受低保。

民族文化。片区民族融合和文化开放程度高，内外交流不存在语言文化障碍。在漫长历史过程中，形成了以土家族、苗族、侗族、仡佬族文化为特色的多民族地域性文化，民俗风情浓郁，民间工艺和非物质文化遗产十分丰富。各民族团结和睦，社会和谐稳定。

贫困状况与特殊困难

贫困面广量大，贫困程度深。2010年，农民人均纯收入3 499元，仅相当于当年全国平均水平的59.1%。按照国家统计局测算结果，2009年农民人均纯收入低于1 196元的农村贫困人口301.8万人，贫困发生率11.21%，比全国高7.41个百分点。《中国农村扶贫开发纲要（2001—2010年）》实施期间，武陵山片区共确定11 303个贫困村，占全国的7.64%。片区71个县（市、区）中有42个国家扶贫开发工作重点县，13个省级重点县。部分贫困群众还存在就医难、上学难、饮用水不安全、社会保障水平低等困难。

基础设施薄弱，市场体系不完善。片区内主干道网络尚未形成，公路建设历史欠账较多，水利设施薄弱且严重老化，电力和通信设施落后。有47个乡镇不通沥青（水泥）路，占乡镇总数的3.41%；9 271个行政村不通沥青（水泥）路，占行政村总数的40.25%；7 790个村没有完成农网改造任务，占行政村总数的33.82%。区内仓储、包装、运输等基础条件差，金融、技术、信息、产权和房地产等高端市场体系不健全。产品要素交换和对外开放程度低，物流成本高。

经济发展水平低，特色产业滞后。2010年，三次产业结构比例为22∶37∶41，与全国10∶47∶43相比，第一产业比例明显偏高。片区人均地区生产总值只有9 163元，明显低于全国平均水平。城镇化率比全国平均水平低20个百分点。缺乏核心增长极，缺乏具有明显区域特色的大企业、大基地，产业链条不完整，没有形成具有核心市场竞争力的产业或产业集群。

社会事业发展滞后，基本公共服务不足。教育、文化、卫生、体育等方面软硬件建设严重滞后，城乡居民就业不充分。人均教育、卫生支出仅相当于全国平均水平的51%。中高级专业技术人员严重缺乏，科技对经济增长的贡献率低。

生态环境脆弱，承载能力有限。片区平均海拔高，气候恶劣，旱涝灾害并存，泥石流、风灾、雨雪冰冻等灾害易发。部分地区水土流失、石漠化现象严重。土壤瘠薄，人均耕地面积为0.81亩，是全国平均水平的60%。发展与生态保护矛盾尖锐，产业结构调整受生态环境制约大。

区域发展不平衡，城乡差距大。2010年片区人均地区生产总值和农民人均纯收入分别是全国平均水平的33.76%和59.1%，与2001年37.3%和62.68%相比，差距进一步拉大。2010年片区内城乡居民收入比为3.04∶1，城乡差距明显。四省市片区之间、片区内各县之间的发展差距也不同程度存在。

乌蒙山区简介

本规划区域范围包括四川、贵州、云南三省毗邻地区的38个县（市、区），其中四川省13个县、贵州省10个县（市、区）、云南省15个县（市、区）。国土总面积为10.7万平方公里。2010年末，总人口2 292.0万人，乡村人口2 005.1万人，少数民族人口占总人口20.5%。

自然条件

乌蒙山片区位于云贵高原与四川盆地结合部，山高谷深，地势陡峻，为典型的高原山地构造地形，属亚热带、暖温带高原季风气候，降水时空分布不均。境内河流纵横，地跨长江、珠江两大流域，金沙江、岷江、赤水河、乌江等长江水系发达；南盘江、北盘江注入西江，是珠江上游重要河流。水能资源蕴藏量巨大，煤、磷、铝、锰、铁、铅、锌、硫等矿产资源富集。生物物种丰富，植被类型多样，森林覆盖率38.1%，是长江、珠江上游重要生态保护区。

分区	省名	地市名	县名
乌蒙山区（38）	四川（13）	泸州市	叙永县、古蔺县
		乐山市	沐川县、马边彝族自治县
		宜宾市	屏山县
		凉山彝族自治州	普格县、布拖县、金阳县、昭觉县、喜德县、越西县、美姑县、雷波县
	贵州（10）	遵义市	桐梓县、习水县、赤水市
		毕节地区	毕节市、大方县、黔西县、织金县、纳雍县、威宁彝族回族苗族自治县、赫章县
	云南（15）	昆明市	禄劝彝族苗族自治县、寻甸回族彝族自治县
		曲靖市	会泽县、宣威市
		昭通市	昭阳区、鲁甸县、巧家县、盐津县、大关县、永善县、绥江县、镇雄县、彝良县、威信县
		楚雄彝族自治州	武定县

经济社会发展

2010年地区生产总值和地方财政一般预算收入分别为1649.2亿元和107.1亿元，与2001年相比分别增长4.1倍和5.6倍；三次产业比例由2001年的40∶30∶30调整为2010年的24∶42∶34；2010年城镇和农村居民收入分别为12 939元和3 248元，与2001年相比分别增长3.1倍和2.7倍；城镇化率由2001年的12%增长到2010年的24%。基础设施条件明显改善，内昆铁路和厦蓉、杭瑞、渝昆等高等级公路，金沙江、赤水河等内河航道以及昭通机场，为构筑片区立体交通网络奠定了一定基础。

义务教育取得明显进步，适龄儿童入学率从2001年的83.1%上升到2010年的95.8%。青壮年文盲率从2001年的3.8%下降到2010年的1.7%。卫生医疗条件逐步改善，所有乡镇建立了卫生院，65%的村建立了村级卫生室，新型农村合作医疗参合率达88.4%。新型农村养老保险逐步推广，农村共有224.4万人享受低保。片区内居住着彝族、回族、苗族等少数民族，是我国主要的彝族聚集区。民俗风情浓郁，民族文化源远流长，各民族和睦相处。拥有彝族"火把节"、"撮泰吉"、苗族"滚山珠"等国家非物质文化遗产。少数民族服饰制作等民间工艺丰富。

贫困状况与特殊困难

人口资源环境矛盾突出，贫困程度深。生态环境脆弱，人均耕地少，适农适牧土地产出低。干旱、洪涝、风雹、凝冻、低温冷害、滑坡、泥石流等自然灾害频发。石漠化面积占国土面积16%，25度以上坡耕地占耕地总面积比重大。水土流失严重，土壤极其瘠薄，人口增长较快，人地矛盾尖锐。1274元扶贫标准以下农村人口有259.4万人，贫困发生率高达12.9%，比全国高出10.1个百分点，比西部地区高出6.8个百分点。片区38个县（市、区）中有32个国家扶贫开发工作重点县，6个省重点县。贫困群众住房困难突出，茅草房、石板房比例高。

经济发展滞后，社会发育程度低。2010年，人均地区生产总值和人均地方一般财政预算收入分别为7 195元和467元，仅相当于全国平均水平的24.2%和7.5%；城镇居民年人均可支配收入和农村居民年人均纯收入分别为12 939元和3 248元，仅相当于全国平均水平的67.7%和54.9%。城镇化率24%，不到全国平均水平的一半。群众生育观念落后，出生缺陷多发。人均受教育年限比全国平均水平低2年左右，相当部分群众市场意识淡薄，生产经营方式落后。人畜混居现象严重，艾滋病问题突出，地方病严重，社会发育程度相对不足。

基础设施薄弱，基本公共服务不足。片区内交通主干道网络尚未形成，道路等级低，47.4%的县城不通二级公路、15.1%的乡镇不通沥青（水泥）路、76.8%的行政村不通沥青（水泥）路、31.3%的行政村不通公路。38%的行政村未完成农网改造，9%的自然村不通电。水利设施薄弱，资源性缺水、工程性缺水问题突出，基本农田有效灌溉面积仅为37.2%，存在饮水困难的农户比例高达32%。师资力量不足，教育设施落后。医疗卫生条件差，妇幼保健力量弱。人均教育、卫生支出仅相当于全国平均水平的52%。科技服务推广体系不完善，农业科技成果转化和应用水平低。

产业发展滞后，市场体系不完善。资源优势没有转化为产业优势，缺乏大的产业支撑，县域经济薄弱。与农民增收直接相关的种养业规模小、发展慢、效益差、组织化程度低，缺乏有带动能力的龙头企业和基地。加工制造业和第三产业发展落后。市场主体发育不足，区域综合市场、县级中心市场、乡镇集贸市场和农村零售网点不完善，市场体系不健全。仓储、包装、运输等市场基础设施落后，物流成本高。市场环境和交易条件差，市场管理与服务水平低。

滇桂黔石漠化区简介

滇桂黔石漠化集中连片特殊困难地区跨广西、贵州、云南三省区，集民族地区、革命老区和边境地区于一体，是国家新一轮扶贫开发攻坚战主战场中少数民族人口最多的片区。

本规划区域范围包括广西、贵州、云南三省区的集中连片特殊困难地区县（市、区）80个，其他县（市、区）11个，共91个。区域内有民族自治地方县（市、区）83个、老区县（市、区）34个、边境县8个。

自然条件

规划区域国土总面积为22.8万平方公里，大部地处云贵高原东南部及其

分区	省名	地市名	县名
滇桂黔石漠化区（80）	广西（29）	柳州市	融安县、融水苗族自治县、三江侗族自治县
		桂林市	龙胜各族自治县、资源县
		南宁市	隆安县、马山县、上林县
		百色市	田阳县、德保县、靖西县、那坡县、凌云县、乐业县、田林县、西林县、隆林各族自治县
		河池市	凤山县、东兰县、罗城仫佬族自治县、环江毛南族自治县、巴马瑶族自治县、都安瑶族自治县、大化瑶族自治县
		来宾市	忻城县
		崇左市	宁明县、龙州县、大新县、天等县
	贵州（40）	六盘水市	六枝特区、水城县
		安顺市	西秀区、平坝县、普定县、镇宁布依族苗族自治县、关岭布依族苗族自治县、紫云苗族布依族自治县
		黔西南布依族苗族自治州	兴仁县、普安县、晴隆县、贞丰县、望谟县、册亨县、安龙县
		黔东南苗族侗族自治州	黄平县、施秉县、三穗县、镇元县、岑巩县、天柱县、锦屏县、剑河县、台江县、黎平县、榕江县、从江县、雷山县、麻江县、丹寨县
		黔南布依族苗族自治州	荔波县、贵定县、独山县、平塘县、罗甸县、长顺县、龙里县、惠水县、三都水族自治县、瓮安县
	云南（11）	曲靖市	师宗县、罗平县
		红河哈尼族彝族自治州	屏边苗族自治县、泸西县
		文山壮族苗族自治州	砚山县、西畴县、麻栗坡县、马关县、丘北县、广南县、富宁县

与广西盆地过渡地带，南与越南接壤，属典型的高原山地构造地形，碳酸盐类岩石分布广，石漠化面积大，是世界上喀斯特地貌发育最典型的地区之一。气候类型主要为亚热带湿润季风气候，年均降水量880~1 991毫米。区域内河流纵横，地跨珠江、长江两大流域和红河流域，有红水河、左江、右江、融江、清水江等河流，水能资源蕴藏量巨大。矿产资源富集，锰、铝土、锑、锡、铅锌、磷、煤炭、重晶石、黄金等储藏量大。生物资源丰富，森林覆盖率47.7%，是珠江、长江流域重要生态功能区。自然景观独特，旅游开发潜力大。

经济社会发展

2010年末，总人口3 427.2万人，其中乡村人口2 928.8万人，少数民族人口2 129.3万人。有壮、苗、布依、瑶、侗等14个世居少数民族。人均地区生产总值为9 708元，是2001年的4.3倍；城镇居民人均可支配收入和农村居民人均纯收入为13 252元和3 481元，均比2001年增加2.7倍。三次产业结构由2001年的36∶30∶34调整为2010年的21∶43∶36；城镇化率由2001年的14.9%上升到2010年的24.7%。湘黔、贵昆、南昆、黔桂等铁路，沪昆、广昆、汕昆、兰海、厦蓉等国家高速公路贯穿本区域，已建成百色、兴义、六盘水、文山等机场，初步构筑起内外交通运输骨架网络。2001—2010年，适龄儿童入学率从94.6%上升到98.5%，青壮年文盲率从2.4%下降到0.83%，居民平均受教育年限从6.2年增加到7.9年。医疗卫生条件逐步改善，所有乡镇都建立了卫生院，建立了卫生室的村比例大幅提升，新型农村合作医疗参合率达86.7%。新型农村养老保险逐步推广，2010年有223万人的农户参加了新型农村养老保险，参保率7.6%。农村低保基本做到应保尽保。

民族文化底蕴深厚，民俗风情浓郁，民间工艺丰富，侗族大歌和壮锦、苗族古歌、布依族八音坐唱等非物质文化遗产色彩斑斓。各民族和睦相处，民族交往交流交融不断加深。

贫困状况与特殊困难

贫困面广程度深，石漠化问题严重。区域内有67个国家扶贫开发工作重点县。2010年，1274元扶贫标准以下的农村人口有324.4万人，贫困发生率高达11.1%，比全国平均水平高8.3个百分点，比西部地区平均水平高5个百分点。农户收入来源单一，农村居民人均纯收入仅相当于全国平均水平的58.8%。部分贫困群众住房困难，杈杈房、茅草房比例高，人畜混居现象突出。岩溶面积11.1万平方公里，占总面积的48.7%，其中石漠化面积4.9万平方公里，中度以上石漠化面积达3.3万平方公里，是全国石漠化问题最严重的地区，有80个县属于国家石漠化综合治理重点县。人均耕地面积仅为0.99亩。土壤贫瘠，资源环境承载力低，干旱洪涝等灾害频发，生态条件脆弱。

资源开发利用水平低，县域经济薄弱。资源就地转化程度低、精深加工能力弱，能源、矿产、生物资源、旅游等资源优势没有转化为产业优势。缺少带动力强的大企业、大基地和产业集群，产业链条不完整，市场体系不完善，配套设施落后，尚未形成有效带动经济发展和扶贫开发的支柱产业。2010年，人均地区生产总值仅相当于全国平均水平的32.7%，人均地方一般财政预算收入只有579元。第一产业比重比全国平均水平高10.4个百分点，二、三次产业比重分别比全国平均水平低3.6个、6.8个百分点。城镇化进程滞后，城镇化率低于全国平均水平25个百分点。

基础设施落后，水利和交通瓶颈制约突出。水利建设滞后，骨干水利工程及其配套设施明显不足，小微型水利设施严重缺乏，工程性缺水问题特别突出。基本农田有效灌溉面积占比仅为27.8%。截至2010年底，有1 111.2万农村饮水不安全人口，比例高达37.9%。交通主干网络不完善，榕江至三江、罗甸至乐业、富宁至那坡等省际交通瓶颈突出，县际公路连通性差。县乡公路等级低、质量差，4.9%的乡镇和65.6%的行政村不通沥青（水泥）路，17.4%

的行政村不通公路。社会事业发展滞后，自我发展能力不足。2010年，人均教育、卫生、社会保障和就业三项支出仅为1 098元。医疗卫生条件差，基层卫生服务能力不足，还有9.7%的村未建立卫生室，13.5%的村卫生室尚无合格医生。14%的自然村不能接收电视节目。义务教育质量差，职业技能教育水平低。九年义务教育巩固率低于全国平均水平9.8个百分点，人均受教育年限低于全国平均水平1.1年。科技对经济发展贡献率低。干部群众市场意识淡薄，劳动力素质整体偏低，农户生产经营方式落后。

滇西边境山区简介

滇西边境集中连片特殊困难地区位于我国西南边陲，集边境地区和民族地区于一体，是国家新一轮扶贫开发攻坚战主战场中边境县数量和世居少数民族最多的片区。

本规划区域范围包括云南省保山市、丽江市、普洱市、临沧市、楚雄彝族自治州、红河哈尼族彝族自治州、西双版纳傣族自治州、大理白族自治州、德宏傣族景颇族自治州和怒江傈僳族自治州等10个市州的集中连片特殊困难地区县市区（以下简称片区县）56个，其他县市区5个，共61个。区域内有48个民族自治地方县市区、19个边境县、45个国家扶贫开发工作重点县。

自然条件

规划区大部分位于横断山区南部和滇南山间盆地，国土总面积20.9万平方公里。区域内山高谷深，高黎贡山、怒山、无量山、哀牢山纵贯其中，怒江、澜沧江、金沙江和元江等江河穿越其间，河流湍急、落差大。气候类型总体上属热带亚热带季风气候。海拔高度相差悬殊，最高海拔6 740米，最低海拔76.4米，立体气候特征明显，年均降水量1 100毫米左右，森林覆盖率达54.6%。

分区	省名	地市名	县名
滇西边境山区（56）	云南（56）	保山市	隆阳区、施甸县、龙陵县、昌宁县
		丽江市	玉龙纳西族自治县、永胜县、宁蒗彝族自治县
		普洱市	宁洱哈尼族彝族自治县、墨江哈尼族自治县、景东彝族自治县、景从傣族彝族自治县、镇沅彝族哈尼族拉祜族自治县、江城哈尼族彝族自治县、孟连傣族拉祜族佤族自治县、澜沧拉祜族自治县、西盟佤族自治县
		临沧市	临翔区、凤庆县、云县、永德县、镇康县、双江拉祜族佤族布朗族傣族自治县、耿马傣族佤族自治县、沧源佤族自治县
		楚雄彝族自治州	双柏县、牟定县、南华县、姚安县、大姚县、永仁县
		红河哈尼族彝族自治州	石屏县、元阳县、红河县、金平苗族瑶族傣族自治县、绿春县
		西双版纳傣族自治州	勐海县、勐腊县
		大理白族自治州	漾濞彝族自治县、祥云县、宾川县、弥渡县、南涧彝族自治县、巍山彝族回族自治县、永平县、云龙县、洱源县、剑川县、鹤庆县
		德宏傣族景颇族自治州	潞西市、梁河县、盈河县、陇川县
		怒江傈僳族自治州	泸水县、福贡县、贡山独龙族怒族自治县、兰坪白族普米族自治县

经济社会发展

2010年末，总人口1 751.1万人，其中乡村人口1 499.4万人，少数民族人口831.5万人。有汉、彝、傣、白、景颇、傈僳、拉祜、佤、纳西、怒、独龙等26个世居民族,其中有15个云南独有少数民族、8个人口较少民族。人均地区生产总值为10 994.1元,人均地方财政一般预算收入为736.3元,分别是2001年的3.5倍和3.1倍;城镇居民人均可支配收入为13 558元,农村居民人均纯收入为3 306元,分别是2001年的2.5倍和2.4倍。三次产业结构由2001年的39∶26∶35调整为26∶37∶37;城镇化率由2001年的15.5%提升到27%。基础设施条件明显改善,楚大铁路、大丽铁路和杭瑞、昆曼等高速公路贯穿本区域,澜沧江-湄公河国际航道通航条件不断改善,大理、丽江等支线机场容量明显提升,初步构成立体交通骨干网络。

2001—2010年,适龄儿童入学率从84.2%提高到94.9%,青壮年文盲率从1.6%下降到0.6%,居民平均受教育年限从5.2年增加到8.2年。每万人科技活动人员数为160人。所有乡镇都建立了卫生院,91.8%的村建立了卫生室,新型农村合作医疗参合率达91.8%。新型农村社会养老保险逐步推广,2010年参保人数达372.3万人。农村低保基本做到应保尽保。

发展优势

水能、矿产资源富集。区内水系发达,地势海拔高差巨大,水量年内分配相对均匀,可开发水能蕴藏量极为丰富。地处我国西南三江成矿带,有色金属矿产资源富集,资源组合优势明显。生物多样性丰富。生物物种多样,资源丰富,素有"动物王国"、"植物王国"和"生物基因宝库"、"药物宝库"之称,发展特色农业和生物产业条件优越。

民族文化多彩。是典型的多民族聚居地,民俗风情浓郁,民间工艺和非物质文化遗产丰富,民族文化产业和旅游业发展潜力大。对外开放区位优势明显。19个边境县分别与缅甸、老挝、越南接壤,边境线长达3 148公里,分别占云南省陆地边境线长度的77.5%和全国的13.8%。区内有9个国家级口岸,边民互市贸易活跃,与周边国家产业互补性强,是我国通往东南亚、南亚的重要陆路通道,对外开放合作前景广阔。

贫困状况与特殊困难

贫困面广程度深。2010年，1 274元扶贫标准以下贫困人口为157万人，贫困发生率为10.5%，比全国平均水平高7.7个百分点，比西部地区平均水平高4.4个百分点。人均地区生产总值仅相当于全国平均水平的37%，城镇居民人均可支配收入和农村居民人均纯收入分别相当于全国平均水平的71%和55.9%，农民收入水平低、来源单一，工资性、财产性、转移性收入所占比例不高，农民人均纯收入比全省平均水平低646元，比全国平均水平低2 613元。相当部分群众还存在住房、出行、饮水、就医、上学等困难问题。因病、因灾返贫等现象突出。部分地区从原始社会末期、奴隶社会初期直接过渡到社会主义社会，社会发育相对滞后。

基础设施瓶颈突出。2010年底营运铁路仅297.3公里，10个市州中尚有7个不通铁路，高速公路通车里程仅为872.8公里，干线公路网络化程度较低，缺少东西、南北方向贯通的公路交通主通道。县乡公路等级低、质量差，3.7%的乡镇和72.6%的行政村不通沥青（水泥）路，32.2%的自然村不通公路。水利设施薄弱，骨干水利工程及其配套设施明显不足。小微型水利设施缺乏，基本农田中有效灌溉面积占比仅为58.5%。22.2%的行政村未完成农村电网改造，7.3%的自然村不通电。

基本公共服务不足。到2010年，人均教育支出仅为1 410.9元，高中阶段毛入学率比全国平均水平低31.6个百分点，教育设施整体落后，师资力量明显不足。人均卫生支出仅为319元，还有8.2%的农村居民未参加新型农村合作医疗，8.2%的行政村没有卫生室，近15.1%的行政村没有合格医生，农村医疗卫生条件差，妇幼保健力量弱，基层卫生服务能力不足。科技文化设施建设滞后，专业技术人员严重缺乏，农技推广服务不足，农业科技应用水平低，现代农业发展缓慢。社会保障程度低、水平不高。

特色产业发展缓慢。经济发展水平较低，产业结构不合理，特色产业发展总体滞后。与全国相比，第一产业比例明显偏高，与农民增收直接相关的地方特色产业规模小、效益低、深度开发不足，缺乏有带动能力的龙头企业和基地。特色优势生物资源深度开发与综合利用水平和资源配置能力较低，产业集约化程度不高。水电、有色金属等资源开发滞后，二产对一产的拉动作用还没完全形成。同时，产品要素交换和对外开放程度低，市场体系不健全，仓储、包装、运输等基础条件差，配套金融、技术、信息等高端市场体系不健全。

生态环境保护任务艰巨。有9个县属于川滇森林生态及生物多样性生态功能区，有2处世界文化自然遗产、6处国家级风景名胜区、11个国家级自然保护区、11个国家森林公园，是长江、澜沧江、怒江上游生态环境重要保护地区，我国重要的生物多样性宝库和西南生态安全屏障。

大兴安岭南麓山区

分区	省名	地市名	县名
大兴安岭南麓山区（19）	内蒙古（5）	兴安盟	阿尔山市、科尔沁右翼前旗、科尔沁右翼中旗、扎赉特旗、突泉县
	吉林（3）	白城市	镇赉县、通榆县、大安市
	黑龙江（11）	齐齐哈尔市	龙江县、泰来县、甘南县、富裕县、林甸县、克东县、拜泉县
		绥化市	明水县、青冈县、望奎县、兰西县

本规划区域范围包括内蒙古、吉林、黑龙江三省区集中连片特殊困难地区县市区旗（以下简称片区县）19个，其他市（区）3个，共22个。区域内有13个国家扶贫开发工作重点县、3个老区县、2个边境市（旗）、15个牧业和半农半牧业县（旗）。

自然条件

规划区域国土总面积为14.5万平方公里，地处大兴安岭中段和相连的松嫩平原西北部，地貌类型以低山丘陵和平原为主。气候类型为温带大陆性季风气候，年积温2 300~3 461℃，无霜期101~190天，冬季严寒漫长，年均降水量275~532毫米。嫩江及其支流阿伦河、乌裕尔河、雅鲁河、绰尔河、洮儿河与呼兰河及其支流通肯河等流经本区，汇入松花江。森林覆盖率15.7%。片区内土地资源丰富，有耕地449.9万公顷、草场286.5万公顷。铅锌铝、石油等矿产资源有一定储量。

经济社会发展

2010年末，总人口833.3万人，其中乡村人口563.4万人，少数民族人口111.4万人。有蒙古族、满族等6个世居少数民族，其中有达斡尔族、锡伯族、柯尔克孜族等3个人口较少民族。人均地区生产总值为13 388.8元，人均地方财政一般预算收入为406.7元，分别是2001年的4.2倍和3.2倍；城镇居民人均可支配收入为10 302.4元，农村居民人均纯收入为3 908.5元，分别是2001年的2.8倍和3.6倍；2010年粮食产量1 711.7万吨；三次产业结构由2001年的37∶25∶38调整为30∶37∶33；城镇化率由2001年的28.7%提升到34.1%。长白、白阿、滨洲和平齐、齐北等铁路，珲乌、绥满等国家高速公路贯穿本区域，分布有乌兰浩特、阿尔山、齐齐哈尔等机场。

2001—2010年，适龄儿童入学率从95.8%提高到99.2%，青壮年文盲率从1.21%下降到0.44%，居民平均受教育年限从6.1年增加到7.9年。每万人科技活动人员数为53.7人，农技推广服务能力逐步增强。所有乡镇都建立了卫生院，94.8%的村建立了卫生室，新型农村合作医疗参合率为80.8%。新型农村养老保险逐步推广，2010年参保人数达67.3万人。农村低保基本做到应保尽保。

特殊困难

农田水利等设施薄弱，农业支撑体系乏力。水利建设滞后，工程性缺水问题突出。骨干水利工程不足，灌排设施老化失修、工程不配套。基本农田中有效灌溉面积占比仅为31.3%，农业灌溉水利用系数低。农田低压电网普遍缺乏，电力设施支撑农田水利化的能力不足。农机具与规模化生产要求不配套。农业科技创新和推广应用体系不健全，农业科技进步贡献率低。农村金融服务不足，农业保险滞后。

土地退化明显，自然灾害频发。人均耕地面积较多，但积温不足，无霜期短，降雨量偏少，土地生产力不高。土地沙化面积达20 383.7平方公里，占区域总面积的14.1%。耕地盐碱化面积达86.1万公顷，占耕地总面积的19.1%。平原地区黑土层变薄，面源污染加重，耕地质量下降。低山丘陵地区水土流失比较严重，土壤沙化退化。自然灾害严重，旱灾、风灾突出，雪灾、冰雹、霜冻、洪涝和沙尘暴等多发。

农户收入来源单一，增收困难。农户科技文化水平不高，市场意识淡薄。外出务工人员少，工资性收入占农民收入比重仅为21.5%，低于全国平均水平19.6个百分点。农户以传统农牧业生产为主，经营性收入增长乏力。2010年，农村居民人均纯收入相当于全国平均水平的66%；1 274元扶贫标准以下的农村人口有67.6万人，贫困发生率为12%。有18.4%的农户存在饮水困难。38.5%的农村人口尚未解决饮水安全问题。医疗卫生条件差，社会保障水平低。

结构性矛盾突出，区域发展活力不足。国有经济比重高，产业结构不合理，市场化程度低，民间投资乏力。产业链条短，产品附加值低，企业自主创新能力不足。城镇化水平低于全国平均水平15.6个百分点，城市吸引投资能力弱，辐射带动能力不足，现代服务业发展滞后，新增就业机会少。制约区域发展的体制性、机制性矛盾尚未得到有效解决。

燕山—太行山区简介

分区	省名	地市名	县名
燕山—太行山区（33）	河北（22）	保定市	涞水县、阜平县、唐县、涞源县、望都县、易县、曲阳县、顺平县
		张家口市	宣化县、张北县、康保县、沽源县、尚义县、蔚县、阳原县、怀安县、万全县
		承德市	承德县、平泉县、隆化县、丰宁满族自治县、围场满族蒙古族自治县
	山西（8）	大同市	阳高县、天镇县、广灵县、灵丘县、浑源县、大同县
		忻州市	五台县、繁峙县
	内蒙古（3）	乌兰察布市	化德县、商都县、兴和县

本规划区域范围包括河北、山西、内蒙古三省区的33个县，其中有25个革命老区县、5个民族自治地方县和25个国家扶贫开发工作重点县。

自然条件

该片区国土总面积为9.3万平方公里，地处燕山和太行山腹地，属内蒙古高原和黄土高原向华北平原过渡地带。气候类型为温带大陆性季风气候，无霜期短，昼夜温差大，年均降水量300~580毫米。片区跨海河、滦河等流域，是潮河、白河和滦河的发源地，有滹沱河、桑干河、洋河等河流。森林覆盖率为24.7%。石墨、膨润土、煤炭、钒钛等矿产资源较为丰富，风能、太阳能等清洁能源具有开发潜力。

经济社会发展

2010年末，总人口1 097.5万人，其中乡村人口917.6万人，少数民族人口146万人。有满族、蒙古族、回族等3个世居少数民族。人均地区生产总值为11914.8元，人均地方财政一般预算收入为487.8元，分别是2001年的3.8倍和4.4倍。城镇居民人均可支配收入为11942元，农村居民人均纯收入为3408元，分别是2001年的3.3倍和2.4倍。三次产业结构由2001年的27：35：38调整为25：39：36；城镇化率由2001年的16.9%提升到28.9%。

2001—2010年，适龄儿童入学率从86.3%提高到99.7%，青壮年文盲率从4.7%下降到2.9%，居民平均受教育年限从6.3年增加到8.1年。每万人科技活动人员数为77.5人。所有乡镇都建立了卫生院，88.5%的村建立了卫生室，新型农村合作医疗参合率达89.4%。新型农村养老保险逐步推广，2010年参保人数达108.6万人。农村低保基本做到应保尽保。

发展优势

区位优势突出。片区紧邻首都北京和北方经济中心天津，连接冀中南经济区、太原城市群、呼包鄂榆经济区，周边地区资金、人才、技术、信息密集，就业机会多，市场容量大。片区土地和劳动力成本相对较低，依托京津等周边地区发展空间大，吸引资金、人才、技术和承接产业转移的区位条件优。

生态与文化等旅游资源丰富。片区地处我国地势第二阶梯向第一阶梯过渡地带，历史上长期为京畿要地和北方游牧文化与中原农耕文化交融地带，地形地貌多样，森林、湿地、草地等生态旅游资源丰富，历史沉淀厚重，文化古迹众多，五台山、恒山蜚声海内外，太行山红色文化影响深远，发展观光、休闲、度假、健身和文化旅游潜力大。

综合交通运输体系框架初步形成。片区地处华北沟通西北、东北的交通要地，京包、京原、大秦、集二等重要铁路和京昆、京藏、京新、二广、大广、荣乌等国家高速公路贯穿其中，普通国省干线公路基础设施日益完善，县际和通州区公路技术等级及网络化程度不断提高，周边城市航空运输较发达，片区对内对外交通运输能力强。

区域经济发展潜力巨大。依托区位优势和特色资源，初步形成矿产资源深加工、能源、特色农产品生产、跨区域物流等主导产业，休闲度假旅游、文化创意等产业初具规模。工业化、城镇化不断推进，与京津及周边城市经济联系日益紧密，实现区域经济跨越式发展条件基本成熟。

贫困状况

2010年，1274元扶贫标准以下的农村人口有70.9万人，贫困发生率为7.7%，高于全国平均水平4.9个百分点；人均地区生产总值仅相当于全国平均水平的40.1%，城镇居民人均可支配收入和农村居民人均纯收入分别仅相当于全国平均水平的62.4%、57.6%。29.4%的农村人口存在饮水困难。乡村道路通行保障水平不高，10.8%的行政村不通沥青（水泥）路，26.3%的自然村不通公路。12.2%的行政村未完成农网改造，1.9%的自然村不通电。部分群众住房难等问题比较突出。

特殊困难

融入京津地区发展能力弱。农业生产经营方式传统，产品流通渠道不畅，尚未形成区域性特色农产品品牌，京津消费市场开拓不够。旅游基础设施水平和服务能力不高，面向都市人群的休闲度假游发展迟缓。城镇基础设施落后，商贸物流网络不完善，物流配套设施建设不足。城镇化水平低，生产要素流失严重，承接京津及周边地区产业转移环境有待改善，区位优势未能转变为经济优势。

人力资源开发不足。人均受教育年限低于全国平均水平0.9年，职业技能教育与培训体系不完善。农户缺乏发展现代农业生产技能，经营管理能力弱，转移就业和创业意识不强。农村专业合作组织发育不足，农业生产组织化程度低。企业经营管理人才短缺，专业技术人才不足，人才队伍适应和服务市场经济发展的能力有待提高。

生态建设与环境保护任务重。片区承担着京津风沙源治理、三北防护林、太行山绿化、退耕还林、退牧还草、防沙治沙、湿地保护与恢复等重点生态建设任务。片区为海河、滦河重要水源涵养区，是京津地区重要水源地，有25个县是京津风沙源治理区，有6个县属于限制开发的国家重点生态功能区，有6处国家级自然保护区、3处国家级风景名胜区、12个国家森林公园、5个国家地质公园，生态建设任务重，环境保护要求高。

吕梁山区简介

分区	省名	地市名	县名
吕梁山区（20）	山西（13）	忻州市	静乐县、神池县、五寨县、岢岚县
		临汾市	吉县、大宁县、隰县、永和县、汾西县
		吕梁市	兴县、临县、石楼县、岚县
	陕西（7）	榆林市	横山县、绥德县、米脂县、佳县、吴堡县、清涧县、五洲县

片区内20个县全部为国家扶贫开发工作重点县和革命老区县，其中有17个黄土高原丘陵沟壑水土保持生态功能区县。

自然条件

片区国土总面积为3.6万平方公里，地处黄土高原中东部，西接毛乌素沙地，东跨吕梁山主脉，黄河干流从北到南纵贯而过。地貌类型以墚、峁为主，沟壑纵横，属典型的黄土丘陵沟壑区。气候类型为温带大陆性季风气候，无霜期144~213天，年均降水量374~550毫米，年均蒸发量1 029~2 150毫米。森林覆盖率为18.5%。煤炭、煤层气、岩盐、铁等矿产资源丰富。

经济社会发展

2010年末，总人口402.8万人，其中乡村人口340.4万人。人均地区生产总值为9 839.2元，人均地方财政一般预算收入为365.7元，分别是2001年的7.4倍和5.4倍；城镇居民人均可支配收入为12 967.7元，农村居民人均纯收入为3340.5元，分别是2001年的3.2倍和5.4倍。三次产业结构由2001年的23∶30∶47调整为19∶43∶38；城镇化率由2001年的18.2%提升到31.3%。包西、太中银、朔黄等铁路和青银、青兰、太佳等高速公路贯穿本区域。

2001—2010年，农村适龄儿童入学率从90.7%提高到95.2%，青壮年文盲率从4.1%下降到1.1%，居民平均受教育年限从6.1年增加到8.2年。每万人科技活动人员数为86.7人，农技推广服务能力逐步增强。所有乡镇都建立了卫生院，86.4%的村建立了卫生室，新型农村合作医疗参合率达90.4%。新型农村养老保险逐步推广，2010年参保人数达54.9万人。农村低保基本做到应保尽保。

贫困状况与特殊困难

沟壑纵横，生态脆弱，水土流失严重。片区黄土堆积深厚，土质疏松，植被稀少，降水少而集中，水土流失特别严重，土壤瘠薄，地表支离破碎。水土流失面积达277.2万公顷，占国土面积的76.5%；片区内20个县均属于全国严重水土流失县，其中17个县被纳入限制开发的黄土高原丘陵沟壑水土保持生态功能区。丘陵沟壑地形严重制约农业规模化生产、产业化经营和城镇空间拓展。产业结构单一，城镇化进程滞后，以城带乡能力弱。片区发展对能源与矿产资源生产加工业及煤炭物流等相关服务业依赖程度高，财政收入来源单一、不稳定。农业生产力水平低，经营方式落后，农产品就地转化不足。科技、金融、信息等服务业支撑发展能力弱。县域经济缺乏活力，新增就业机会少，城镇化率比全国平均水平低18.4个百分点，城镇功能弱，辐射带动农村发展的能力不足。区域相对闭塞，农村生产生活条件差，贫困发生率高。片区沟壑切割程度深，交通基础设施条件差，对内对外交流不畅，周边大中城市辐射带动不足。人均可利用水资源量少，仅相当于全国平均水平的29.4%，28.2%的农村人口尚未解决饮水安全问题，基本农田有效灌溉面积占比仅为8%。29.4%的行政村不通沥青（水泥）路，1.65%的行政村不通公路。2.9%的自然村不通电，13%的行政村未完成农网改造。卫生等公共服务能力不足。2010年，1 274元扶贫标准以下的农村人口有62.3万人，贫困发生率为18.3%，高于全国平均水平15.5个百分点。

大别山区简介

本规划区域范围包括安徽、河南、湖北三省的36个县（市），其中有29个国家扶贫开发工作重点县、27个革命老区县、23个国家粮食生产核心区重点县。

自然条件

片区国土总面积为6.7万平方公里，地处鄂豫皖交界地带，北抵黄河，南临长江，我国南北重要地理分界线淮河横穿其中。片区南北过渡性气候特征明显，南部以大别山区为主体，属北亚热带湿润季风气候，年均降水量1 115~1 563毫米；北部属黄淮平原，为暖温带半湿润季风气候，年均降水量623~975毫米。片区河流众多，以淮河为主体的水系发达，径流资源丰富，大别山南麓是长江中下游的重要水源补给区。生物物种多样，森林覆盖率为31.9%，旅游开发潜力大。

分区	省名	地市名	县名
大别山区（36）	安徽（12）	安庆市	潜山县、太湖县、宿松县、望江县、岳西县
		阜阳市	临泉县、阜南县、颍上县
		六安市	寿县、霍邱县、金寨县
		亳州市	利辛县
	河南（16）	信阳市	光山县、新县、固始县、淮滨县、商城县、潢县
		驻马店市	新蔡县
		开封市	兰考县
		商丘市	民权县、宁陵县、柘城县
		周口市	商水县、沈丘县、郸城县、淮阳县、太康县
	湖北（8）	孝感市	孝昌县、大悟县
		黄冈市	团风县、红安县、罗田县、英山县、蕲春县、麻城市

经济社会发展

2010年末，片区总人口3 657.3万人，其中乡村人口3 128万人。当年人均地区生产总值为9 056.3元，人均地方财政一般预算收入为279.6元，分别是2001年的3倍和2.5倍；城镇居民人均可支配收入为12 316.5元，农村居民人均纯收入为4 275.9元，均为2001年的2.6倍。三次产业结构由2001年的37∶30∶33调整为2010年的32∶39∶29；城镇化率由2001年的16.1%提升到2010年的30.5%。

2001至2010年，适龄儿童入学率从87.2%提高到98.6%，青壮年文盲率从3.6%下降到2.2%，居民平均受教育年限从6.9年增加到8.7年。每万人科技活动人员数为61人。所有乡镇都建立了卫生院，84.9%的村建立了卫生室，新型农村合作医疗参合率为90.2%。新型农村养老保险逐步推广，2010年参保人数达

357.5万。农村低保基本做到应保尽保。

发展优势

区位条件优越。片区地处中原经济区、皖江城市带和武汉城市圈交汇带,是承东启西、贯通南北的战略要地,近邻长三角,与珠三角和环渤海地区联系紧密,处于承接沿海地区产业转移的前沿。交通运输骨干网络较为完善。京九、京广铁路和大广、济广、京港澳国家高速公路等南北大动脉纵贯片区,陇海、合武铁路和沪蓉、沪陕、连霍、沪渝国家高速公路等东西主通道横穿其中,宁西、漯阜、合九铁路和宁洛国家高速公路及普通国省干线公路纵横相连,淮河等航运条件较好。

劳动力资源优势明显。片区劳动力资源丰富,整体素质较高,2010年劳动力总数为1771.9万,人均受教育年限达8.7年。劳动力技能培训基础好,职业教育体系较为完善。劳动力外出务工起步早、数量多、氛围浓,市场意识较强,返乡创业趋势初现,承接产业转移优势明显。

区域经济蓄势待发。片区产业结构不断优化,农产品加工、纺织服装、机械制造、生物医药等产业优势逐渐形成;投资环境明显改善,各类产业集聚区加快建设,物流、信息、科技、金融等服务能力明显提高;县域经济活力增强,中心城镇集聚和辐射带动能力逐步显现,加快发展的条件比较成熟。

贫困状况与特殊困难

扶贫对象规模大,农户增收渠道单一。2010年,1 274元扶贫标准以下农村人口有236.8万人,占全国扶贫对象总数的8.8%。农业结构调整制约因素多、空间小,农户经营性收入增长难度大,收入来源主要依靠外出务工。村级集体经济组织积累少、负债多,自我发展能力严重不足。

人地矛盾突出,矿产资源匮乏。片区每平方公里有户籍人口548人,是人口密度最大的片区。人均耕地和人均林地面积仅为全国平均水平的79.6%和

22.5%，农业就业容量小，农村劳动力转移就业压力大，经济社会发展受土地制约明显。矿产资源种类少、数量小、品位低，开发潜力有限。

洪涝干旱危害大，水利等基础设施薄弱。片区洪涝与干旱等自然灾害频发且破坏性强，是我国洪涝灾害最为严重的地区之一，有10个淮河流域蓄滞洪区。水利基础设施不足、老化严重，河道、沟渠淤堵突出，平原地区行洪排涝和灌溉能力不足；山区水库、渠系等设施缺乏，工程性缺水突出。有39.9%的农村人口尚未解决饮水安全问题。农村公路网络化程度低，电力设施支撑能力不足。公共服务水平低，城镇化进程滞后。人均教育、卫生、社会保障和就业三项支出仅为767.4元。基层卫生服务能力弱，妇幼保健水平低。城镇化率低于全国平均水平19.2个百分点，城镇基础设施建设滞后，服务功能不完善，辐射带动能力弱。

罗霄山区简介

分区	省名	地市名	县名
罗霄山区（23）	江西（17）	萍乡市	莲花县
		赣州市	赣县、上犹县、安远县、宁都县、于都县、兴国县、会昌县、寻乌县、石城县、瑞金市、南康市
		吉安市	遂川县、万安县、永新县、井冈山市
		抚州市	乐安县
	湖南（6）	株洲市	茶陵县、炎陵县
		郴州市	宜章县、汝城县、桂东县、安仁县

本规划区域范围包括江西、湖南两省24个县（市、区），其中有23个集中连片特殊困难地区县市（以下简称片区县），有16个国家扶贫开发工作重点县，有23个革命老区县（市）。

自然条件

规划区域地处罗霄山脉中南段及其与南岭、武夷山连接地区，国土总面积为5.3万平方公里。地貌类型以山地、丘陵为主。气候类型为亚热带湿润季风气候，无霜期长，降水丰富，年均降水量1 414~1 866毫米。该区域是长江支流赣江和珠江支流东江的发源地，是湘江的重要水源补给区。森林覆盖率为72%。

经济社会发展

2010年末，总人口1 170.1万人，其中乡村人口947.6万人。当年人均地区生产总值为10 614元，人均地方财政一般预算收入为621.9元，分别是2001年的3.2倍和3.8倍；城镇居民人均可支配收入为11 778.8元，农村居民人均纯收入为3175.4元，分别是2001年的2.6倍和2.0倍。三次产业结构由2001年的33.8∶31.0∶35.2调整为2010年的20.5∶42.1∶37.4；城镇化率由2001年的20.5%提升到2010年的30.7%。京九等铁路和大广、济广、厦蓉、泉南等高速公路，以及赣州黄金机场、井冈山机场等，为构建该区域综合交通运输体系奠定了基础。

2001—2010年，适龄儿童入学率从91.7%提高到96.8%，青壮年文盲率从1.82%下降到1.02%，居民平均受教育年限从7.1年增加到8.5年。每万人科技活动人员数为79人。所有乡镇都建立了卫生院，85%的村建立了卫生室，新型农村合作医疗参合率为91.9%。新型农村养老保险逐步推广，2010年参保人数达157.6万。农村低保基本做到应保尽保。

发展优势

区位优势明显。该区域连接鄱阳湖生态经济区、环长株潭城市群和海峡西岸经济区，邻近珠江三角洲及长江三角洲地区，是内地连接粤港澳与厦漳泉地区的重要通道，直接面向广东、福建等东南沿海地区消费市场，具有承接产业转移的明显区位优势。

特色资源丰富。矿产资源富集，钨和稀土、钽铌等稀有金属储量大，在世界上占有重要地位。红壤分布广泛，光热充沛，生物物种多样，森林覆盖率高，发展柑橘、油茶、毛竹等特色农林产业条件优越。革命遗址众多，有中国革命的摇篮井冈山和中华苏维埃共和国诞生地瑞金等红色旅游胜地，红色文化积淀深厚，老区精神影响深远。历史文化资源比较丰富，炎帝陵等文化古迹具有重大影响，客家文化源远流长。

区域经济加快发展。矿产资源采掘与深加工、机械制造等产业基础较好、优势日益突出，旅游业和特色农产品生产加工业逐渐形成品牌。投资环境明显改善，各类产业集聚区加快建设，物流等配套服务能力逐步提高，承接产业转移进程明显加快。商品意识传统深厚，县域经济活力增强，城镇集聚和辐射带动能力提升，区域经济已进入加快发展的关键时期。

贫困状况与特殊困难

农户收入水平低，老区振兴任务重。2010年，农民人均纯收入相当于全国平均水平的53.6%；1 274元扶贫标准以下农村人口有97.1万人，贫困发生率为10.2%。农村危旧房多，土坯房比重大。大部分农户家底薄、积累少，自我发展和抵御市场风险能力弱。受历史、地理等多重因素影响，经济社会发展相对落后，人均地区生产总值相当于全国平均水平的35.7%，城镇化率低于全国平均水平19个百分点。

基础设施薄弱，瓶颈制约明显。交通运输能力不足，高速公路发展滞后，国省干线公路技术等级不高，县乡公路网络化程度低，6.7%的行政村不通沥青（水泥）路，自然村（组）出行条件差。输变电设施建设滞后，电力供应能力不足，支撑经济社会发展能力弱。4.7%的自然村不通电，10.3%的行政村未完成农网改造。中小河流治理任务重，病险水库较多，防洪设施薄弱，部分农户饮水安全问题突出。

附录　中国14个"连片特困地区"

社会事业发展滞后，基本公共服务能力不足。2010年，人均教育、卫生、社会保障和就业三项支出为1 005.3元。普通中小学教育师资力量薄弱；职业技术教育学校少，专业设置不合理，不适应经济社会发展需要。医疗卫生条件差，妇幼保健力量弱，基层卫生服务能力不足，15%的行政村没有卫生室，17.8%的村卫生室没有按照合格村医。农业技术推广体系不健全，农业科技服务人员不足。

山洪地质自然灾害突出，生态环境保护任务重。山洪、滑坡、塌方、泥石流等自然灾害多发。部分地区水土流失、石漠化潜在风险大。该区域是赣江、东江和湘江等流域重要生态安全屏障，水源涵养、水土保持和环境污染防治任务重。

新疆南疆三地州简介

分区	省名	地市名	县名
新疆南疆三地（24）	新疆自治区（24）	克孜勒苏柯尔克孜自治州	阿图什市、阿克陶县、阿合奇县、乌恰县
		喀什地区	喀什市、疏附县、疏勒县、英吉沙县、泽普县、莎车县、叶城县、麦盖提县、岳普湖县、伽师县、巴楚县、塔什库尔干塔吉克自治县
		和田地区	和田市、和田县、墨玉县、皮山县、洛浦县、策勒县、于田县、民丰县

南疆三地州指的是喀什、和田地区及克孜勒苏柯尔克孜自治州，总面积占全疆面积接近三分之一，总人口670多万，农业人口比重高达78%。在南疆三地州所辖24个县（市）中，19个为国家扶贫开发重点县（市），5个为扶贫开发比照县（市）。按照新标准扶贫对象人口266万人，占全疆农村扶贫对象人口的81%，贫困发生率达55%以上，还有64万农牧民居住在海拔

1 500~4 800米的偏远深山区、石山区，大部分地处沙漠边缘的贫困村，是典型的集中连片深度贫困地区。

多年来，从中央到自治区，在资金、政策、项目上都给予了最大限度的扶持和倾斜，2010年以来，中央和自治区财政向南疆三地州累计投入29.2亿元，减少扶贫对象61.2万人，南疆三地州生产总值年均增长15.8%，农牧民人均收入年均增长15.4%，2012年已达到4 447元。目前，南疆三地州农村居民的生存和温饱问题已经基本解决，扶贫开发已从解决温饱为主要任务转入了巩固温饱成果、加快脱贫致富、改善生态环境、提高发展能力、缩小发展差距的新阶段。

西藏区简介

分区	省名	地市名	县名
西藏区（74）	西藏自治区（74）	拉萨市	城关区、林周县、当雄县、尼木县、曲水县、堆龙德庆县、达孜县、墨竹工卡县
		昌都地区	昌都县、江达县、贡觉县、类乌齐县、丁青县、察雅县、八宿县、左贡县、芒康县、洛隆县、边坝县
		山南地区	乃东县、扎囊县、贡嘎县、桑日县、琼结县、曲松县、措美县、洛扎县、加查县、隆子县、错那县、浪卡子县
		日喀则地区	日喀则市、南木林县、江孜县、定日县、萨迦县、拉孜县、昂仁县、谢通门县、白朗县、仁布县、康马县、定结县、仲巴县、亚东县、吉隆县、聂拉木县、萨嘎县、岗巴县
		那曲地区	那曲县、嘉黎县、比如县、聂荣县、安多县、申扎县、索县、班戈县、巴青县、尼玛县、双湖办事处
		阿里地区	普兰县、札达县、噶尔县、日土县、革吉县、改则县、措勤县
		林芝地区	林芝县、工布江达县、米林县、墨脱县、波密县、察隅县、朗县

四省藏区简介

分区	省名	地市名	县名
四省藏区（77）	云南省（3）	迪庆藏族自治州	香格里拉县、德钦县、维西傈僳族自治县
	四川（32）	阿坝藏族羌族自治州	汶川县、理县、茂县、松潘县、九寨沟县、金川县、小金县、黑水县、马尔康县、壤塘县、阿坝县、若尔盖县、红原县
		甘孜藏族自治州	康定县、泸定县、丹巴县、九龙县、雅江县、道孚县、炉霍县、甘孜县、新龙县、德格县、白玉县、石渠县、色达县、理塘县、巴塘县、乡城县、稻城县、得荣县
		凉山彝族自治州	木里藏族自治县
	甘肃省（9）	武威市	天祝藏族自治县
		甘南藏族自治州	合作市、临潭县、卓尼县、舟曲县、迭部县、玛曲县、碌曲县、夏河县
	青海省（33）	海北藏族自治州	门源回族自治县、祁连县、海晏县、刚察县
		黄南藏族自治州	同仁县、尖扎县、泽库县、河南蒙古族自治县
		海南藏族自治州	共和县、同德县、贵德县、兴海县、贵南县
		果洛藏族自治州	玛沁县、班玛县、甘德县、达日县、久治县、玛多县
		玉树藏族自治州	玉树县、杂多县、称多县、治多县、囊谦县、曲麻莱县
		海西蒙古族藏族自治州	格尔木市、德令哈市、乌兰县、都兰县、天峻县
			冷湖行委、大柴旦行委、茫崖行委